东盟外商直接投资法律制度研究丛书

老挝

外商直接投资法律制度研究

方芸 韦健锋/编著

云南大学周边外交研究系列丛书

中国出版集团公司
世界图书出版公司
广州·上海·西安·北京

图书在版编目（CIP）数据

老挝外商直接投资法律制度研究 / 方芸，韦健锋编著. —广州：世界图书出版广东有限公司，2018.2

（东盟外商直接投资法律制度研究丛书. 云南大学周边外交研究系列丛书）

ISBN 978-7-5192-4272-5

Ⅰ. ①老… Ⅱ. ①方… ②韦… Ⅲ. ①直接投资—外国投资法—研究—老挝 Ⅳ. ①D933.422.9

中国版本图书馆CIP数据核字（2018）第019246号

书　　名	老挝外商直接投资法律制度研究 LAOWO WAISHANG ZHIJIE TOUZI FALÜ ZHIDU YANJIU
编 著 者	方　芸　韦健锋
策划编辑	刘正武
责任编辑	魏志华　李　婷
装帧设计	书窗设计
责任技编	刘上锦
出版发行	世界图书出版广东有限公司 （广州市海珠区新港西路大江冲25号　邮编：510300）
电　　话	（020）84451969　84453623　84184026　84459579
网　　址	http://www.gdst.com.cn
邮　　箱	wpc_gdst@163.com
经　　销	各地新华书店
印　　刷	广州市德佳彩色印刷有限公司
开　　本	787mm × 1092mm　1/16
印　　张	18.75
字　　数	330千
版　　次	2018年3月第1版　2018年3月第1次印刷
国际书号	ISBN 978-7-5192-4272-5
定　　价	58.00元

咨询、投稿：020-84460251　gzlzw@126.com

《云南大学周边外交研究系列丛书》

编委会名单

序言

preface

长期以来，周边国家就是我国资本和技术“走出去”的主要目的地。随着全球化和区域经济一体化的发展，我国与周边国家的经济联系不断密切。然而，周边绝大部分国家的市场经济体系尚处于发展阶段，对外资的吸引和管理体系正处于变革和成型期。由于对目标国投资相关法规的了解不足，我国赴周边国家进行投资的企业屡屡出现遭遇风险并蒙受损失的情况。贸易流通和资金畅通是“一带一路”倡议的重要内容，周边国家是我国共建“一带一路”的重要伙伴。随着“一带一路”建设的全面展开，可以预见将有更多中资企业到周边国家投资。如何规避投资风险，使企业海外投资更好地助力“一带一路”建设成为摆在我们面前的一个重大现实课题。

在此背景下，云南大学周边外交研究中心充分发挥国别研究优势，组织科研人员编写了柬埔寨、老挝、缅甸三国的投资法规研究丛书。本套投资法规研究丛书的内容涵盖三国的投资法规体系、外资企业设立和运营、用地、用工、用汇和环保的相关规定，并详细介绍了解决投资争端的可行途径，以期为国内投资者和相关部门提供具有针对性和实用性的参考。

云南大学周边外交研究中心成立于2015年1月，是云南大学从事周边外交与国别研究的专业机构，致力于建设成为有国际影响力的中国周边外交研究国家级智库。中心主要依托中国西南地区最早成立的云南大学国际关系研究院建设，拥有国际关系、国际政治、外交学、世界经济、世界民族与民族问题等二级学科博士授权。中心自成立以来，组织出版了“云南大学周边外交研究丛书”（由中国社会科学出版社出版）、“云南大学周边外交研究智库报告”（由社会科学文献出版社出版）和“云南大学周边外交研究系列丛书”（由世界图书出版公司出版）等系列成果，力求为新时期我国的周边外交工作提供智力支持。

本次出版的柬埔寨、老挝、缅甸国别投资法规研究是“云南大学周边外交研究系列丛书”的组成部分。在撰写过程中，各本书的作者参考了我国驻外使馆编写的投资指南和业内专家的相关研究成果，已经尽可能在文中表明出处。他们孜孜不倦的研究为本套国别投资法规丛书出版提供了有益借鉴，作者们对此表示衷心感谢！尽管编者力求内容翔实、全面、新颖，但学识有限，加之三国的投资环境处于动态变化中，文中难免存在不足，敬请各位读者和同行批评指正！

云南大学周边外交研究中心首席专家　卢光盛教授

2017年7月31日

前言

preface

老挝与中国是一衣带水的“好邻居、好朋友、好同志、好伙伴”。2009年，两国关系提升为全面战略合作伙伴关系，2017年11月，中共中央总书记、国家主席习近平访问老挝，两党、两国领导人一致同意共同打造中老具有战略意义的命运共同体，中老关系将迈上新台阶。

21世纪以来，中老关系加速发展，双方在政治、经贸、人文、国际及地区事务中的合作不断深化。中老两国经贸合作成绩显著，2016年，中老进出口总额为23.4亿美元，中国已成为老挝第二大贸易伙伴；中国在老新签工程承包总额为67亿美元，在东盟国家中排名第三；截至2016年底，中方对老直接投资54亿美元，中国已经成为老挝第一大外资来源国。

中国“一带一路”倡议对于促进老挝经济发展意义重大，与老方变“陆锁国”为“陆联国”战略高度契合，也为中国企业和资本走进老挝带来前所未有的机遇。随着老挝革新开放进程的加快，老挝对外开放的扩大，老挝逐步改善外来投资环境，不断完善与外商投资有关的法律和法规，吸引更多的外商投资，为维护外资的合法权益提供强有力的保障。2016年10月，老挝国会通过了投资法修订案，加强了对外商投资的管理和监管，提高市场准入标准，中国资本走进老挝面临新的挑战。尽管中老经贸合作形势良好，但是赴老投资的中国企业和公民普遍存在不了解老挝投资环境、不懂老挝投资法律法规，甚至存在不知法而违法的问题。为此，深入研究老挝外商投资法律法规，帮助中国在老挝企业和商人更好地依法开展经济活动，是保证中国投资在老挝可持续发展的现实需要。

本书分为10章，系统介绍了老挝现行的、与投资相关的法律法规，详细分析了老挝的总体投资环境，介绍了外资准入条件及优惠政策，包括外资企业的设立、用地、用工、环保方面的要求，双边协议以及投资争端的解决机制和途径。希望本书能为中国到老挝投资的企业和个人实现与当地政府和百姓的共赢有所助益。

编　者

目录

第一章

外商投资法律制度概述

第一节 外商投资环境

一、自然环境概述

老挝国土面积23.68万平方千米，地处北回归线以南亚洲大陆和南洋群岛之间的陆桥位置，位于北纬13° 54′～22° 30′和东经100° 05′～106° 38之间，是中南半岛地区唯一的内陆国。东邻越南，两国边境线长2069千米；南接柬埔寨，两国边境线长535千米；西邻泰国，两国边境线长1835千米；老挝的西北角与缅甸以湄公河为界，两国边境线长236千米；北面与我国云南省接壤，老中边境线长505千米。

老挝，境内山峦起伏、连绵成片，由于老挝的整个地势在中南半岛上较高，故有“中南半岛屋脊”之称。地形以山地和高原居多，山地约占全国总面积的80%，平原和盆地约占20%。老挝整个国土大致可分为4个地貌区：北部山地、东南部高地、西部低山丘陵地和西南部平原低地。

老挝河流众多，主要河流有湄公河及其支流、朱江和马江的上游段。湄公河流经老挝和老缅、老泰边界的长度为1864.8千米，占其总长度的44.4%；老挝境内的湄公河大小支流多达100余条。

老挝属热带季风型气候，气温终年长热，季节性温差变化不大，全年分为雨旱两个季节，5～10月为雨季；10月至翌年4月为旱季。除北部高山地区外，各地气温差异不大，1月气温较低，月平均气温为10℃～20℃；5月气温最高，月平均气温20℃～29℃。

老挝可耕地面积500万公顷左右，超过全国面积的1／5。沙湾拿吉平原（亦称“更谷平原”）、巴色平原、万象平原、北汕平原土地肥沃，水资源丰富，是老挝天然的粮仓。此外老挝山地、草场广阔，气候湿润，竹叶、牧草终年常青，饲料极其丰富，具有发展家畜、家禽养殖业的极好条件。湄公河及其20余条支流成为老挝发展水产养殖的天然场所。

老挝是世界各国中森林面积所占比重最大、珍贵木材最多的国家之一。20世纪60—70年代间，老挝森林面积约占全国总面积的60%，2015年约占到47%。木材总蓄积量在20世纪80年代为16亿立方米，随着森林面积的下降，现已有较大幅度的减少。储量较大的有柚木、乌木、檀香木、沉香木等。

老挝的水能储量很丰富。湄公河委员会测算的数据为可开发的装机总容量达3500万千瓦。此外，老挝水能集中、河流沿岸植被优良、河谷深窄、隘口众多、河床稳定等特点，适宜大规模水电开发。从已发现的部分矿区看，老挝矿藏资源丰富，特别是有色金属矿多种多样，具有极高的开采价值。

二、政治环境概述

1975年12月2日，老挝人民民主共和国成立，代表老挝各族人民和全体老挝人民利益的老挝人民革命党成为执政党，领导老挝人民进行社会主义事业建设。与此同时，老挝宣布奉行独立、中立、友好和不结盟的对外政策。建国40年来，老挝政治局势主要经历了两次严峻考验，老挝党和政府做出积极应对，维护了国内政治局势的稳定。

第一次是建国初期片面的社会主义改造时期。建国初期，老挝片面强调所有制的变革，在城市推行工商业国有化、在农村推行集体化，这种做法严重脱离老挝实际，阻碍了经济的发展，国内政治气氛紧张，老党面临严峻挑战。

1986年，老挝人民革命党“四大”召开，及时反思建国10年来的社会主义建设实践，检讨党的老党工作，重新认识老挝社会经济发展的现实，明确了老挝社会主义建设的中心任务是发展生产力，制定经济和政治体制改革举措，调整外交政策，老挝由此走上了革新开放的发展道路。老党“五大”之后，老挝坚持“有原则的全面改革路线”，全面展开政治、经济、外交等方面的改革。1992年，老挝对国家最高权力机关和最高行政机构进行改革，老挝人民最高会议举行了全国大选，选举产生新一届会议将“全国人民最高会议”改名为“国会”，“部长会议”改名为“政府”，政府下属行政机关也做了相应的调整。政治改革的同时，力促经济发展，鼓励家庭承包制，发展农业，加快企业股份化和私有化；对外关系上，“多边”“务实”“多交友、少树敌”的对外发展，确立独立、中立、自主和和平的外交政策，发展与中国、泰国、新加坡、澳大利亚、日本等国家的关系，同时积极参与大湄公河次区域、东盟等多边合作，为国内经济建设争取更多的国际资金和技术。

第二次是20世纪末的东南亚金融危机阶段。正当老挝经济走上发展道路、有所起色之时，东南亚金融危机爆发，对老挝党和政府提出了严峻的挑战，经济增速减缓、通货膨胀率居高不下、物价不稳，政府应对不力、贪污腐败现象严重，党和政府的执政能力受到质疑，国内外民族分裂主义和反政府武装借机加强活动，老挝政治局势和社会形势顿时紧张，社会和经济形势的恶化再一次引起了老挝人民革命党内部对革新思想和路线的思考和讨论。2001年，老党“七大”召开，会议通过老党新一届领导集体，党内思想认识得以统一，老挝政局紧张局势缓解，会议再次明确了老挝政治经济外交的发展方向。政治上，老挝将继续坚持党的领导和社会主义方向，继续坚持人民革命党的领导和社会主义发展方向；经济上，老挝实行社会主义市场经济，继续实施革新开放政策，顺应本国实际和全球经济发展的新形势，制定老挝短中长期发展战略和方针。“七大”以来，老挝强调党对国家的领导，加强党的执政能力建设，坚持革新开放路线，扩大统一战线，及时化解国内民族矛盾、宗教矛盾，维护了社会安定，经济平稳快速发展，政治外交和经济外交日益活跃，为国家发展营造了良好的国际环境并争取了国际合作和经济援助。

（一）老挝的政治概况

1. 政党

1975年12月，老挝人民民主共和国成立，1947年颁布的老挝王国宪法被废止。1991年，老挝人民民主共和国第一部宪法颁布实施。这部宪法明确了老挝政治体制、社会经济制度、公民的权利和义务、国民议会、国家主席、行政机关、省级与地方行政管理、司法制度、国家象征和修宪程序。为适应老挝革新开放以来的发展与变化，1991年宪法分别于2003年和2015年进行过两次修订。

老挝人民民主共和国成立之后，老挝国内的右翼党派和团体被宣布为非法组织，有的被取缔和查封，有的转入地下或国外活动，曾在抗法反美斗争中作为老党公开组织的老挝爱国战线（后更名为“老挝建国战线”）作为老挝统战组织，继续存在，发挥团结全国各族人民、国内各界外爱国人士的积极作用。

所谓老挝执政党“老挝人民革命党”原名“老挝人民党”，其前身是印度支那共产党的一部分。1955年原印度支那共产党老挝籍党员代表于桑怒召开大会，老挝人民党宣布成立。此后，老挝人民党不断发展壮大，成为老挝人民开展抗美救国斗争的中坚力量。鉴于老挝抗美救国斗争的复杂性，直到人民民主共和国成立，人民党始终没有公开活动，而是通过老挝爱国战线的名义和身份实施其方针、政策，参与和组织救国斗争。老挝人民党广泛吸收工人、农民、学生、公务员、商人乃至王国国民议会议员参加反美统一战线。1972年人民党第二次全国代表大会决定将人民党更名为“老挝人民革命党”。老挝人民民主共和国成立后，老挝人民革命党执政，身份公开。如前所述，建国后，老挝人民革命党的中心任务转变到领导全国人民进行社会主义事业的建设，使老挝摆脱不发达国家地位，将老挝发展成为一个政治稳定、社会安宁有序、经济持续快速发展的国家。

2016年1月，老挝人民革命党第十次全国代表大会召开，685名党员代表全国250余万名党员参加会议，选举产生了69人组成的第十届中央委员会，本扬·沃拉吉当选为总书记。“十大”通过了老挝第八个五年计划发展目标，即到2020年摆脱最不发达国家行列，以及十年中长期发展计划（2016—2025）和2030年展望，使老挝到2030年达到中等收入国家水平。老党十届一中全会选举产生了由11人组成的中央政治局，其中 6人为新晋。老挝人民革命党不断发展，组织建设不断完善，政坛新老交替稳步实施，老党始终牢牢控制着这一过程，执政地位不断巩固，维护了老挝国家政局的稳定。

2. 政府系统

根据宪法，政府是老挝国家最高行政管理机关，统一管理国家政治、经济、社会文化、国防、治安和外交等各方面工作。政府由总理、副总理、各部部长和其他部级委员会的主任组成。政府总理由国家主席任命，并报经国会批准。政府每届任期5年。本届政府于2016年3月经国会选举产生，国家主席由本扬·沃拉吉担任，通伦·西苏里接替通邢·坦马冯出任政府总理。

老挝政府下设21个部门，包括18个部和3个直属机构，主要包括政府办公厅、国家监察委员会、教育体育部、公安部、劳动和社会福利部、司法部、能源和矿产部、农业与林业部、工业与贸易部、公共工程和运输部、计划投资部、财政部、新闻文化和旅游部、卫生部、民政事务部、科技部、自然资源和环境部、邮电和通信部、中央银行。

老挝人民民主共和国地方政府设置有三级，即省（包括直辖市）、县（包括县级市）和村级地方政府。各级地方政府的行政长官是：省设省长、副省长，市设市长、副市长，县设县长、副县长，村设村长，人口多的村也可设副村长。

3. 外交概况

1954年日内瓦会议宣言，向世界宣告了老挝的独立，同时，老挝的独立和主权也得到了世界上大多数国家的认可，现代意义上的老挝外交由此开始。

在人民民主共和国建立初期，老挝在外交上明显倾向社会主义国家，对中、苏、越采取等距离外交政策。70年代末到80年代中期，老挝在发展与社会主义国家的关系的天平上严重失衡，主要是亲越靠苏。1977年6月18日，老挝和越南签订了为期25年的友好条约，确定了两国间的特殊关系，老挝全面倒向越南。而对东盟国家，老挝采取了敌视态度。20世纪80年代中期开始，老挝逐步从封闭走向开放。“四大”以后，老挝增强了在外交事务中的自主性，从过去一度向苏联、越南一边倒的做法转向全方位外交，从亲越靠苏转向寻求多边援助和多方合作，在对华关系方面转向与中国发展睦邻友好、全面合作关系。

经过了多年外交实践，老挝彻底摒弃了建国初期一边倒的外交政策，逐步确立起全方位外交方针和务实政策，取得了突出的成效。在当前老挝的对外交往中，双边外交与多边外交并重，对外政策的自主性和外交活动空间不断扩大。2015年，与老挝建立外交关系的国家增加到138个，老挝还与世界上100多个政党建立和保持着友好关系，老挝的国际环境、区域环境和周边环境都在不断改善，国际地位不断提升，外来投资、合作、援助和贷款也呈逐年上升趋势。

老挝奉行和平、独立、友好与合作的外交政策，主张在和平共处五项原则基础上同世界各国发展友好关系，保持同越南的特殊团结友好关系，加强与中国全面战略合作，加强与东盟国家睦邻友好，积极改善和发展同西方国家关系，为国内建设营造良好外部环境。

4. 与中国的关系

老挝和中国山水相连，老中关系源远流长，两国人民自古以来便和睦相处。在第二次世界大战结束以后至老挝人民民主共和国成立之前，中国政府和人民就对老挝人民争取国家和平与中立、民族和睦与统一的斗争给予了无私的声援和支持，而在老挝人民反殖、反帝的斗争中，老挝人民革命党和中国共产党建立与保持了友好而密切的联系。20世纪70年代末至80年代中期，老挝与中国曾一度交恶，老中关系的发展转入低潮。20世纪80年代中期以后，中国改革开放事业成效显著、国际形势特别是苏东剧变等因素，大大推动了老挝与中国关系的恢复与改善。进入21世纪以来，中老关系逐步跃上几个新台阶：2000年，中国共产党中央总书记和国家主席江泽民对老挝的访问，将老中关系推上新的台阶。经过近10年的发展，2009年，中国与老挝确立了战略合作伙伴关系，两国关系进入了历史最好时期。2013年，中老两国共同制定了《落实中老全面战略合作伙伴关系行动计划》。2017年，中国共产党中央党书记和国家主席习近平访问老挝，中老两国领导人一致同意共同打造中老具有战略意义的命运共同体。

随着两党、两国领导人频繁互访，老挝与中国在政治、外交、经济、军事、文化等领域的合作与交流不断扩大和加强，取得了巨大的成就。

老中两国外交部有着良好的合作关系，两国外长、副外长实现互访，两部司局级官员也不定期举行磋商。1991年4月，两国就互设总领事馆达成协定。1992年8月，老方在昆明设立总领事馆，中方保留设领权。1997年8月，老挝外长宋沙瓦访华时，双方就中方在老挝乌多姆赛省和老方在云南省景洪互设领事办公室达成一致意见。1999年，两国就老挝在香港开设总领事馆达成协定。

2015年，以朱马里访华和张德江委员长访老为主要标志，两党两国高层继续保持密切交往及双方最高领导人年度会晤机制。老挝人民革命党总书记、国家主席朱马里·赛雅颂应邀出席中国人民抗日战争暨世界反法西斯战争胜利70周年纪念活动，并与中共中央总书记、国家主席习近平举行会谈，双方肯定了中老各领域合作的积极发展势头，认为中老命运纽带、利益纽带、人文纽带全面加强，老党两国关系进入历史最好时期，并就推动中方“一带一路”建设与老方发展战略对接，提升双方利益融合达成一致意见。①12月2日，中共中央政治局常委、全国人大常委会委员长张德江12月1日至3日访问老挝，与朱马利共同出席中老铁路开工奠基仪式，分别与总理通邢、国家副主席本扬和国会主席巴妮会谈。

老中两国中央和地方继续保持密切交往的良好势头，老中两党第4次理论研讨会在昆明召开。此次研讨会以“社会发展和治理创新”为主题，在为期2天的研讨会上，中老双方代表畅所欲言，就两国社会建设的一系列重要问题进行了深入讨论，达成广泛共识。

经济技术合作既是两国关系发展的成果，也是两国关系发展的促进要素。新世纪以来老挝与中国的经济技术合作成就突出，合作方式、合作的规模等方面都取得了重大的突破和进展。进入21世纪以来，中国对老挝的援助贷款大幅增加、援助方式多样化。

经济技术合作方面成果突出。援助方面，2013—2014财年中国对老挝官方发展援助（ODA）金额达1.87亿美元，已连续两年成为对老挝最大援助国。2013—2014年对老挝援助位居前5位国家分别为中国、日本、澳大利亚、泰国和越南。投资合作方面，2016年，中国与老挝在投资、贸易、经济专区建设等方面深度融合。在投资方面，无论是单一年份看，还是累计投资额计算，中国仍然是老挝最大投资来源国，仅2016年，中国对老挝直接投资金额约为7.1亿美元，投资领域主要涉及矿产、农业、电力、手工艺品、旅游业等多个行业。而从投资累计看，

①《习近平同老挝人革党中央总书记、国家主席朱马里举行会谈》，http://la.china-embassy.org/chn/zlgxdbwj/t1293822.htm。

根据老挝计划投资部的数据，截至2016年11月，中国在老投资约764个项目，其中552个项目为中国独资，212个项目为中老合资。[①]截至2017年8月，中国在老挝矿产、电力、农业、服务业等领域的投资总额累计达66亿多美元，在对老投资的53个国家中排名第一，是老挝第一大投资来源国。[②]在贸易方面，中国成为仅次于泰国的老挝第二大贸易对象国。据老挝工贸部进出口贸易公司公布的数据，2015—2016财年前9个月，老中双边贸易总额超过15亿美元，其中，老挝向中国出口额为9.5亿美元，进口额为5.7亿美元。[③] 在经济开发区合作方面，中国投资的万象赛色塔综合开发区和磨丁经济专区建设有所突破。2016年8月，经中国商务部批准，万象赛色塔综合开发区成为“中国国家级境外经贸合作区”。在中国磨憨经济开发区的带动下，老挝磨丁经济专区也成为中资企业投资的热点， 2016年岁末，磨丁经济专区建设全面启动。截至2017年9月，老挝经济特区已吸引160多家中国公司进驻投资，注册金额15.5亿美元，占经济特区总投资的23%。其中，工业投资占38%，贸易投资占38%，服务业投资占24%。[④]劳务合作方面，中国位居与东盟国家劳务合作的前列，中国在老劳务人数为15083人，位列中国在外劳务人数第十位；在东盟国家中，中国在老挝劳务人数仅次于在新加坡劳务人数。[⑤]

2014年，中国与老挝金融合作步入一个新时期。经老挝中央银行批准，由中国云南省省级地方性股份制商业银行富滇银行股份有限公司和老挝外贸大众银行在老共同投资设立的合资金融机构——老中银行于2014年1月在老挝万象正式营业。老中银行是老挝央行批准的首家中老合资银行、是中国银监会批准的中国城市商业银行在境外设立的首家经营性机构。老中银行开业以来，为在老挝的多家中资企业、主要是民营企业提供了一定规模的贷款，积极服务中老经济合作。2015年中国继续保持老挝第一大援助国、第一大投资来源国和第二大贸易伙伴的

①中国已成为老挝最大外资来源国，http://la.mofcom.gov.cn/article/ztdy/201611/20161101597667.shtml，2016年11月4日。

②《中国为老挝第一大投资来源国》，http://la.mofcom.gov.cn/article/jmxw/201708/20170802629232.shtml。

③老中双边贸易总额预计将超20亿美元，http://la.mofcom.gov.cn/article/jmxw/201612/20161202078768.shtml。

④《中国在老挝经济特区投资占23%》，http://la.mofcom.gov.cn/article/jmxw/201709/20170902644662.shtml。

⑤《2014年前三季度我对老投资、在老劳务人数均名列第十位》，http://la.mofcom.gov.cn/article/jmxw/201411/20141100793714.shtml，2014年11月12日。

地位。中国连续3年成为老挝第一大援助国。2014—2015财年，中国向老挝提供援助15.1亿元人民币，其中无偿援助7亿人民币，无息贷款2亿人民币，优待6.1亿人民币，主要用于建设一些事关国计民生的水利灌溉、重要设施、首都道路改造项目以及提供财政援助等。2015年，我对老挝非金融类直接投资流量突破10亿美元，达13.6亿美元，同比增长36.2%，首次超过印度尼西亚，位列新加坡之后，在东盟国家中位居第二。①2015年，中国与老挝双边贸易额达到27.81亿美元，比上年减少23%，中国对老挝出口12.27亿美元，减少33%，中国自老挝进口15.54亿美元，比上年减少了12%。②2015年，中国对老挝工程承包合同额超50亿美元，达51.6亿美元，较2014年增长39.8%。在东盟国家中仅次于印尼和马来西亚，位居第三，在亚洲国家中位居第四。③2015年，工程承包项下中国对老挝派出人数大幅增长，超过1.1万人，在东盟乃至亚洲国家中位居第一。④

2015年，中老两国在创新合作模式方面举得突破。8月31日，两国政府正式签署《中国老挝磨憨—磨丁经济合作区建设共同总体方案》，这是继与哈萨克斯坦建立中哈霍尔果斯国际边境合作中心之后，中国与毗邻国家建立的第二个跨国境的经济合作区，《共同总体方案》生效后，将进一步促进两国经济优势互补，便利贸易投资和人员往来，推动两国产业合作，加快两国边境地区发展。

中老人文交流飞速发展，民间友好交往取得长足发展，中老文化交流方面进一步深化，由中国文化部在老挝设立的中国文化中心在老挝首都万象揭幕，成为老挝人民体验中国文化的一个出口。老挝国立大学孔子学院成立四年来，除了培训了将近一万名学员外，还组织了10次汉语水平考试，培训了一批本土汉语教师，此外还组织多个团组访华，已经成为当地汉语教学与文化交流的重要机构。

（二）双边战略对接

作为世界最不发达的国家之一，老挝最为急迫的发展重心就是摆脱这一状

①《我对老挝投资大幅增长在东盟国家中位居第二》，http://la.mofcom.gov.cn/article/jmxw/201602/20160201254473.shtml，2016年2月14日。

②《海关统计资讯网，2015年12月进出口商品国别（地区）总值表》，http://www.customs.gov.cn/publish/portal0/tab49667/info785160.htm。

③《我对老挝工程承包额大幅增长在东盟国家中位居第三》，http://la.mofcom.gov.cn/article/jmxw/201602/20160201254862.shtml。

④《我对老挝外派劳务大幅增长在亚洲国家中位居第一》，http://la.mofcom.gov.cn/article/jmxw/201602/20160201254863.shtml.。

态。为此，老挝党和政府制定了一系列的中长期发展规划，包括长期减贫战略、阶段性的五年发展计划、实现千年目标发展纲要，以及老挝人民革命党“七大”“八大”“九大”和“十大”政治报告，等等。都提出了全面而具体的发展目标和措施，涵盖了党的建设、政府治理、法制建设、社会发展、经济增长各个方面的发展目标，与各方面协调发展的政策和措施。归纳起来，老挝国家战略发展的目标包括了五点：第一，国民经济的发展，包括经济增长、经济现代化和中小企业发展；第二，农村发展和减贫，包括缩小城乡差距和贫富差距；第三，民生改善，包括教育公平、医疗卫生条件改善以及就业培训；第四，提高公共管理水平，包括提高各级行政管理水平，防治腐败；第五，提升国家竞争力，包括自然资源的最优化开发利用，参与区域合作和融入区域的能力提升，更大力度地鼓励投资政策。

无论是从地理区位、历史人文，还是从中国和老挝各自的发展目标和需求来看，老挝和中国不仅有相似性，而且有互补性，从而使两国间的战略衔接成为可能。这已然成为两国的共识，并共同促成了《落实中老全面战略合作伙伴关系行动计划》。

2013年9月，中国共产党总书记、国家主席习近平在会见老挝人民革命党总书记、老挝国家主席朱马里·赛雅颂时，就加强两国战略沟通，推进中老互联互通交换了意见，老挝国家主席表达了对中国“一带一路”战略的欢迎和支持。2014年4月，中老共同宣布启动两国政府间铁路合作协议商谈 。2014年11月，朱马里出席了加强互联互通伙伴关系对话会，表示互联互通符合老挝国家的战略发展构想，老挝将积极参与互联互通的建设。随后2014年12月举行GMS领导人会议上，各国领导人达成共识，表示以建立区域铁路联盟为契机，推动次区域综合运输体系建设，加快通关便利化，提升软件联通水平。2015年9月，中国国家领导人表示将积极推动“一带一路”建设同老方发展战略有效对接。老挝积极回应中国倡议，共同推动次区域合作。老挝是亚投行55个意向创始成员国之一，积极响应中方倡议并参与亚投行筹建。老方还支持中方关于召开“湄公河流域执法安全合作部长级会议”和建立“澜沧江—湄公河合作机制”的倡议，对合作打造澜沧江—湄公河国家命运共同体持高度赞同意见。

具体到互联互通，中老铁路项目得到中老双方的积极推动。2014年4月，老挝总理通邢·坦马冯访问中国，双方宣布启动中老铁路政府合作协议商谈，中老两国有关部门正就有关具体问题开展工作。老挝党和国家领导人朱马利参加了中国主办的加强互联互通伙伴对话会时，表达了积极参与建设的愿望。“2015年老挝铁路技术海外培训班”于2015年8月17日在老挝万象举行开班，推动老挝铁路建设和人才培养 。同年8月31日，泛亚铁路中线中老泰铁路玉磨段先期开工段开建。2015年8月31日，中老签署《中国老挝磨憨—磨丁经济合作区建设共同总体方案》。在边境接壤的中国云南省和老挝南塔省建设和发展“中国老挝磨憨—磨丁经济合作区”，是中国与毗邻国家建立的第二个跨国境经济合作区。两国间的互联互通已迈出了实质性的建设步伐。

中老铁路在老挝国庆40周年庆典之际开工，意义重大。2015年12月2日，老挝40周年国庆，张德江、朱马利、巴妮、通邢等中老双方领导人出席了中老铁路开工奠基仪式，酝酿已久的中老铁路正式开建，为中老传统友好关系描上了浓重的一笔。朱马里强调，老中铁路在老挝国庆40周年庆典这样一个重大的日子里开工，是老中传统友谊深化和老中命运共同体的具体体现。张德江表示，中老双方应以此为契机，进一步加强发展战略对接，深化利益融合，造福两国和两国人民，推动区域共同发展。①

中老双方在湄公河巡航、亚投行及澜—湄对话合作机制等问题上相互支持配合。中老缅泰四国2015年共开展了12次（第30—41次）湄公河联巡执法勤务，老方均出动官兵、禁毒警官和执法船艇积极参与并配合各方在金三角核心水域和班相果水域开展水陆公开查缉，波乔省孟莫联络点已成为举办多边信息交流会的固定场所。4年来，在老方的大力支持及各方的共同努力下，已实现每月一次常态化全线和分段巡航，有效打击了湄公河流域贩毒、贩枪、走私和偷渡等跨国犯罪行为，维护了湄公河流域的航运安全。

1. 老挝与越南的关系

在共同反抗法国殖民者和美国入侵者的斗争中，老越两国建立起特殊的团结和友好关系。老挝人民民主共和国成立以后，老越两国都强调继续维护和发展老越“特殊关系”。1977年的《老越友好合作条约》，进一步确认了老挝与越南的“特殊关系”，并强调要继续巩固和发展这种关系。

多年来，老挝与越南高层保持密切交往，维护和巩固着两国两党的特殊关系。在经济技术合作方面不断深化，双边贸易在2013年达到12.5亿美元，比2012

①《张德江与朱马里出席中老铁路开工奠基仪式并会见老挝党和国家领导人》，http://la.china-embassy.org/chn/zlgxdbwj/t1323878.htm。

年增加了27%，2014年上半年，双边贸易额达到8.88亿美元，比上年同期增长了33%。[①]截至2014年，越南对老挝的投资累计达到33.93亿美元，仅次于中国和泰国，成为老挝第三大投资来源国。[②]

2. 与次区域其他国家关系

与泰国的关系 老挝与泰国一江之隔，两国人民在语言、文化、风俗习惯、宗教信仰和生活方式等方面有许多共同点。18世纪以后，澜沧王国分裂后，万象王国、占巴塞王国和琅勃拉邦王国相继成为泰国（暹罗）的附属国，直到老挝沦为法国殖民地，老挝与泰国之间的附属关系才结束。20世纪60年代，老挝内战时期，泰国曾出兵援助亲美的万象政府。1975年至1988年，老泰两国关系恶化，不时发生边境冲突，双边经贸活动倍受影响。1988年2月，老挝和泰国军事代表团在曼谷签署停火协议，同年7月，泰国在“变印度支那战场为商场”的外交战略指导下，主动缓和并发展同老挝的关系。老挝与泰国之间的经贸合作发展迅速。1990年代以来，泰国成为并保持着老挝最大的贸易对象国和主要的外资来源国地位。

与柬埔寨的关系 老挝与柬埔寨是近邻，两国间的共同边界长达538公里。两国在民族、文化、宗教和历史沿革等方面有着一定的关系。1957年8月13日，老柬两国正式建立外交关系。20世纪90年代以后，柬埔寨问题在政治上的基本解决使老柬关系步入一个新的阶段。2000年以来，老柬两国关系继续发展，高层往来增多，双边的政治、经济、文化关系进一步加强，两国与越南共同建立了三角合作发展机制，带动了两国的全面合作。

与缅甸的关系 老挝和缅甸于1962年11月建立外交关系，但从20世纪60年代到80年代前期，双方交往很少，两国关系较为冷淡。80年代中期以后，老缅双方开始为两国关系的改善进行密切接触。2000年以来，老挝与缅甸的关系进一步发展，政府高层往来频繁，交流与合作加强。

3. 与美国的关系

1950年建交。1975年后两国维持代办级外交关系，1991年11月升格为大使级外交关系。1992年8月，双方恢复互派大使。2005年，美给予老方正常贸易关系待遇。近年来双方关系进一步发展，美向老禁毒、清除未爆炸弹、民生等领域提供

①The 9th meeting on border trade development cooperation of Lao PDR and Vietnam，http://www.laotradeportal.gov.la/index.php?r=site/display&id=714#.VWZ6X7uS3IU。

②同上。

援助。2010年，老副总理兼外长通伦访美，成为老挝人民民主共和国成立以来访美的最高级别官员。2012年7月，美国国务卿克林顿对老挝进行正式访问。这是美国务卿57年来首次访老，也是老挝人民民主共和国成立后访老的美国最高级别官员。

2015年是老美建交60周年，老美关系取得重大突破。老美两国元首实现了老挝人民民主共和国建国以来的首次会晤。朱马里·赛雅颂9月出席联合国大会期间，在纽约会晤了奥巴马总统。通邢总理在吉隆坡出席第三次东盟—美国峰会期间，也与奥巴马进行了会晤，邀请其出席2016年在老挝举行的第四次东盟—美国领导人峰会，对老挝此番邀请，奥巴马积极回应，奥巴马有可能成为历史上首访老挝的美国总统。此外，老美双方外交和军事部门继续保持正常对话与合作机制。“美老第6次全面磋商会议”和“美老第10次防务对话”分别于6月19日和9月15—16日在华盛顿和万象举行，美方承诺将援助老挝用于清除未爆炸弹的资金每年增至1500万美元。同时，美方还表示在禁毒、卫生医疗、英语培训以及人道主义援助等方面增加对老援助。包括美国东南亚战争失踪士兵家属协会主席恩·吉利皮斯女士、美国科学大使杰拉尔丁·理查蒙德女士、美国副总统拜登夫人吉尔博士、美国加利福尼亚州议员德温和新泽西州议员佛兰克以及美国国家安全副顾问本杰明·罗兹等多名政要和名人的到访，凸显了美国对老挝外交转向。

4. 老挝与日澳韩等国的关系

1952年12月建交。自1991年以来，日本成为老挝最大的援助国，年均援助数额超过1亿美元。双方投资领域合作发展迅速。2015年是老日建交60周年，两国将双方关系升格为战略合作伙伴关系。老总理通邢7月3—5日赴东京出席第7次日—湄领导人峰会并对日本进行正式访问，出席老日建交60周年庆祝活动。日政府继续支持老挝基础设施建设，于12月向老方提供7700万美元优惠贷款用于支持瓦岱国际机场航站楼扩建项目。日本自1958年开始向老提供发展援助，年均援助8千万至1亿美元，位居发达国家对老援助首位。日累计援助老挝文教体育、公共卫生和小型基础设施建设项目总计471个价值3.37亿美元。

澳大利亚仍是对老提供官方发展援助的主要国家之一。年内向老提供8600万澳元无偿教育援助，还为49名赴澳留学生、50名在老挝国立大学学习的贫困生以及20名在琅勃拉邦苏发努冯大学学习的学生提供奖学金。澳政府拟向老挝追加捐赠480万澳元用于防盲工作。澳老两国还分别于3月和11月在悉尼和万象举行第4次非正式人权对话会议和第12次高层磋商会议，双方决定加强政治、经济、贸易、投资、教育、安全以及人权领域的合作，澳将鼓励更多的投资者前往老挝进行矿产、水电、运输、农业、旅游、工厂、法律和金融服务等方面的投资。

2015年，老韩建交20周年，两国政治关系和经济合作日趋密切。韩国国会议长郑义和及韩国总理黄教安分别于1月和12月访老。两国韩老两国政府签订了合作框架协议，其中包括韩国对老挝2016年官方发展援助项目谅解备忘录以及韩国经济发展合作基金（EDCF）2016—2020年向老挝提供软贷款项目。截止2015年11月底，韩国企业在老挝投资达7.85亿美元，居外国在老投资第4位；2014年，双边贸易额为2亿美元。[①]近年来，韩国对老提供无偿援助年均达到1000—1200万美元。

1960年10月同苏联建交。1975年老挝人民民主共和国成立后，苏联一度为老挝最大的援助国。1991年，苏联解体后，原苏联援助全部终止。1991年12月，老挝政府正式宣布承认俄罗斯联邦，愿在和平共处五项原则的基础上发展同俄罗斯的友好关系。1992年3月，两国互派大使。1994年，两国签署友好关系原则协定。近年来，双方保持各领域友好交流合作。

老挝与各主要欧盟国家保持传统友好关系。其中，德国、瑞典、法国均为老主要援助国，援助集中在基础设施建设、文化、人力资源开发、农业、卫生等领域老挝是大湄公河次区域经济合作（GMS）成员，2008年成功举办GMS第三次领导人会议。老挝与联合国、世行、亚行等国际机构保持良好合作。2012年10月，第七届亚欧议会伙伴会议在老挝召开；11月，第九届亚欧首脑会议在老挝召开。2013年3月，内陆发展中国家《阿拉木图行动纲领》亚欧地区审查会议、第7届柬老越（CLV）峰会、第6届柬老缅越峰会（CLMV）、第5届伊洛瓦底江—湄南河—湄公河经济战略合作峰会（ACMECS）在万象举行。2014年1月，国际原子能机构（IAEA）总干事天野之弥访老。

三、经济环境概述

（一）经济概况

老挝是一个典型的农业国家，工业基础薄弱。1986年起推行革新开放，实行

①Laos，Republic of Korea enjoy stronger ties，cooperation，http://www.vientianetimes.org.la/FreeContent/FreeConten_laos_republic.htm。

多种所有制形式并存的经济政策，发展商品经济，实行对外开放，颁布外资法，改善投资环境，扩大对外经济关系。2000年以来，老挝经济“六五”期间经济增速达到8%以上，“七五”期间经济增长达到了年均7.9%，成为东南亚增长速度最快的国家。老挝经济虽然保持了多年的高速增长，但是国家的财政收支失衡的状况却没有根本改变，政府需要针对财政运行情况及时调整支出，以减小财政压力。

根据老挝国家统计局最新统计资料，2014—2015财年，老挝GDP为127.4亿美元，增长7.5%，人均GDP为1857美元。农林业、工业和服务业在GDP中所占比例分别为23.7%、29.1%和39.8%。全年出口额33.05亿美元，进口额47亿美元，外贸逆差13.95亿美元，外汇储备增至9.94亿美元，吸引外来投资约4.6亿美元，争取外援5.5亿美元。亚洲开发银行最新资料显示，由于政府财政约束和全球矿产需求市场低迷，2015年老挝经济继续保持2014年以来的放缓趋势，但年内服务业的扩张式发展和电力生产的持续增长，使得全年经济增长仍有不俗表现，达到6.7%。①

（二）主要产业和资源

1. 农业

老挝的耕地总面积约130多万公顷。老挝农业从业人口约占全国劳动力人口的70%，2015年农业保持缓慢增长，增幅为3%，农业总产值达到GDP的23.7%，全年稻谷产量达到387.2万吨，可满足国内消费，而且有剩余供出口。

老挝的粮食作物主要有稻谷、玉米、薯类和蔬菜、豆类。老挝的经济作物主要有绿豆、黄豆、花生、烟草、甘蔗、咖啡和茶叶，2011年这些作物的年总种植面积达到12.67万公顷。老挝经济作物比粮食作物的种植面积增长要快得多，1980年到2010年的30年增长了近3倍。老挝畜牧业也有所发展，2014年，老挝全国牛和猪的存栏量分别为170万和110万。目前老挝人民对鱼、肉的人均消费量大约为每年50千克，其中首都万象市消费大于本地的产出，所以需要从外省调配或从邻国进口。②

为了保持粮食生产的稳定增长，老挝政府将鼓励原有的劳动密集型稻米种植方式向新科技种植方式转变，以减少劳动力使用量，降低生产成本。老政府采取提供低利率贷款及降低电费等手段，吸引国内外投资者开发有机农业及生产高质量化肥。同时老挝政府还寻求有价格保证的稳定市场以促进稻米出口。

①Asian Development Outlook 2016。

②Asian Development Bank，Asian Development Outlook 2015.

2. 工业

老挝工业基础十分薄弱，科技落后、资金匮乏、人才奇缺。老挝工业主要包括电力工业、采矿业、建材工业、日用品工业、食品加工业和卷烟业、传统手工艺品加工业等。2013年，老挝全国有各种工矿企业24742家，其中规模较大的有112家，中小型的604家，小型作坊式企业24026家。①其中电力工业和采矿业的发展大大提高了工业在GDP中的比重。其中以水电为主的电力工业是老挝出口创汇的重要部门，铜矿、金矿的开采成为政府税收的主要来源之一。2013—2014财年，老挝出口电力113.32亿度，总收入达5.3547亿美元。截至2014年底，老挝投产运行的水电站有25座，总装机容量324.5万千瓦。②

3. 服务业

老挝服务业起步较晚，基础薄弱。革新开放以来，老挝服务业迅速发展。2014年，老挝服务业比上一年增长9%，批发和零售业、公共服务、交通运输等行业均保持了稳定的增长势头。近年来，老挝旅游业以每年不低于6亿美元的收入总额位居各行业收入排行榜第二，仅次于能源矿产业。2015年，老挝入境外国游客达430万人次，比上年增长4%。外国游客中70%来自东南亚国家，30%来自欧洲、美洲、日本、澳大利亚以及中国。③旅游业在老挝经济发展中的支柱性地位突出，极具开发潜力。截至2014年，全国有旅游服务公司342家，包括家庭旅馆在内的各类宾馆酒店2426家。④

（三）对外贸易

20世纪90年代以来，老挝的对外贸易有了较大发展。老挝主要出口市场是亚洲，其次是欧洲、大洋洲和美洲。其中，电力主要出口泰国、柬埔寨和越南，服装主要出口欧盟和美国，金属金主要出口澳大利亚，金属铜主要出口泰国和马来西亚，金属锡和铅锌主要出口泰国、越南和中国，石膏主要出口越南，木材及其制品主要出口泰国、中国、越南、日本和台湾地区。

①老挝国家统计局：《老挝统计年鉴2013》。

②《老挝2013-2014年度电力收入总额突破71000亿基普》，http://la.china-embassy.org/chn/wdt/t1217753.htm。

③4.3 million people visit Laos in 2015. http://www.vientianetimes.org.la/FreeContent/FreeConten_4%203%20million.htm。

④同③。

老挝的主要进口来源地是亚洲，主要包括泰国、越南和中国。老挝主要进口商品包括交通工具及其配件、建材、石油、天然气、电器、布料、日用百货、农牧用具、药品、医疗器械、办公用品、体育用品等。

2014年，老挝进出口总额81.35亿美元，同比增长5%，其中出口35.82亿美元，同比下降1.75%，进口45.53亿美元，同比增长11.4%，贸易逆差9.71亿美元，同比增长6%。进口以基础设施建设物资及消费品为主，出口以自然资源产品为主，主要出口目的地为泰国、中国和越南，对中国和越南的出口分别增长65%和64%，泰国是老挝主要进口对象国，进口额占总额的61%，从中国和越南进口额分别增长37%和3.6%。①

（四）外来投资

自1986年以来，老挝先后颁布了鼓励外来投资法及其实施细则等一系列吸引外来投资的法规和政策，吸引大量外来投资，外资成为老挝经济社会发展的助推器。

从投资来源看，1989至2014年，中国、泰国和越南位居对老投资前三位，分别达到53.97亿、44.55亿和33.93亿美元。对老挝投资排名第四至第十的国家是：韩国、法国、日本、瑞典、马来西亚、挪威和英国，上述十国对老挝的投资总额达到了162.87美元。1989至2014年投资金额累计超过10亿美元的领域包括电力、矿业、农业、服务业、工业手工业、宾馆酒店业，其中电力和矿业的投资力度大大超过其他领域。②

近年来，老挝推进经济特区和专项经济区建设，吸引外来投资。截至2014年，老挝经济特区和专项经济区已注册投资的国内外企业达158家，协议投资47亿美元，实际投资超10亿美元。老挝现有2个经济特区和8个专项经济区，占地面积大约13500公顷，提供就业岗位超过10000个。③

①《老挝进出口贸易额逆差增加》，http://la.chineseembassy.org/chn/lwdt/t1192449.htm，2014年9月10日。

②Investment Promotion Department of Minister or Planning and Investment，FDI By Country 1989–2014，FDI By Sector 1989–2014，http://www.investlaos.gov.la/index.php/resources/statistics。

③《老挝经济特区和专项经济区已注册投资的国内外企业达158家》，http://la.chineseembassy.org/chn/lwdt/t1240722.htm，2015年2月4日。

第二节　外商投资法律制度及环境

一、外商投资法律制度概述

自1988年老挝颁布第一部投资法以来，随着其法律制度的发展，老挝逐步形成了以投资法为主体的、包括系列法律在内的完整法律体系，具体包括了企业法、土地法、矿产资源法、劳动和社会保障法、企业破产法、合同法、所有权法、侵权法、担保法、海关法、对外贸易法、金融法、保险法、税法、企业会计法、民事诉讼法、经济纠纷处理规则等。

1988年4月，老挝政府首次颁布《外国在老挝投资法》；1994年3月，老挝政府对《外国在老挝投资法》进行修改，增加了许多优惠投资政策，颁布了《促进和管理外国在老挝投资法》。1994年4月老挝国会颁布新修订的《外资法》，新投资法在互惠互利基础上，鼓励外国投资者以包括BOT、BOOT在内的多种投资方式、在各个领域投资；规定政府不干涉外资企业的事务，允许外资企业汇出所获利润；外商可在老挝举办独资企业、合资企业等企业形式；国家将在头五年向外资企业征税等。2001年3月《促进和管理外国投资法实施细则》出台，保证了投资优惠政策的具体落实。近几年来，为了更好地吸引外资，老挝政府不断改善投资环境，多次对《外国在老挝投资法》进行更改和修订。如在2003和2005年，对外商投资法又进行了两次修订，使之不断适应老挝改革开放的需要。

二、外商投资法律环境

老挝的立法机构是国会，司法机构包括人民法院和人民检察院。

老挝国会原称最高人民议会。1991年8月14日，老挝最高人民议会第二届第六次会议决定，将最高人民议会改称为国会。国会既是老挝国家最高权力机构也是立法机构。

根据1991年宪法，国会作为国家的立法机构，有权决定国家各项基本问题，监督国家行政机关和司法机关的活动。在全国人民代表大会休会期间，国会还代行其职。国会每届任期5年，国会议员由老挝公民根据法律规定的程序选举产生。国会选举产生自己的常务委员会，其主席、副主席由国会主席、副主席兼任。国会常务委员会主要负责筹备国会召开事宜，保障国会预定工作计划的实施，在国会闭会期间负责监督国务院和司法部门的工作，召开国会等。国会每年由常务委员会召集举行两次例会，常务委员会也可根据需要召开国会特别会议。

国会的主要职权是：制定、批准和修改宪法；审查批准、修改和废除法律；规定、改变和修改宪法；审查批准国家战略性社会经济发展计划和财政预算；根据国会常务委员会的提议，选举和罢免国家主席、副主席；根据国家主席的提议，审查批准国务院的组成和解散国务院；根据国会常务委员会的提议，选举和罢免最高人民法院院长和人民总检察长；根据国务院总理的提议，决定设立或撤销部或相当于部的国家机构、省和市，决定省和市的管辖地区范围；决定特赦；根据国际法及程序，决定同外国缔结的条约和协定的批准或废除；决定战争与和平的问题；维护宪法和法律的尊严。

国会设立若干专门委员会，负责审议、拟定宪法和法律草案，协助国会和国会常务委员会监督和检查国务院和司法部门的工作。目前老挝国会设立了法律委员会、民族事务委员会、社会文化事务委员会、经济计划财政委员会、国防安全委员会、外事委员会和妇女议员组。为了更好地履行国会议员职责，老挝国会还开通了议员热线，广泛听取社会各界对国家政治建设、经济和社会发展的意见和建议。

近年来，老挝国会的地位和功能不断增强。2014年底，老挝国会七届八次会议研究讨论了老挝政府关于促进商品化生产和提高劳动力水平、实现千年目标的政策执行报告，审议通过2013—2014年政府财政报告，就民众关注的问题质询10位相关部门的部长、副部长，通过国会2014年下半年工作决议、2015年上半年工作计划，补充完善2003年版宪法修订草案。年内，国会审议通过了税法和医疗法两部法律的修订法案移民和外国人管理条例、饮酒管理条例、反妇女儿童暴力法、外汇管理法等法律。在七届八次会议上，国会议员对商业与贸易部副部长所做的报告进行了激烈的讨论和尖锐的批评，国会主席巴妮·亚都陶要求政府各部门提交的报告不能泛泛而谈，内容要具体，不仅要提出问题、还要有解决问题的措施，对下一阶段的工作要有具体的方案和措施。[①]这次定期会议明确传递了一个重要的信息：老挝国会的正常功能正逐渐发挥，与国会地位的提升相互促进。

①NA demands ministry to shape up in commercial production，http://www.vientianetimes.org.la/FreeContent/FreeConten_NA_demands.htm，Latest Update December 12，2014.

2016年3月，老挝国会举行换届选举，产生新一届国会，即八届国会，巴尼·雅陶都继续担任国会主席。

根据2015年《宪法》修订案，老挝恢复设立地方议会，全国17个省和首都万象市相继设置了省（市）级人民议会，由国会统一领导。

第二章

《外商投资法》

外商投资法是构成老挝外商投资法律制度的基本要素，是规范外商到老挝投资的法律规范的总和，目的是鼓励外商前来投资和对外商投资行为进行规定、限制。在世界经济全球化和区域经济一体化背景下，20世纪80年代实行革新开放以来，老挝不断加大招商引资力度，其外商投资法建设也经历一个不断发展演变的历程。自1988年颁布实施建国以来首部外商投资法——《外国在老挝人民民主共和国投资法》，至2011年出台《〈促进投资法〉实施细则》，老挝共颁布了10余个与外商直接投资相关的法律法规[①]，其中《外商投资法》历经1994、2004和2009年版，已从1988年的4部分32条增加到目前的11部分99条。各版名称也略有不同，2009年版则把外国投资法和国内投资法合二为一，称《促进投资法》。2016年11月，老挝八届国会二次会议审议通过新的《促进投资法（修正）》。新法共12部分93条，较2009年版增加了1部分、减少了6条。其中，新增加19条，撤并25条，修改56条（修改实质内容27条，简单修改表述29条）。由于新法目前并没有颁布实施，因此本章把2009年《促进投资法》和2011年《实施细则》作为对象加以分析研究。

第一节　投资管理机构

老挝针对外商投资管理的机构设置与外商投资法的修改进程相一致，当新的投资法出台时，投资管理机构的设置及其名称也相应地发生变化。总的来看，老挝外商投资管理机构设置并不复杂，功能也不尽完善。

一、投资管理机构类型

老挝外商投资管理机构设置几经变迁，但目前功能仍不够健全。在1988年4月19日老挝最高人民议会通过建国后首部外商投资法前，老挝中央政府就已成立

①除1988、1994、2004年《外商投资法》及其《实施细则》和2009年《促进投资法》及其2011年《实施细则》外，还包括2001年《进出口管理条例》、2002年《关于外国投资项目审批程序的规定》、2010年《关于老挝经济特区和经济专区的政令》、2015年《关于外国投资者有条件经营项目清单的第1327号通知》，等等。

了国家促进和管理外商投资委员会。外商投资法生效后，该委员会成为负责全国范围内的外国投资审批和管理工作的唯一机构，直接隶属于部长会议（中央政府）。1994年新的外商投资法指出，老挝外国投资管理委员会既是负责外商投资法的组织管理机构，同时也是负责保护和促进外国在老挝投资的机构，它会同有关部委、地方主管部门对外国投资行为进行统一服务、统一发放许可证和统一管理。[1]外国投资者申请在老挝投资，必须向老挝外国投资管理委员会递交申请书及相关文件材料，由该委员会进行审批。直到1999年，老挝法律明确规定的外商投资管理机构仍仅有上述委员会独此一家。委员会由总理、副总理等人组成，体现了老挝政府对引进外资的高度重视，同时却造成了投资项目审批标准不清、管理不到位的情况。

根据1999年第4号总理政令，当年1月18日老挝成立了投资管理与对外合作委员会，委员会成员包括由副总理、总理府部长、总理府办公厅主任等人，下设外国投资管理办公室、国内投资管理办公室、对外合作办公室。在此基础上又成立了国内外投资促进管理局，作为投资管理和对外合作委员会的下属中央机构，同时也是外国投资管理委员会的常设办公室。至此，老挝外商投资管理机构设置开始走向多元化，但外商投资管理权仍仅限于中央一级，绝大多数投资项目的审批须经总理或副总理签字方能生效，而投资项目获批后中央却缺乏相应的监管。

为改变审批权力过于集中和监管不力的局面，2004年《促进外国投资法》对外国投资管理机构设置进行了调整，有意识地把外商投资管理权限下放地方和其他相关部委。该法第21条规定，外商投资管理机构由两大部门组成：（一）中央级和省级投资促进管理委员会；（二）所属行业的管理部门及其他有关部门。[2]这两大组成部分中，前者属于专业投资管理机构，后者为非专门的投资管理辅助机构，而从级别上又可分为中央和地方投资管理机构两种类型。在专业管理机构中，中央级的国家投资促进管理委员会，办公室设在计划与投资部，委员会主任由总理任命，通常由计划与投资部部长担任，下设投资促进司并作为外商投资一站式服务的常设办公室；省级投资促进管理委员会的办事处设在各省和首都万象市的计划与投资厅，作为本级外商投资一站式服务的常设办公室，委员会主任由

①《促进和管理外国在老挝投资法》（1994年）（第22、23、28条），载米良主编：《老挝经济贸易法律选编》，北京：中国法制出版社，2006年，第36页。

②《促进外国投资法》（老文）（第21条），万象：老挝国会，2004年10月22日，第12页。

中央级投资促进管理委员会主任任命，通常由省长和直辖市市长担任。[①]其他有关部门和单位并不是真正意义上的投资管理机构，其职责主要是配合中央和省级投资促进管理委员会开展工作，如起草本部门招商引资规划和投资项目名录、展开招商引资宣传动员、检查评估和上报职能范围内的外资企业业绩情况等。

2004年外商投资法虽然对投资管理机构的设置进行了改革，但实际上仍只有投资促进管理委员会这个单一的投资管理机构类型，其分为中央管理机构和地方管理机构两个级别。到2009年《促进投资法》出台时，外商投资管理机构的类型才增加到3个。该法第85条规定，“中央政府对全国范围内的投资进行集中统一管理，授权计划与投资部门和工商部门根据各自职能、会同其他部门和有关地方政府主动进行管理”，[②]“投资管理机构包括：（1）计划与投资部门；（2）工商部门；（3）经济特区和经济专区的管委会”。[※]

在计划—投资系统内，前述提到的国家投资促进管理委员会是中央履行外商投资管理的职能机构，省一级则由计划与投资厅履行该职能，每一级投资促进管理委员会均设有一站式服务办公室。设在工商系统的外商投资管理机构和计划—投资系统相类似。需要指出的是，外商投资管理机构已从原来的最低为省一级（计划与投资厅和省工商局）到目前的最低为县、区一级（计划与投资局和工商局）。现行《促进投资法》第89条还规定，“经济特区和经济专区的管委会，是本经济特区、经济专区的投资管理机构，设立一站式投资服务办公室以吸引和促进国内外投资进入本经济特区、经济专区”。[③]2010年10月26日签发的《关于老挝经济特区和经济专区的政令》（第443号总理政令）和2010年12月9日签发的《关于经济特区暨经济专区国家管理委员会的组织及其活动的政令》（第517号总理政令）对经济特区、经济专区的管委会履行投资管理机构职能作了专门规定。

总言之，老挝投资管理机构从级别上可分为中央和地方两种类型，从隶属机构上可分为计划与投资部门、工商部门和经济特区/经济专区管委会三类。

---

①《〈促进投资法〉实施细则》（第119号总理政令）（老文）（第21条），万象：中央政府办公厅，2011年4月20日，第12页。

②《促进投资法》（老文）（第85条），万象：老挝国会，2009年7月8日，第32页。

※《促进投资法（修正）》2016年草案更改为：“投资管理机构包括：1.计划与投资部门；2.工商部门；3.地方政府。”新草案还把“经济特区和经济专区”统称为“经济特区”。

③《促进投资法》（老文）（第89条），万象：老挝国会，2009年7月8日，第35页。

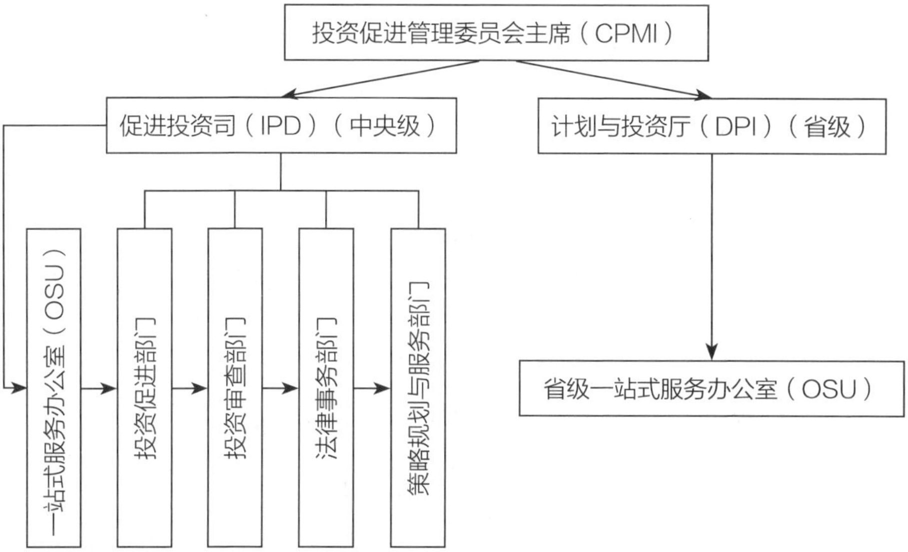

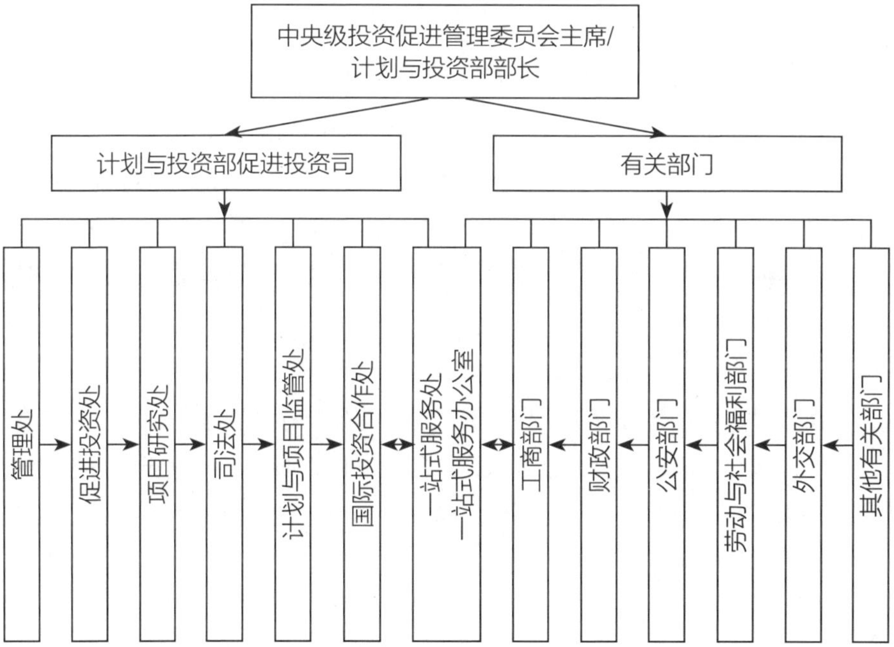

图2-1 中央级投资促进管理委员会组织结构示意图

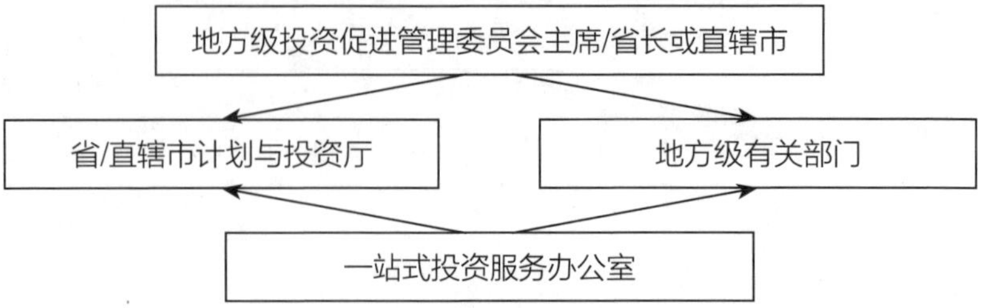

图2-2　省级投资促进管理委员会组织结构示意图

二、投资管理机构分工

老挝对外商投资实行分级管理制。中央政府负责全面、集中、统一管理全国范围内的外商投资工作，授权计划与投资部、工业与商务部代表中央，协调其他有关部委负责具体管理工作。《促进投资法》第83条规定，投资管理遵照以下原则进行：

——实行地方多级负责制，突出中央在宏观管理和推动、监督、检查地方组织落实方面的责任；

——哪个部门、哪一级发证，就由该部门、该级同会其他有关部门和地方政府，负责对投资项目进行管理、监督、检查、评估并定期报告自己的上级；

——投资项目属于哪个行业部门，就由该行业部门会同有关部门依法对项目进行技术方面的管理。①

第84条则规定，主要由地方发放投资许可证和进行投资管理；中央依据法律规定，在有关部委和地方政府配合下负责对具有战略性质的业务项目，如跨多个行业、涉及多个地区、高科技、金融、保险、电信、航空、与政府权力相关的行业、能源、矿产、石油、天然气等项目，发放企业登记注册证／投资许可证和进行管理。地方政府根据自身职责，依法对中央审批的、在本辖区内的投资项目进行管理。②

另外，2011年4月20日签发的《〈促进投资法〉实施细则》（第119号总理政令）第20条规定：《促进投资法》第31条规定的对招商引资项目和业务的审批，

①《促进投资法》（老文）（第83条），万象：老挝国会，2009年7月8日，第31页。
②《促进投资法》（老文）（第84条），万象：老挝国会，2009年7月8日，第32页。

由各级政府根据自身职权范围进行审批：

（1）投资额在2亿美元以上的项目，由中央政府审批；

（2）投资额在500万美元至2亿美元之间的项目，由计划与投资部审批；

（3）投资额在500万美元以下的项目，由各省/首都万象市政府审批。①

《细则》第21条又规定：工商部门负责普通招商引资项目的审批，计划与投资部门负责特许经营项目的审批。这就给人产生究竟是政府还是主管部门负责项目审批的疑问，反映出老挝投资立法的不严谨和漏洞与不足。事实上，主管部门对项目审批的管理，是通过投资促进管理委员会体现出来的。

《细则》第22条规定：设立投资促进管理委员会，以促进和管理在老挝人民民主共和国境内的国内外投资，它由国家级投资促进管理委员会和地方级（省级）投资促进管理委员会组成；国家级投资促进管理委员会的主任由计划与投资部部长担任，副主任由计划与投资部主管投资工作的副部长担任；省级投资促进管理委员会的主任由各省省长/首都万象市市长担任，副主任由各省/首都万象市主管投资工作的副省长/首都万象市副市长担任；国家级和省级投资促进管理委员会的委员由来自计划与投资、工商、财政、公安、劳动与社会福利、外事、农林、能源与矿产、公共工程与交通运输、邮政与电信、教育、卫生、自然资源与环境、科技、新闻—文化—旅游、国土资源管理（中央级）、司法和金融等部门的官员组成。②

该条还规定，"计划与投资部促进投资司和各省/首都万象市计划与投资厅协助投资促进管理委员会开展工作，并为计划与投资部门下属的一站式投资服务办公室的成立和开展工作提供便利"，"国家级和省级计划与投资部门下属的一站式投资服务办公室是国家级和省级投资促进管理委员会的秘书处。在履行法律规定的职责而开展各项工作时，国家级投资促进管理委员会使用计划与投资部部长的印章，各省/首都万象市投资促进管理委员会使用各省省长/首都万象市市长的印章"。③由此可以看出，老挝对外商投资项目的管理实行计划与投资部长

①《〈促进投资法〉实施细则》（老文）（第20条），万象：中央政府办公厅，2011年4月20日，第11-12页。

②《〈促进投资法〉实施细则》（老文）（第22条），万象：中央政府办公厅，2011年4月20日，第12-13页。

③《〈促进投资法〉实施细则》（老文）（第22条），万象：中央政府办公厅，2011年4月20日，第12-13页。

负责制和省长负责制。实践经验表明，计划与投资部长和各省省长在履行外商投资项目管理职责时，授权本级投资促进管理委员会负责，投资促进管理委员会则根据工商部门和计划与投资部门的审批权限、按照谁审批谁管理的原则责成相关部门履行具体的管理工作。类似地，无论是计划与投资部门的审批还是工商部门的审批，最终都要由部长或省长签字盖章方能生效。超过2亿美元的外商投资项目则需要总理或主管副总理审批。

在老挝投资开发经济特区（Special Economic Zone）或经济专区（Specific Economic Zone）的，其项目审批与管理由经济特区暨经济专区国家管理委员会负责。该委员会由主管经济的副总理担任主任，中央政府（总理府）办公厅主任为常务副主任，计划与投资部部长、工业与商务部部长、公共工程与交通运输部部长为副主任，委员有财政部长、司法部长、新闻文化旅游部长、国防部副部长、公安部副部长、外交部副部长、劳动与社会福利部副部长、内政部副部长、自然资源与环境部副部长、经济特区／经济专区所在省的省长和经济特区暨经济专区国家管理委员会秘书局局长。[①]（2016年6月15日，经济特区暨经济专区国家管理委员会从总理府剥离，改为计划与投资部下属机构，其领导构成也相应调整。）在经济特区或经济专区内进行投资的，则须与所在经济特区／经济专区的管委会签署投资合同并接受管委会的管理。

三、投资管理机构职责

按照老挝《促进投资法》，投资管理机构分为中央和地方两个层级和计划与投资、工商、经济特区／经济专区三个组成部门，但该法在明确各部门职责时却把计划—投资和工商两个部门合在一起，表明同级的计划与投资部门和工商部门的职责是完全一样的，它们履行职责的区别在于针对的管理对象不同，即工商部门负责普通投资项目的管理、计划与投资部门负责特许经营项目的管理。

《促进投资法》第86条规定，计划与投资部和工业与商务部在投资管理中负有以下职责：

①《关于经济特区暨经济专区国家管理委员会组织及其活动的政令》（第517号总理政令）（老文）（第5条），万象：中央政府办公厅，2010年12月9日，第4–5页。

（1）研究和起草促进投资方面的战略规划、政策、法律法规，汇总需招商引资的项目和业务，以提交中央政府审议；

（2）宣传、普及促进投资方面的战略规划、政策、法律法规，提供包括招商引资项目或业务在内的信息资料，以便吸引外资；

（3）提请、监督和协调其他有关部门和地方政府组织实施促进投资方面的法律法规；

（4）推动和促成解决全国范围内的投资项目、业务中出现的各种问题；

（5）为开展一站式投资服务创造条件和提供便利；

（6）经中央政府批准，按自身职责审批、颁发、暂停、撤销、废止注册登记证或合同；

（7）建设、培养和提高投资领域工作人员的水平；

（8）开展投资方面的对外联系与对外合作；

（9）定期向中央政府总结、汇报投资工作情况；

（10）履行法律规定的其他职责。①

该法第87条规定，各省、首都万象市计划与投资厅和工业与商务厅在投资管理中负有以下职责：

（1）在本地区落实和组织实施促进投资方面的战略规划、政策、法律法规，编制本地区招商引资项目清单；

（2）宣传、普及促进投资方面的战略规划、政策、法律法规，提供包括招商引资项目或业务在内的信息资料，根据自身职责为投资商提供相应便利；

（3）提请、监督和协同本地区内其他有关部门组织实施促进投资方面的法律法规；

（4）经本级地方政府同意，按自身职责审批、颁发、暂停、撤销、废止注册登记证或合同；

（5）根据自身职责组织实施一站式投资服务；

（6）根据上级授权，开展投资方面的对外联系与对外合作；

（7）定期向上级总结、汇报投资工作情况；

①《促进投资法》（老文）（第86条），万象：老挝国会，2009年7月8日，第32−33页。

（8）履行法律规定的其他职责。①

该法第88条规定，各县、区计划与投资局和工商局在投资管理中负有以下职责：

（1）在本地区落实和组织实施促进投资方面的规划、计划、项目、法律法规和招商引资项目、业务；

（2）在本地区宣传投资方面的政策和法律法规，提供包括招商引资项目或业务在内的信息资料，根据自身职责为投资商提供相应便利；

（3）协同本县、区其他有关部门组织实施促进投资方面的法律法规；

（4）根据自身职责组织实施一站式投资服务；

（5）根据自身职责编制招商引资项目、业务清单并提交上级讨论；

（6）搜集本地区内的投资数据资料，包括各项投资经营情况；

（7）推动解决本辖区内的投资项目、业务中出现的各种问题；

（8）定期向上级总结、汇报投资工作情况；

（9）履行法律规定的其他职责。②

关于经济特区和经济专区管委会在投资管理工作方面的职责，《促进投资法》第90条作规定如下：

（1）研究、制定本区投资促进政策；

（2）研究、编制本区招商引资项目或行业清单；

（3）落实投资促进政策，以吸引国内外投资者到本区投资；

（4）为投资者在本区开展业务活动创造条件和提供便利；

（5）根据合同和特区／专区法规征收关税—税务、手续费、租金和其他费用；

（6）根据合同依法管理、使用预算经费；

（7）与国内外有关部门进行联络与协同，以便有效、正确、合法地管理本区；

（8）采取措施维护区内公共设施和基础设施，确保区内安全和保护区内环境；

（9）定期向上级总结、汇报本区投资工作情况；

①《促进投资法》（老文）（第87条），万象：老挝国会，2009年7月8日，第33–34页。
②《促进投资法》（老文）（第88条），万象：老挝国会，2009年7月8日，第34页。

（10）履行法律规定的其他权利和职责。[1]

《促进投资法》也对地方政府的投资管理职责做了规定：对投资项目的管理、维护投资者的合法权益负有责任，为本地区投资创造有利条件和向上级汇报投资活动情况。

第二节 投资准入制度

投资准入制度是外商投资政策法规的重要组成部分。在外商投资政策法规的准入、经营管制和退出三个环节中，准入制度是一个国家外国投资制度首要和重要的环节，它是指对法人、自然人进入本国市场从事经营活动所做的限定和规范。老挝促进投资法及其他法规对外国投资准入同样做了限定和规范。

一、投资准入领域

外国投资准入领域即允许外国投资的行业部门。老挝对外国投资准入领域进行一定的限制，其目的是引导外资进入到本国亟需发展的行业和部门，通过利用外资促进本国经济社会发展，同时规避外国投资者插足事关国家安全、危及国计民生和国家重大利益的行业部门。通常情况下，发达国家禁止或限制进入的行业较少而发展中国家准入的行业部门则不多，特别是本国已有一定发展基础、需要重点保护的行业，发展中国家往往是不对外开放的。但老挝是个例外，其投资准入领域广泛，受限制的行业不多。《促进投资法》第4条规定：政府通过制定（投资）指南、提供必要的信息资料，出台关税—税收、劳务、土地使用等优惠政策，实行一站式投资服务，以及承认、保障、维护投资者的所有权及其他合法权益，创造良好环境和提供各种便利条件，鼓励国内和外国的一切经济单位（在老挝）进行投资；除涉及国家安全稳定、在当前和今后会严重危害环境、对人民身体健康和民族优秀文化产生严重影响的领域和行业外，政府鼓励在全国范围内

①《促进投资法》（老文）（第90条），万象：老挝国会，2009年7月8日，第35页。

的所有领域、行业和地区进行投资。①

外国投资者可在几乎所有行业如农林、能源—矿产、水电、交通运输、手工业、旅游、商业等生产及贸易领域进行投资。老挝法律明确规定，政府鼓励外商投资老挝的电力开发、农业商品化生产、农产品加工、养殖、矿产开采、道路交通等基础设施建设以及旅游工艺品生产制作等服务业的发展；扶持大米、谷类、食品、替代进口日用品和出口商品生产。②尽管老挝把土地、矿产、电力、航空、电信、保险、金融等行业列为外商特许经营项目类别，实际上外商在这些领域的投资仍享有许多特殊待遇，如2009年《促进投资法》就鼓励外商投资技术含量高、资金需求量大的金、银、铜、钾、矾土等矿产开发。另外，老挝鼓励外商在经济特区和经济专区内投资电子工业、科学研究、新技术研发、新型建材生产、旅游景区开发、绿色—无公害产品生产加工、出口生产、林业种植、学校、医院、公园等行业项目。③《〈促进投资法〉实施细则》附件1详细列出了鼓励投资的业务清单，包括农业（152项）、新闻文化产业（27项）、旅游（8项）、劳动技能开发与就业（7项）、邮政与电信（9项）、教育（20项）、公共卫生（15项）、能源（29项）、加工工业（94项）、公共工程与交通运输（16项）、科技（6项）、教育与体育（7项）共12大项390多个小项。

二、投资准入条件

投资准入条件是一个国家为外国投资者在本国投资设立的基本门槛，它主要包括对投资者的资质要求、对注册资本的要求和股权比例限定等。老挝曾对外商投资设立过较高的准入门槛。随着革新开放路线的施行和不断推进，老挝国内资金严重短缺的窘境日益突出，其外商投资门槛也一再降低，成为发展中国家中外商投资管制最为宽松的国家之一。外商在老挝享有很高的投资自主权，体现在以下几个方面：（1）可在老挝法律允许范围内投资除禁止行业之外的其他所有行业，而禁止行业并不多；（2）可依照有关法律法规，以数种投资方式和类型

①《促进投资法》（老文）（第4条），万象：老挝国会，2009年7月8日，第5页。

②米良主编：《老挝人民民主共和国经济贸易法律指南》，北京：中国法制出版社，2006年，第77页。

③《关于老挝经济特区和经济专区的政令》（第443号总理政令）（老文）（第23条），万象：中央政府办公厅，2010年10月26日，第16页。

成立各种形式的企业；（3）可向老挝中央或地方政府申请投资特许经营项目；（4）可向老挝政府申请投资开发经济特区和经济专区；（5）在老挝境内成立本公司的代表处或分公司。①

老挝对外商投资资金虽设有一定条件，但要求很低。现行《促进投资法》规定：以国内与外国投资者之间按股份投资形式进行的投资项目，外国人的出资额不得少于总投资额的10%；投资于一般经营项目的外商投资者的总资金不得少于10亿基普（按法律出台时的汇率，约合12万美元）。②同时规定：各方出资的资本或资产的价值按照合资企业创办时的国际市场价格来计算，并采用老挝货币或双方协议规定的外币币种进行。但老挝对外国投资资本的最高限额并未作出限定，仅规定投资者在投资特许经营项目时注册资本不得少于总投资额的30%且投资期内企业资产不得少于注册资本。具体到矿产勘探行业，老挝《矿业法》规定：申请进行探矿的投资者必须拥有自己的资金和固定资产，并能提供银行或其他金融机构的资金证明和固定资产证明；在递交踏勘探矿申请阶段，投资申请人须向老挝央行或老挝国有商业银行申报自有资金情况，并按下表所规定金额10%的比例在上述银行内预存项目保证金；在勘察探矿申请阶段所须预存保证金则按下表金额的20%执行。③

表2-1 探矿申请阶段须申报的自有现金数额

序号	矿产类型	价值
1	贵金属	5,000,000美元以上
2	基本金属	4,000,000美元以上
3	含铁金属	3,000,000美元以上
4	稀有金属	3,000,000美元以上
5	锡，钨矿	3,000,000美元以上
6	珍贵/半珍贵玉石、宝石	3,000,000美元以上
7	与盐有关的矿石及各类盐（蒸发盐）： +食盐 +石膏，酸性盐 +钾盐，镁盐及其他盐	 30,000美元以上 200,000-1,000,000美元 3,000,000美元以上

①宋波龙：《老挝〈促进投资法〉研究》，广西大学硕士学位论文，2013年，第15页。
②《促进投资法》（老文）（第10、17条），万象：老挝国会，2009年7月8日，第6、7页。
③《关于矿产投资标准的规定》（老文），万象：工业与手工业部，2005年12月29日，第3、5页。

（续上表）

序号	矿产类型	价值
8	工业矿石，装饰石材和建筑用石： 1．玻璃石，铝土，砾石，粘土，红石膏，砂石，花岗岩 2．重晶石，锆石（水晶石），硫磺，石墨 3．上述1、2项规定之外的其他矿石	 200,000美元以上 300,000美元以上 500,000美元以上
9	煤炭，泥煤，可燃页岩 +煤炭 +泥煤，可燃页岩	 1,000,000美元以上 200,000美元以上
10	石油和天然气	500,000美元以上
11	各类沉积矿（本表序号6规定的除外）	300,000美元以上
12	地下水，矿泉水，温泉	200,000美元以上
13	对手工法沉积矿勘探投资，另行规定。	

资料来源：《关于矿产投资标准的规定》（老文），万象：工业与手工业部，2005年12月29日，第4页。

为防止外国资本垄断本国某些行业经营，许多国家对外商的股权比例特别是重要行业、领域的股权比例进行了限制。各国往往结合股权比例对投资者提出量化要求，其方法主要有两种：一是在外资立法中规定一个适用国内一切行业的比例（其中又分为只有一种可选择比例、有下限而无上限规定、在上下限规定的幅度内选择三种）；二是在不同行业内适用不同的比例，通常情况下行业的重要性与外资所占比例成反比。①老挝没有对各个行业的股权比例做出具体限定，甚至没有一个适用于所有行业的股权比例的明确规定。从法律角度上讲，出资比例和股权比例的关系并非等同关系，但在实际操作中往往是出资比例是多少持股比例就是多少。根据这一逻辑，可以看出老挝对外商持股比例的倾向性态度：在特许经营领域的投资持股比例不应低于30%，以股份制进行的项目持股比例不低于10%。

较之其他条件，老挝在设置投资准入门槛时对注册资金和保证金的要求相对明确和具体。相关法律规定：有关部门可对某些必要的经营项目限定最低注册金额作为企业注册的条件；成立有限责任公司的最低注册资金不得低于500万基普，公众公司的最低注册资金至少不得低于5000万基普，政府关于某些经营高于

①邓乐：《中印在外商直接投资规制政策上的对比研究》，对外经济贸易大学硕士学位论文，2006年，第5页。

图2-2 2015-02批次 外国投资者有条件经营项目清单（修订版）

行业	ISIC代码	经营类别	外国投资者条件限制		相关法规	负责部门
			注册资金（基普）	持股比例（%）		
加工工业						
	1079	未纳入其他类别的食品加工	10亿以上	20%	–关于在全国范围内暂停为外国投资者进行咖啡加工厂注册登记的工商字第1036号《通知》。	工业与商务部
	2100	药品生产，生产用于加工药品、植物药材的化学品	10亿以上	49%	–2011/12/27 以国会第07号决议通过的《药品与医疗产品法》修订版； –2013/12/20 签发的关于老挝境内医疗设备管理的第310号《通知》。	卫生部
建筑业						
	4210	ISIC项下的道路、铁路建设，对路桥建设的专门规定，如下：		49%	–2012/08/21 签发的关于公共工程与交通领域业务审批规定的第13779号《通知》。	公共工程与交通运输部
		A．国内外合资的	10亿至2400亿			
		B．外国独资的	2400亿以上	100%		
	4312	ISIC项下施工场地的准备，限于开辟施工工地（挖土和填土），如下：		49%	–2012/08/21 签发的关于公共工程与交通领域业务审批规定的第13779号《通知》。	公共工程与交通运输部
		A．小型工程项目	80亿至400亿			
		B．大型工程项目	400亿以上			
	4329	ISIC项下的安装施工，限于建筑物配套设施的安装，如下：		49%	–2012/08/21 签发的关于公共工程与交通领域业务审批规定的第13779号《通知》。	公共工程与交通运输部
		A．小型工程项目	80亿至400亿			
		B．大型工程项目	400亿以上			

（续上表）

行业	ISIC代码	经营类别	外国投资者条件限制		相关法规	负责部门
			注册资金（基普）	持股比例（%）		
	4330	ISIC项下完成楼房的最后施工，限于内部和外部装修，如下：		49%	–2012/08/21 签发的关于公共工程与交通领域业务审批规定的第13779号《通知》。	公共工程与交通运输部
		A. 小型工程项目	80亿至400亿			
		B. 大型工程项目	400亿以上			
批发和零售业；汽车、摩托车维修						
	4520	车辆维修保养（ISIC项下，限于修建车辆、机器维修厂）	15亿以上	100%	–2012/08/21 签发的关于公共工程与交通领域业务审批规定的第13779号《通知》。	公共工程与交通运输部
	4690	非专项批发贸易（指批发业务）	40亿至100亿	50%	–2015/05/22 签发的关于批发、零售贸易业务活动的工商字第1005号《决定》。	工业与商务部
			100亿至200亿	70%		
			200亿以上	100%		
	4719	普通商店内的零售（指零售业务）	40亿至100亿	50%	–2015/05/22 签发的关于批发、零售贸易业务活动的工商字第1005号《决定》。	工业与商务部
	4719	普通商店内的零售（指零售业务）	100亿至200亿	70%	–2015/05/22 签发的关于批发、零售贸易业务活动的工商字第1005号《决定》。	工业与商务部
			200亿以上	100%		
运输和物流						
	4922	其他陆路旅客运输（ISIC项下限于计程出租车服务）	50亿以上	100%	–2012/08/21 签发的关于公共工程与交通领域业务审批规定的第13779号《通知》。	公共工程与交通运输部

（续上表）

行业	ISIC代码	经营类别	外国投资者条件限制		相关法规	负责部门
			注册资金（基普）	持股比例（%）		
	4923	公路商品运输，ISIC项下限定如下：			–2012/08/21 签发的关于公共工程与交通领域业务审批规定的第13779号《通知》。	公共工程与交通运输部
		A. 从事国内货物运输活动	30亿以上	100%		
		B. 从事国际或跨境货物运输活动	50亿以上	49%		
	5210	货物收集厂和仓库（ISIC项下限于保管和仓储）	10亿以上	49%	–2012/08/21 签发的关于公共工程与交通领域业务审批规定的第13779号《通知》。	公共工程与交通运输部
	5221	为陆路运输提供日常服务，ISIC项下限定如下：		49%	–2012/08/21 签发的关于公共工程与交通领域业务审批规定的第13779号《通知》。	公共工程与交通运输部
		A. 经营国内运输货场	50亿以上			
		B. 经营国际–跨国运输货场	100亿以上			
	5229	其他涉及运输的业务，ISIC项下限定如下：	30亿以上	49%	–2012/08/21 签发的关于公共工程与交通领域业务审批规定的第13779号《通知》。	公共工程与交通运输部
		A. 国内货物运输业				
		B. 国际货物运输业				
住宿和餐饮业						
	5510	提供短期住宿（三星至五星级酒店）	10亿以上	60%	–2005/11/09 以国会第10号文件通过的《旅游法》； –1989/10/04 签发的关于旅游业务的部长会议主席第91号令； –2013/01/31 签发的新文旅字第57号《通知》。	新闻文化旅游部
金融和保险业						

（续上表）

行业	ISIC代码	经营类别	外国投资者条件限制		相关法规	负责部门
			注册资金（基普）	持股比例（%）		
	6419	其他金融中介机构，ISIC项下限定如下： A．成立银行（商业银行）	3000亿以上（国内—外国）	可按股东之间达成的比例出资	–1999/10/14 以国会第5号决议通过的《老挝银行法》； –2006/12/26 以国会第03号决议通过的《商业银行法》； –2008/03/17 签发的关于外汇和有价物品管理的第01号国家主席令； –2007/12/31 签发的关于成立商业银行审批程序的第705号《指导意见》； –2012/02/17 签发的关于成立吸收存款的微观金融机构的条件及所需材料的第154号《通知》。	老挝央行
		B．银行分支机构	1000亿以上			
		C．成立吸收存款的微观金融机构	30亿以上（国内—外国）			
专业技术、科技						
	7110	建筑学、工程学及其咨询业务，ISIC项下限定如下： A．工程项目的可行性研究	40至80亿（小型项目） 80亿以上（大型项目）	49%	–2012/08/21 签发的关于公共工程与交通领域业务审批规定的第13779号《通知》。	公共工程与交通运输部
		B．建筑物和城市规划的勘察与设计				
		C．室内外装修	（同上）			
		D．施工咨询顾问				
		E．勘察设计和建筑工程				
	7120	技术检测与分析（ISIC项下仅限于成立机动车技术检测中心）	10亿以上	100%	–2012/08/21 签发的关于公共工程与交通领域业务审批规定的第13779号《通知》。	公共工程与交通运输部
教育事业						

（续上表）

行业	ISIC代码	经营类别	外国投资者条件限制		相关法规	负责部门
			注册资金（基普）	持股比例（%）		
	8549	其他地方未作规定的教育业，ISIC项下限定如下： A．普通驾校	80亿以上	49%	–2012/08/21 签发的关于公共工程与交通领域业务审批规定的第13779号《通知》。	公共工程与交通运输部
		B．重型机械驾校	150亿以上	100%		
与人体健康和社会工作相关的业务						
	8690	与人体健康有关的其他业务（ISIC项下仅限于医务活动和民间医务[1]）	10亿以上	49%	–2005/11/09 以国会第53号决议通过的《医疗法》； –1998/04/09 签发的关于私营医院的第16号总理政令。	教育部

资料来源：《关于外国投资者有条件经营项目清单的第1327号通知》，万象：老挝工业与商务部，2015年7月13日。

此规定的除外。[①]2015年7月13日，老挝工业与商务部发出第1327号《通知》，确定第2015-02批次外国投资者有条件经营项目清单（修订），取代2013年8月26日签发的关于外国投资者有条件经营项目清单（第2013-01批次清单）。《通知》对外商投资部分行业的注册资金要求及其持股（出资）比例作了详细规定。

《通知》还规定，外国人虽可出资参与ISIC02100和ISIC8690业务经营，但必须由老挝公民担任业务负责人和企业注册登记证的持有人。

《〈促进投资法〉实施细则》对注册资金的到位时间也作了限定：股份制企业各股东在进行企业注册前必须按照协议规定全部注资股份；经营一般业务项目的投资者在获得营业执照后，必须通过设在老挝的商业银行进行注资并在10个工作日内取得银行的注资证明。各行业对注册资金注入的比率和时间规定如下：

（1）从事农业业务经营的，自取得企业注册登记证之日起90个工作日内必须注入注册资金的40%，余下部分须在一年之内注资完毕。

（2）从事工业—手工业生产、加工的，自取得企业注册登记证之日起90个工作日内必须注入注册资金的60%，余下部分须在一年之内注资完毕。

（3）投资其他贸易和服务行业的，自取得企业注册登记证之日起90个工作日内必须注入注册资金的80%，余下部分须在一年之内注资完毕。

（4）从事商业银行或金融机构业务的，遵照老挝金融协会或央行的规定执行。

（5）从事特许经营业务的，注册资金的规定按2009年《促进投资法》第12条规定的最低比例执行（即注册资金不得低于总投资额的30%），投资者必须在自成立企业之日起90个工作日内把注册资金的至少20%，通过设在老挝境内的商业银行进行注资，余下注册资金须在2年内到位。上述每次注资在注资完成后10个工作日内须拿到银行的注资证明。[②]

对部分行业缴纳保证金的规定如下：

①邱房贵、植应富：《老挝外商投资企业法律制度的特点——与我国外商投资法相比较》，载《法制与经济》，2009年第4期，第106页。

②《〈促进投资法〉实施细则》（老文）（第3条），万象：中央政府办公厅，2011年4月20日，第2-3页。

表2-3　电力开发合同保证金：

装机容量	保证金
5MW以下	10,000美元
5MW—100MW	30,000美元
100MW以上	50,000美元

表2-4　土地特许租赁项目保证金：

土地面积	保证金
2至150公顷	30,000美元
151至1000公顷	50,000美元
1001公顷以上	70,000美元

表2-5　金属矿经营项目保证金※：

矿产租赁面积	保证金
1至300公顷	50,000美元
301至500公顷	100,000美元

资料来源：《〈促进投资法〉实施细则》（老文）（第14条），万象：中央政府办公厅，2011年4月20日。

老挝投资法规还明确，投资者必须将保证金以现金形式划转至设在国库中心的老挝计划与投资部门的相关账户中；资金的货币形式可以是基普或外币（美元或老挝央行认可的其他货币），汇率的折算根据双方签订的备忘录或协议进行，但一般经营和特许经营项目在企业注资时必须以老挝基普进行。

其他准入条件还包括：按合同联营的外商投资，无需在老挝成立新的法人机构，但必须持联营合同到法院注册处进行注册登记，之后持相关材料到老挝国内法人业务经营所在地的工商部门或计划与投资部门进行备案；①必须按照老挝《会计法》的规定持有账簿，特殊情况下可持有国际认可的账簿，但须经得老挝金融机构的许可；须按时足额缴纳关税、税收、手续费、服务费；根据老挝《劳动法》规定为本企业内的劳工购买劳保、社保，重视提高老挝劳工的技艺水平和

※非金属矿、燃料类矿产和流质矿产投资项目对保证金的要求另有专门法规规定。

①《〈促进投资法〉实施细则》（老文）（第2条），万象：中央政府办公厅，2011年4月20日，第2页。

专业技能，向他们传授技术；为本企业内的群众组织特别是工会的设立及其活动提供便利；与地方政府协同以便开展经营活动，赔偿因自身经营活动而造成的损失，为项目所在地的扶贫工作和地区发展做出应有贡献；[①]外商投资企业必须采取一切必要措施保护环境、工业卫生和工人的安全。

三、投资准入限制

在以主权国家为基本单位的国际社会里，任何国家都不会允许外国人享有和本国公民绝对平等的权利，都在不同程度上对外国人进行某些权利上的限制。就外资准入而言，外商要想在准入阶段就享受与东道国相同的投资待遇，取决于一个基本前提——各国经济发展水平差异的逐步缩小乃至消除。只有当内资具备与外资平等竞争的实力时，国家才会给予外资真正的准入自由。[②]然而，随着经济全球化的深入发展，发展中国家正通过简化手续、减少税收、强化激励等措施扩大对外商投资者的开放程度。它们主要采取了这几种做法：一是立法原则由“原则限制、例外自由”向“原则自由、例外限制”转变，把限制、禁止的情况以“负面清单”列出；二是拓宽准入领域，弱化股权控制；三是简化审批程序；四是把国民待遇适用于投资准入阶段；五是减少或废除准入方面的履行要求或投资措施。[③]可以说，老挝在放宽外商投资准入的立法过程中完全体现了这五种原则和做法。但任何国家在外资准入上必然设立一定的限制条件，老挝自不例外。

外商投资准入限制包括投资范围、出资／持股比例、投资门槛等限制，上述老挝对外商资金、保证金、持股比例等投资条件的规定，也属于投资准入限制的范畴。但通常所说的准入限制主要是指投资行业和领域的限制。投资领域的限制主要指限制外资在某些领域中的经营。一些国家还出台了针对不同领域、特别适用或针对外国投资者的标准、机构设立或管制性审批方面的要求。[④]作为产业发展相当落后的发展中国家，老挝对外商投资领域限制的立法规定相对滞后，1988年首部外商

①《促进投资法》（老文）（第69条），万象：老挝国会，2009年7月8日，第34页。
②林泰松、刘玉东：《中国—东盟外资市场准入法律问题之思考》，http://www.acla.org.cn/lvshiwushi/12738.jhtml，2013年11月4日。
③颜伦纲：《投资准入法律制度研究》，中国政法大学硕士学位论文，2007年，第22页。
④余劲松：《国际投资法》，北京：法律出版社，1997年，第184页。

投资法未对外国投资限制领域作任何规定，1994、2004和2009年的促进投资法也只笼统规定“外国投资者不得从事涉及国家安全、破坏环境和健康、损害民族优秀文化的生产经营活动”。尽管专项投资法没有太多限令，但行业法规还是对部分行业和领域的投资作了限制甚至是禁止。如2001年《〈外商投资法〉实施细则》规定：投资项目有下列情形之一的，将不予批准：（1）有损国家主权、社会秩序和国家安全或不符合老挝社会经济发展需要的；（2）造成环境严重污染的；（3）采用外国原料为主进行生产而产品又主要在老挝国内销售且不能代替进口商品的；（4）投资者的债务超出其偿还能力的；（5）老挝人民民主共和国不允许和不鼓励投资的；（6）采用落后技术和效益差的。[①]2002年老挝《国内外投资管理委员会关于外国投资项目审批程序的规定》对外商在下列行业的投资进一步作了明确：

（一）政府禁止经营的行业

（1）各种武器的生产与销售

（2）各类毒品的种植、加工及销售

（3）兴奋剂的生产与销售（具体由卫生部门作专门规定）

（4）生产及销售腐蚀、破坏优秀民族风俗习惯的文化用品

（5）生产及销售对人类和环境有危害的化学品和工业废料

（6）卖淫服务

（7）为外国人提供导游

（二）政府出于国家安全、社会经济和环境因素而专控的行业部门

（1）石油行业

（2）能源行业

（3）自来水行业

（4）邮电和交通运输业

（5）木及木材制品行业

（6）矿藏及矿产领域

（7）化学品行业

（8）粮食行业

①康潘：《老挝外国投资法律制度问题研究》，武汉大学硕士学位论文，2005年，第6页。

（9）药品行业

（10）饮用酒行业

（11）烟草行业

（12）建材行业

（13）各种交通工具

（14）文化制品

（15）贵金属

（16）教育业

（三）专为老挝公民保留的职业

（1）农林业

——农产品开采

——林产品开采

（2）工业与手工业

——制陶

——金、银、铜及其制品的打制

——手工织布和编纺刺绣

——工厂的织布、缝纫工作

——竹蔑、藤凉席的制作

——老挝玩偶的制作

——棉或棉服装和被褥的制作

——铁匠

——电焊工

（3）银行业

——金、银、铜及其有价物品的销售

（4）贸易业

——流动和固定零售工作

——石油零售服务工作

——文书或秘书工作

（5）财会

——财务监督或提供财务服务工作（国内一些临时检查除外）

（6）教育业

——为外国人教授老挝语

（7）文化行业

——佛像制作

——木雕

——老挝传统乐器制作

——手工字母排版

——各种广告牌的设计和制作

——各种场所的装修

——美容、烫发和理发

（8）旅游业

——导游和导游分配工作

（9）交通运输、邮政、电信和建筑业

——各种运输车驾驶工作

——驾驶建筑行业的各种车辆（推土机、铲土机、平地机、打夯机、挖土机、自卸车等）

——各种信件、报纸、文件的发送工作

——密码工作

——提供各种驾驶服务

——各种汽车美容工作

（10）劳动和社会服务业

——普通工人、清洁工、保安、为外国人提供的家政服务

（11）食品药品业

——米制品的生产①

尽管近15年过去了，教育业、建筑业、各种车辆的驾驶等数个禁止或限制条款已经放开，但上述多数行业和职业依然受到保护，例如2011年《〈促进投资法〉实施细则》就把下列内容列为经特别许可才能经营的项目：

①石长胜：《老挝经济法规选编》，昆明：云南人民出版社，2005年，第326-327页。

表2-6 特许经营项目表

序次	特许经营项目
1	**矿产** 由中央审批的项目
1.1	勘查业务
1.2	开采业务
1.3	矿产加工
1.4	原油和天然气勘探—开采由省级审批的项目
1.5	手工式矿产开采（使用原始采挖工具，不使用机器开采），许可进行手工式开采的矿种：沉积金、沉积锡和尾矿
1.6	建筑用石方、沙子的开采
2	**电力** 由中央审批的项目（装机容量5MW以上）
2.1	水电开发
2.2	风电开发
2.3	太阳能发电
2.4	热能发电 由省级审批的项目（装机容量5MW以下）
2.5	水电开发
2.6	风电开发
2.7	太阳能发电
2.8	热能发电
3	**与使用国家所有权相关的其他服务行业** 由中央审批的项目
3.1	投资电信、轨道卫星业务
3.2	投资电台、电视台
3.3	投资成立航空公司、航空运输与海洋运输
3.4	修建市场、商贸中心、旅游景区、酒店住宿、公园、办事处、住所及其他使用政府土地的投资（租赁）
3.5	基础设施建设：公路，水路，铁路，桥梁，机场，自来水，垃圾中转站或处理站等
3.6	与政府共同出资成立保险、金融机构由省级审批的项目
3.7	投资地方电台、电视台
3.8	在本地辖区内投资修建市场、商贸中心、旅游景区、酒店住宿、公园、办事处、住所等
3.9	投资公路、桥梁、自来水、污水处理、垃圾处理等基础设施建设
4	**旅游业** 由中央审批的项目
4.1	投资开发国家级旅游景区（野生动物园，娱乐场，工人景区）

（续上表）

序次	特许经营项目
4.2	投资开发三星级以上酒店、度假村和使用政府土地修建的饭店由省级审批的项目
4.3	投资开发地方级旅游景区（野生动物园，娱乐场，人工景区）
4.4	投资开发三星级以下酒店、度假村和使用政府土地修建的饭店
5	**农林业** 由中央审批的项目
5.1	租赁土地种植一年生作物和食粮作物
5.2	租赁土地养殖水牛、黄牛及其他大牲畜
5.3	租赁土地种植果树、乔木、经济林木（合欢树、桉树等）
5.4	租赁土地种植经济作物
5.5	租赁土地种植山货和药材
5.6	租赁土地种饲养禽类和山羊、绵羊等小牲畜
5.7	租赁土地进行水产品和野生动物养殖
6	**由省级审批的项目（土地面积在150公顷以下）**
6.1	租赁土地种植一年生作物和食粮作物
6.2	租赁土地养殖水牛、黄牛及其他大牲畜
6.3	租赁土地种植果树、乔木、经济林木（合欢树、桉树等）
6.4	租赁土地种植经济作物
6.5	租赁土地种植山货和药材
6.6	租赁土地种饲养禽类和山羊、绵羊等小牲畜
6.7	租赁土地养殖水产品
7	**经济特区和经济专区开发**
7.1	现代化新城市的开发
7.2	出口工业区、生产区，旅游城市，保税区，信息与科技园区，边境经济区，城市改造安置区，新城区等的开发

资料来源：《〈促进投资法〉实施细则》附件3（老文），万象：中央政府办公厅，2011年4月20日。

投资期限是外商准入限制的又一个重要方面。根据1994年老挝《外商投资法》，“外商投资经营期限为15年，特殊情况除外”。该法2004年修正版第11条更改为：“外资企业的期限不得超过50年，根据政府决定可以延期，但最长不得超过70年”。2009年《促进投资法》对投资期限的限制再次进行了修改：除专项法规另有规定外，对一般经营项目不做硬性规定；特许经营项目和经济特区、经济专区开发经营的投资期限为最长不得超过99年。具体行业而言，矿山开采自获得经营权之日起计算不得超过30年，可延期两次，每次10年；矿产找矿（踏勘）租让期自合同签订之日起不得超过2年，可延期1年；矿产勘查租让期自合同签订之日起不得超过3年，可延期2年①；电力开发自获得经营权之日起计算不得超过30年（含建设期），经政府同意可延期，但延长的期限不得超过15年且延期必须在期满前5年提出申请。总的来看，老挝对外商投资期限的管制呈现出愈来愈放松的态势。对土地的限制同样如此。1997年《土地法》规定租用面积在5000公顷以上的土地须经国会审批，到2003年新的土地法出台时把这一数字提高到了10000公顷；针对经济特区和经济专区的土地租用期也从2003年的最长不超过75年延长至2009年的最长不超过99年。②根据2009年5月25日签署的《关于政府土地用于出租或特许经营的政令》（第135号总理政令），单个项目面积在150公顷以下的退化林，租用期最长不应超过30年，可视情延长；单个项目面积在150—15000公顷的退化林，租用期不应超过30年，最长不超过40年，可视情延长；单个项目面积在500公顷以下的光秃地，租用期最长不得超过40年，可视情延长；单个项目面积在500—3000公顷的光秃地，租用期不应超过40年，最长不超过60年，可视情延长。③

其他准入限制条款还包括：在老挝定居5年以上的外籍人士或无国籍人士方可从事药品和医疗产品经营活动④；股份制企业股东人数为2人或2人以上，除个人有限公司外，有限责任公司股东的最低人数为2人、最高为30人，公众公司发起人的最低人数为9人；同等情况下外资企业须优先雇用老挝劳工，外国劳工的比例不得高于10%。

四、投资准入程序

自外商投资法出台以来，老挝对外商投资准入程序进行了多次修改和规定，审批程序不断简化。2002年2月，老挝通过《关于外国投资项目在老挝人民民主共和国审批程序的规定》，对各类外商投资项目的审批程序进行了规范。明确规

①《矿业法》（老文）（第36条），万象：老挝国会，2008年12月8日，第10页。

②《土地法》（老文）（第65条），万象：老挝国会，2003年10月21日，第23页；《促进投资法》（老文）（第42条），万象：老挝国会，2009年7月8日，第16页。

③《一站式投资服务手册》（老文），万象：计划与投资部投资促进司，2015年4月21日，第13-14页。

④石长胜：《老挝经济法规选编》，昆明：云南人民出版社，2005年，第170页。

定投资申请由一站式服务办公室受理，并取消项目审批手续费和资料费，同时把金额在100万美元以下、非重点领域投资项目的审批权下放到省一级，而万象市、琅勃拉邦省、沙湾拿吉省、占巴色省等的审批权限则扩大到200万美元。[①]目前老挝仍实行一站式投资审批，并分为一般经营、特许经营、经济特区/经济专区开发三大类别[※]，分别由三个不同部门的一站式投资服务办公室受理。2009年《促进投资法》规定：有意投资一般经营项目的投资者，必须通过工商部门的一站式服务办公室递交投资申请书，以便按企业法规定进行企业注册登记；有意投资特许经营项目的投资者，必须通过计划与投资部门的一站式服务办公室递交投资申请书，以便研究后报中央政府或省级政府审批[①]；有意投资开发经济特区/经济专区的投资者，填写制式表格文件后通过经济特区暨经济专区国家管理委员会秘书局，向该委员会递交申请书。[②]

（一）一般经营项目准入程序

一般经营项目的投资准入程序相对简单，主要是申请进行企业注册登记。一般经营项目分为管制经营类（负面清单）和非管制经营类（非负面清单），管制经营类在进行企业注册之前须经有关部门的审查并开具经营类型许可证明，非管制经营类无须有关部门审查和许可即自动获得企业注册申请资格。企业注册流程如下图所示：

按照规定，如果是非管制经营类，工商部门的企业注册办公室自收到企业注册申请书之日起最迟不得超过10个工作日发放企业注册登记证，管制经营类最迟13个工作日发放企业注册登记证。投资者在申请企业注册时须备齐所需材料。如果是注册个人企业，仅需提交个人企业注册申请书1份即可；如果注册普通股份企业、有限股份企业、有限责任公司、个人有限公司、公众公司或联营公司，需

①漆思剑、蒋红彬：《老挝外国投资法研究》，载《河北法学》，2009年第29卷第10期，第169页。

※2016年11月老挝国会通过的《促进投资法（修正）》草案，在原有3种类别上增加了“政府与私人合资经营”，即共分为4大投资类别。

①《促进投资法》（老文）（第18、23条），万象：老挝国会，2009年7月8日，第9、11页。

②《关于老挝经济特区和经济专区的政令》（老文）（第23条），万象：中央政府办公厅，2010年10月26日，第10页。

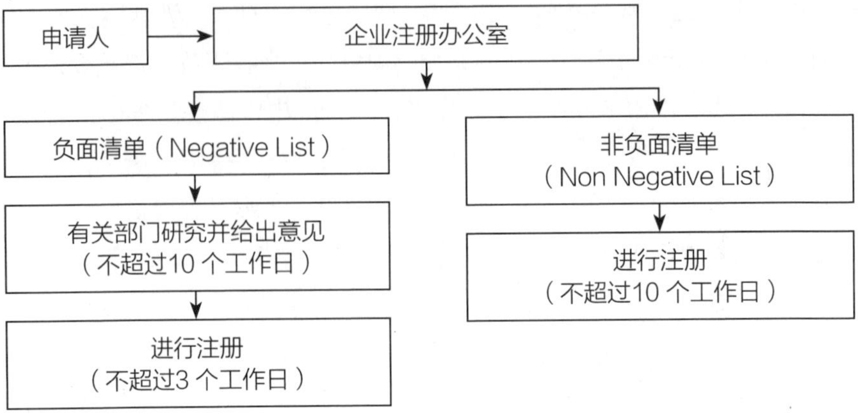

图2-3　企业注册流程图

要准备好企业名称预定申请书、企业成立协议（个人有限公司除外）、企业注册申请书、企业章程等4份文件／表格。这些文件／表格是制式的，由工商部门印制和提供，投资申请人只需在相应的空白处填入适当内容即可。获取这些制式文件须支付一定的费用：

企业注册申请书　10000 基普/套

企业名称预定申请书　10000 基普/套

企业成立协议　10000 基普/套

企业章程　30000 基普/套

企业注册登记证印制费+个人企业注册申请表　40000 基普/套

企业注册登记证印制费+非个人企业注册申请表　70000 基普/套

企业注册申请资料复印费　2000基普/页[①]

至于企业注册登记证办理手续费，根据2008年11月19日签发的第03号国家主席令中的规定、按企业注册资本规模收取。外国投资者在完成企业注册后还需刻制单位公章，并在90日之内开展经营活动和将资金转至老挝。

（二）特许经营项目准入程序

老挝《促进投资法》规定，对特许经营项目的申请由计划与投资部门在与

①《一站式投资服务手册》（老文），万象：计划与投资部投资促进司，2015年4月21日，第43-44页。

有关部门及地方政府协商的基础上，依法通过比较、招标或评估的方式选择投资人。计划与投资部门按以下程序审批特许经营权：

①本着保障国家、投资人和群众利益的精神，对有关投资进行原则性研究决定。

②向投资人说明需要准备的制式表格文件，包括经济技术可行性报告，环评和社会影响评估报告，申请免除进口关税—税收的、直接用于生产的交通工具、设备、原料的清单等，以作为研究审批的依据。

③计划与投资部门及其他有关部门应积极主动地推进与投资人的谈判和起草初步合同／协议（特许经营合同的双方，即政府方与投资方，可协商修改、增补或变更合同，然后报中央政府或省级政府审批）。

④向一站式服务办公室会议通报有关项目的谈判成果，以便会议讨论。

⑤提请中央政府或省级政府审批，并告知投资人按照投资种类和规模预置相应的项目保证金。保证金须打入国库账户内并在项目第一期工期开工后退还。

⑥项目审批通过后，计划与投资部门将按规定向投资人颁发特许经营证。[①]

其中，计划与投资部在获中央政府批准后，颁发本职范围内的特许经营证；省级计划与投资厅在获得省级政府批准后，颁发本职范围内的特许经营证。特许经营证包括企业注册登记证、投资许可证、优惠政策、税务登记证及有关部门的经营许可等内容。具体领域的特许经营项目审批程序如下：

1. 涉及土地租赁的农业、矿产及电力投资审批程序

①投资人（法人）向计划与投资部门的一站式服务办公室递交申请；

②一站式服务办公室将申请材料呈送有关部门以征求意见；

③有关部门给出意见并将材料送返一站式服务办公室（在25个工作日之内）；

④一站式服务办公室筹备召开投资促进委员会会议，专业人员向投资促进委员会会议报告各个项目情况以便审议，有关部门将派代表出席投资促进委员会会议，以便在会上就各个项目陈述看法；

⑤如投资促进委员会会议审议通过，将呈报政府审批（如未通过要也告知申请人）；

⑥如中央或省级政府会议审议通过，将发出下一步进行MOU／协议谈判的通知；

---

①《促进投资法》（老文）（第23条），万象：老挝国会，2009年7月8日，第11–12页。

⑦与土地相关的农业经营：先签订MOU，再签订项目开发协议（PDA）或特许经营协议（CA）；

——矿产业务：先签订勘查协议，再签订开采加工协议；

——电力业务：先签订MOU，再签订项目开发协议（PDA），最后签订项目特许经营协议（CA）。[①]

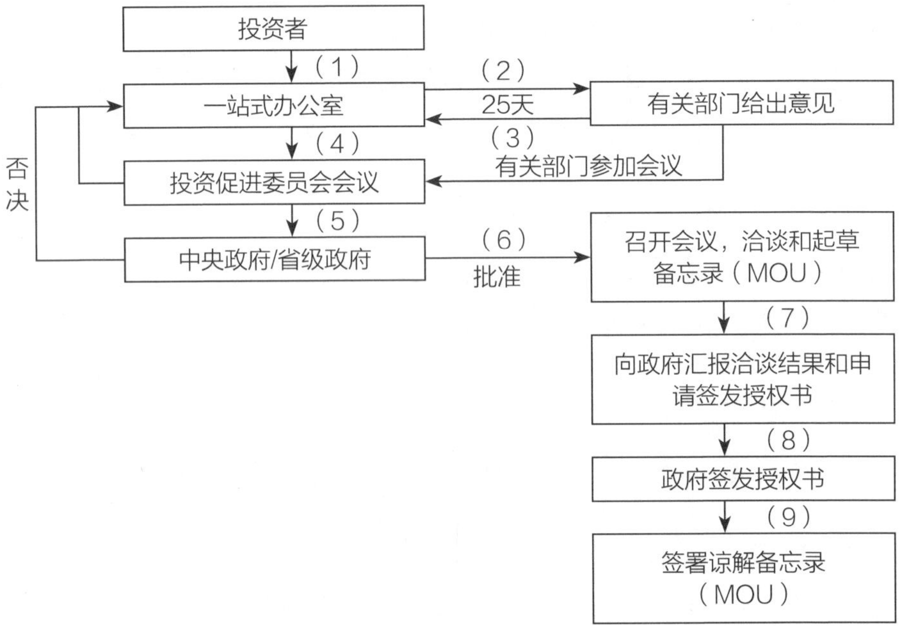

图2-4　与土地相关的农业及矿产、电力投资审批程序示意图

资料来源：《一站式投资服务手册》（老文），万象：计划与投资部投资促进司，2015年4月21日，第11页。

在进行协议或MOU谈判前，审批部门会提前2个工作日通知投资人。接到通知后，投资人应提前10个工作日通报计划与投资部门参加谈判的预定日期。自发出谈判通知之日起，投资人如超过预定日期30个工作日不前来谈判则视为放弃投资。

拟投资与土地相关的农业和矿产、电力项目，投资人提交申请书时需提供以下材料：

①《一站式投资服务手册》（老文），万象：计划与投资部投资促进司，2015年4月21日，第11-12页。

①与一般经营项目相同的投资申请表；
②由公司董事长或总经理（或其代理人）签署的项目开发简介书；
③公司履历与经验、许可证或营业执照；
④合伙经营协议（如果有两个以上公司合营）；
⑤如代理人不担任公司最高领导职务，还须有股东或公司任命代理人的授权书；
⑥项目地址示意图；
⑦金融机构或银行开具的资金证明（如有）；
⑧其他相关文件（如有）。

（1）农业开发

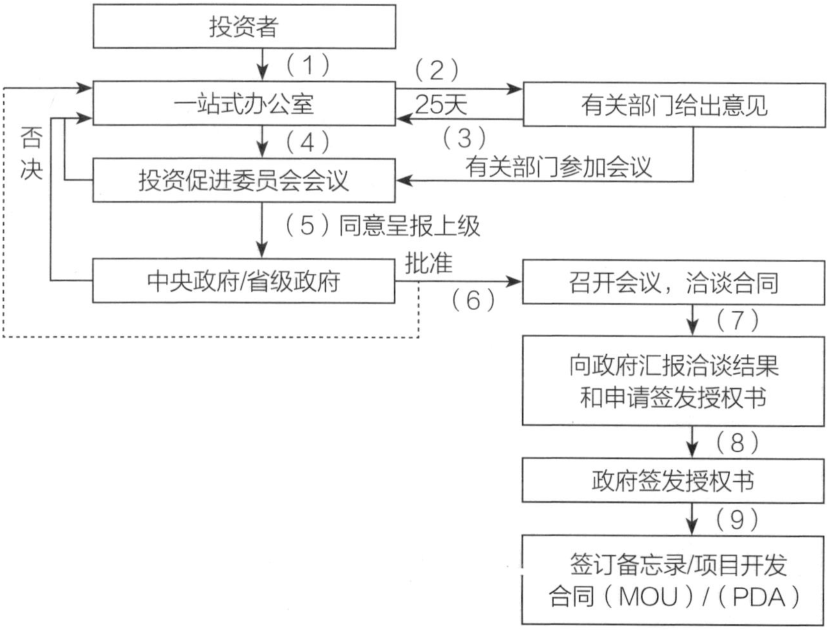

图2–5 与农业开发项目相关的可行性报告或申请签署MOU的审批流程

资料来源：《一站式投资服务手册》（老文），万象：计划与投资部投资促进司，2015年4月21日，第14页。

在执行MOU过程中，申请农业开发项目的投资人还要做好土地、空气、海拔、降雨量、水源、土地使用权、当地劳动力、森林等经济、社会、人文方面的情况调研和数据搜集，制订可行性报告并提交农林部计划司审批（省级项目由农林厅审批）、制订初步环境影响评估报告（包含解决方案）并提交自然资源与环境部门签字认可。此外还要制订环境管理和监测计划（EMMP）或社会管理和监测计划（SMMP）。

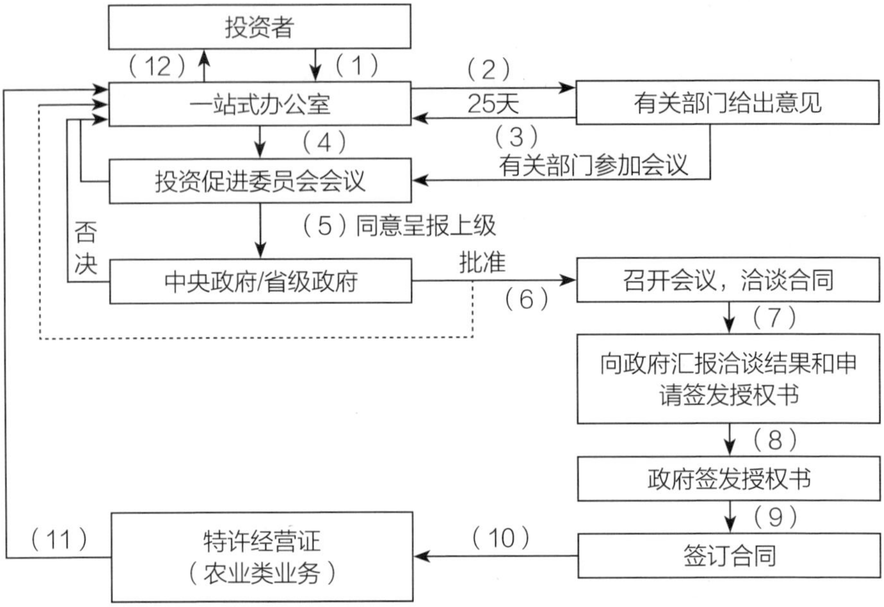

图2-6　农业类特许经营许可证的申请及其发放的审批流程

资料来源：《一站式投资服务手册》（老文），万象：计划与投资部投资促进司，2015年4月21日，第17页。

（2）矿产开发

矿产类特许经营项目分为找矿—勘查、开采—加工两个不同阶段分别申请审批，其中找矿—勘查阶段※的审批流程与农业类特许经营许可证的申请及其发放的审批流程完全一样。矿产开发两个阶段的审批流程见下页图2-7和图2-8。

（3）电力开发

电力开发经营项目的审批分为三个阶段，即：申请进行项目可行性研究或申请签订MOU阶段、申请签订开发协议（PDA）阶段和申请签订特许经营协议（CA）阶段。拟从事电力开发经营的投资者，首先要向能源与矿产部门申请批准采集初步数据资料，以便确定项目地址，并按以下权限向中央级或地方级计划与投资部门提交申请：

※又细分为“找矿阶段”“勘查阶段”“制作初步可行性报告阶段”。

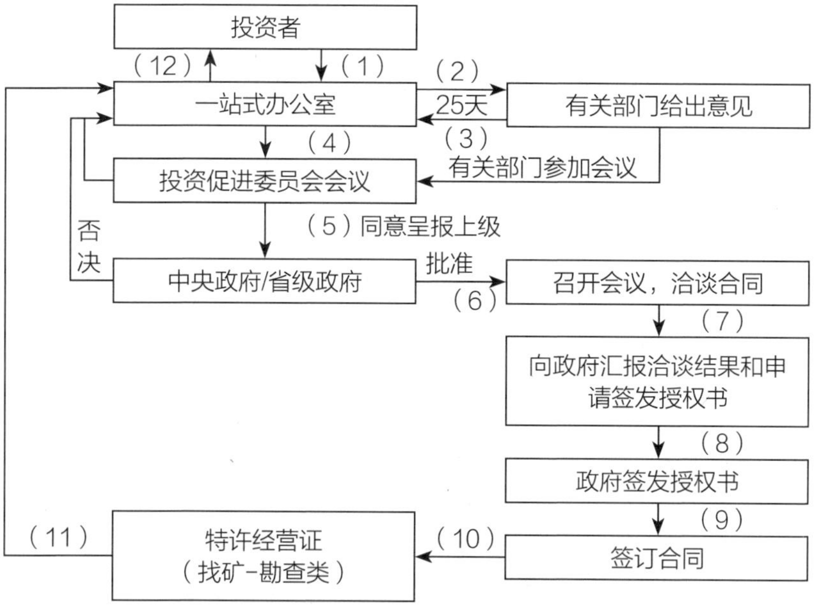

图2-7 找矿—勘查审批流程

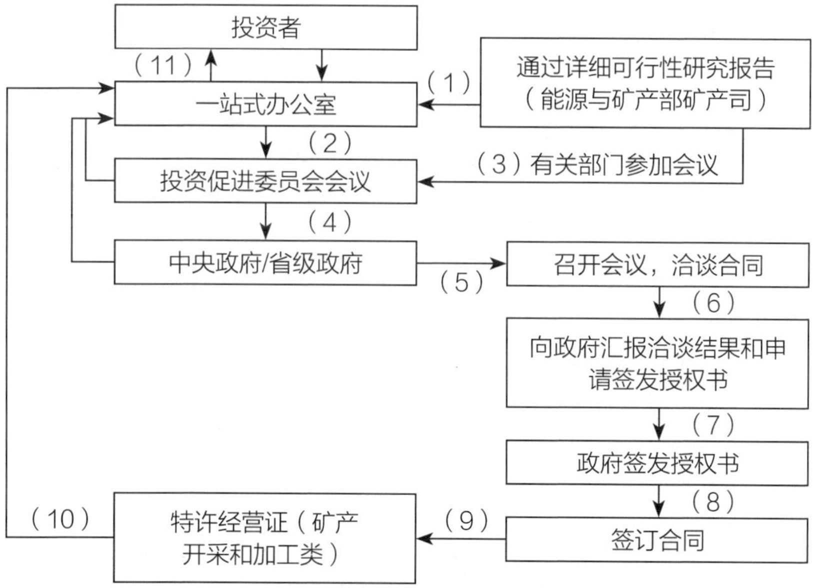

图2-8 矿产开采—加工审批流程

资料来源：《一站式投资服务手册》（老文），万象：计划与投资部投资促进司，2015年4月21日，第19、21页。

表2－7

序号	装机容量15MW以上的由中央级审批	装机容量15MW以下的由省级审批
1	水力开发	水力开发
2	风电开发	风电开发
3	太阳能电力开发	太阳能电力开发
4	热能电力开发	热能电力开发

资料来源：http://www.investlaos.gov.la/la/index.php/concession-tacticle-activities/electricity-activities，登录时间：2016-03-19。

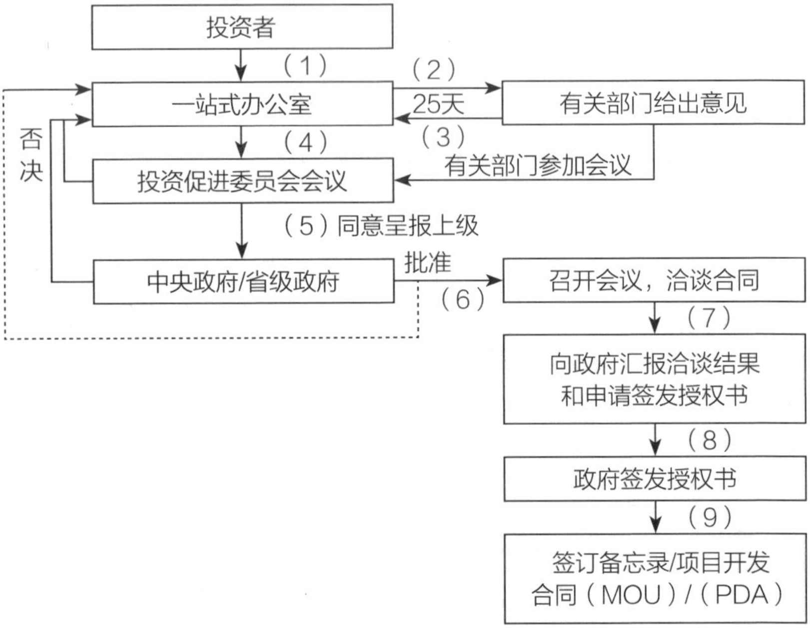

图2-9 电力项目申请签订备忘录（MOU）和开发协议（PDA）审批流程

资料来源：《一站式投资服务手册》（老文），万象：计划与投资部投资促进司，2015年4月21日，第25页。

签订备忘录（MOU）或开发协议（PDA）后，投资者可申请成立办事处。在签订特许经营协议（CA）前，投资者须成立项目公司（Project Company），以便由项目公司同政府签署特许经营协议（CA）。签订特许经营协议（CA）前应准备好投资各方（含政府授权的某一企业）之间的股权分配协议、按成立普通公司申请表填写的申请书等文件。

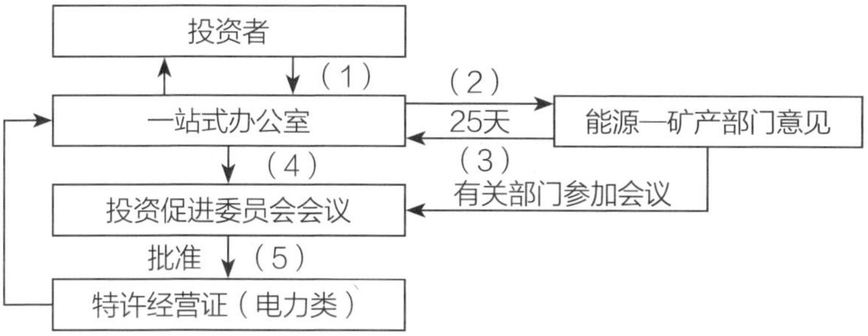

图2-10 电力项目特许经营审批流程

资料来源：《一站式投资服务手册》（老文），万象：计划与投资部投资促进司，2015年4月21日，第26页。

2. 涉及土地租赁的工业和服务业投资审批程序

投资者有意投资与政府土地租赁有关的业务，如修建水泥厂、市场、商贸中心、旅游景区、酒店宾馆、公园、住所等的，必须通过计划与投资部门的一站式服务办公室递交申请书。其审批程序如下：

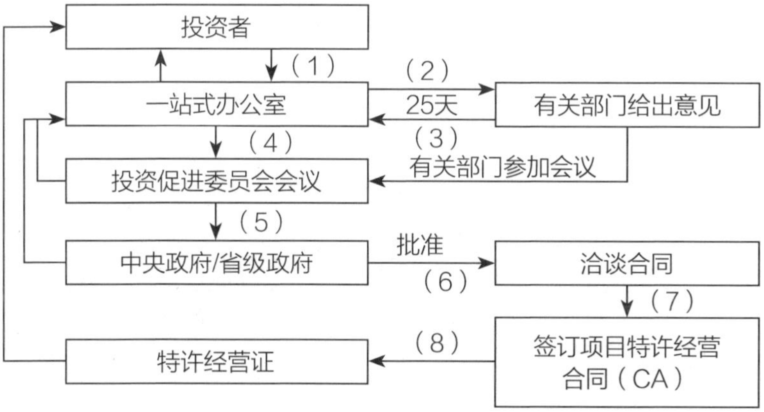

图2-11 涉及政府土地租赁的工业和服务业投资审批程序

资料来源：《一站式投资服务手册》（老文），万象：计划与投资部投资促进司，2015年4月21日，第27页。

3. 涉及政府所有权租赁和战略性业务的投资审批程序

外国投资者对与租用政府各项所有权有关及与国家战略利益有关的其他服务行业进行投资的行为，受到老挝政府的严格管控，在获批准前须经有关部门和政府的充分论证。外商投资此类业务必须由代表本级政府的中央或省级投资促进委员会进行审批。此类业务包括：通信业务（电信、电话、轨道卫星、互联网）、金融服务（银行、保险）、航空和海洋运输、电台和电视台、各类基础设施建设（公路、铁路、桥梁、机场、自来水、垃圾中转站和处理场、陆路和水路运输业等），以及国家级和地方级旅游景区开发（野生动物园、娱乐场、景点等）。根据前述特许经营项目表，投资者可向中央或省级计划与投资部门递交申请。其审批程序与涉及政府土地租赁的工业和服务业投资审批程序相同，只是条件更为苛刻、审批更为严格，须提交的申请材料包括：

①由计划与投资部门印制的与一般经营项目相同的投资申请表；

②制式公司章程；

③经济技术可行性报告；

④护照复印件、投资人或公司履历，公司经营许可证或营业执照；

⑤合伙经营协议（如果有两个以上公司合营）；

⑥如代理人不担任公司最高领导职务，还须有股东或公司任命代理人的授权书；

⑦金融机构或银行开具的财务状况证明或资质认证；

⑧其他相关文件（如有）。

递交投资申请材料要求一式6份，且还应自留复印件1份以留作凭证。

特许经营项目投资申请一旦获得通过，需要申请办理特许经营证或投资许可证。特许经营证和投资许可证的审批流程如下：

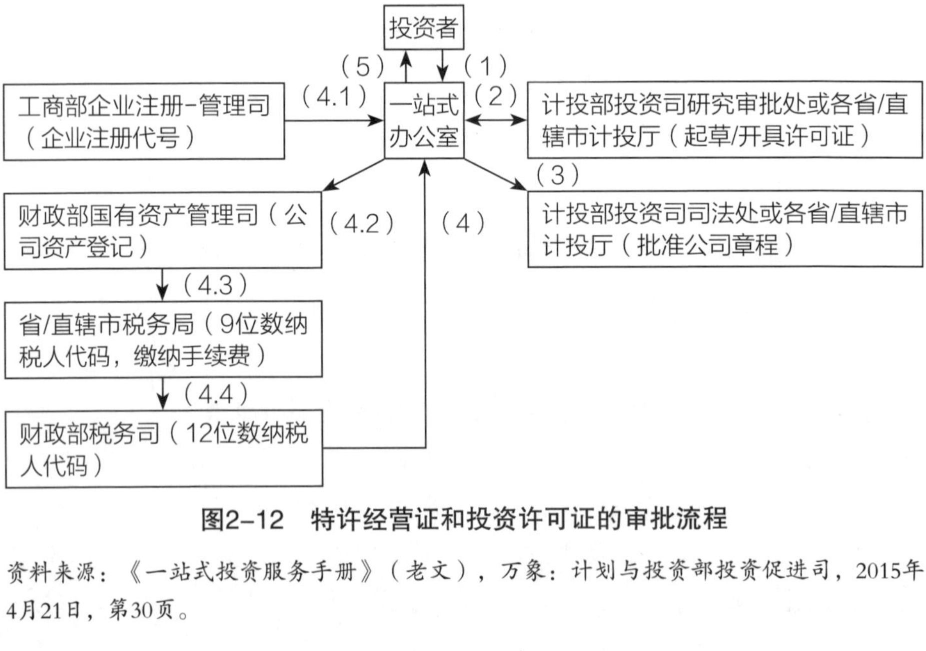

图2–12　特许经营证和投资许可证的审批流程

资料来源：《一站式投资服务手册》（老文），万象：计划与投资部投资促进司，2015年4月21日，第30页。

（三）经济特区／经济专区开发投资准入程序

2010年10月出台的《关于老挝经济特区和经济专区的政令》（第443号总理政令）对拟投资经济特区、经济专区开发的投资准入程序作了规范，其顺序如下：

（1）有意开发经济特区、经济专区的投资者，填写制式文件后通过经济特区暨经济专区国家管理委员会秘书局向该委员会递交申请书。

（2）经济特区暨经济专区国家管理委员会秘书局收到设立经济特区／经济专区的申请书后，协调有关部门和地方政府，研究并提请经济特区暨经济专区国家管理委员会主任组建特区设立筹委会，对设立经济特区／经济专区进行初步可行性研究。

（3）正式任命上述筹委会后，筹委会召开首次会议，讨论并分工和制定具体工作计划。筹委会主任有权成立自己的秘书处以帮助组织落实工作。

（4）经济特区暨经济专区国家管理委员会秘书局汇总研究讨论成果、特许经营合同和筹委会的研究决定，以提交秘书局常务会议或非常务会议审议，此后再提交经济特区暨经济专区国家管理委员会。后者根据筹委会的书面同意书对投资申请进行审议。

（5）经济特区暨经济专区国家管理委员会审议批准或否决设立经济特区／经济专区。若批准设立，由经济特区暨经济专区国家管理委员会主任发布《决定》宣布成立经济特区／经济专区，经济特区暨经济专区国家管理委员会秘书局出具经济特区／经济专区特许经营权注册登记证。若超出本级职权范围，经济特区暨经济专区国家管理委员会将提请中央政府审批。若经济特区暨经济专区国家管理委员会否决成立经济特区／经济专区的申请，由经济特区暨经济专区国家管理委员会秘书局通知投资申请人并给出适当理由。

（6）若所申请项目属于中央政府已审批的经济特区／经济专区开发规划项目，其审批程序将由经济特区暨经济专区国家管理委员会秘书局，会同有关部门和地方政府，以比较、招标、评估等不同方式，视情选择投资人。①

申请在经济特区／经济专区内进行投资，其准入程序与向工商部门和计划与投资部门申请相类似，都要通过一站式服务办公室递交申请书。但由于提交的对象是经济特区／经济专区管委会或其经济管理委员会的一站式服务办公室，该办

①《关于老挝经济特区和经济专区的政令》（老文）（第23条），万象：中央政府办公厅，2010年10月26日，第10-11页。

公室收到投资申请后直接向特区／专区管委会或经管会呈报而无需征求其他相关部门意见，因此审批速度会更快，而享受的投资优惠政策也更多。

第三节　投资待遇制度

投资待遇，即外国投资者及其投资在东道国享有的权利和须履行的义务。投资待遇制度是指东道国法律中对外国投资者或外国投资在该国享有的法律地位、权利、投资收益及应承担义务所做的规定，其实质是对外国投资予以一定程度上的保护，包括“国民待遇”、“最惠国待遇”、“公正公平待遇”等。在外资准入阶段和运营阶段实行国民待遇和最惠国待遇是外商投资高度自由化的体现，一般在发展中国家并不流行。老挝法律对外国投资待遇并没有作出专门规定，其投资待遇制度并不成型。

一、最惠国待遇

最惠国待遇是国际经贸关系中常用的一项制度，是国与国之间根据双边或多边条约规定的条文，在进出口贸易、税收、通航等方面互相给予优惠、提供必要便利、享受某些特权等的一项制度，又称“无歧视待遇”。最惠国待遇的原则是缔约双方相互给予对方不低于现时或将来给予任何第三国的优惠、特权或豁免待遇。[①]通俗地讲，就是缔约一方（施惠方）已经或将要给予任何第三方的优惠待遇也给予缔约另一方（受惠方）。最惠国待遇最初只适用于经贸领域，1994年的《关贸总协定》（GATT）第1条即为“最惠国待遇原则”。WTO最惠国待遇条款规定，最惠国待遇是无条件的，即受惠方在享受各种优惠或特权时不需要提供相应的补偿；反之，给惠方在提供各种优惠或特权时不能要求受惠方提供相应的补偿，不能附加条件。可见，最惠国待遇只是各国在处理国际问题时可供选择的一种规则，并非各国必须强制接受的原则，不给予他国最惠国待遇并不违反国际

① “什么是最惠国待遇”，http://big5.cctv.com/gate/big5/www.cctv.com/%E2%80%8Bspecial/7/4/2199.html，2016年3月18日。

法基本准则。[①]

老挝作为工业相当落后、出口额非常小、市场极为狭窄的内陆国家，给予各国最惠国待遇显得既无必要也无太多意义，因此，在老挝签署的双边协定或本国立法中，鲜有关于最惠国待遇的条款。1993年1月底，中老两国外长签署《中华人民共和国政府和老挝人民民主共和国政府关于鼓励和相互保护投资协定》。协定第3条规定：（1）缔约国一方的投资者在缔约国另一方领土内的投资和与投资有关的活动应受到公正与公平的待遇和保护。（2）本条第一款所述的待遇和保护，应不低于给予任何第三国投资者的投资和与投资有关的活动的待遇和保护。[②]这是老挝为数不多的给予外国投资最惠国待遇的双边协定，它仅与越南、泰国、柬埔寨等友好国家签署。2001年3月，老挝政府宣布向中国提供特别优惠关税，以吸引中国投资者前往老挝投资开发。

最惠国待遇具有多边性，老挝虽然主动给予他国最惠国待遇的情况不多，但它加入的一些多边协定客观上要求其履行这方面的义务。WTO规定，某两个或几个成员国之间相互给予的任何一项优惠，其他成员国均会自动无条件享有。[③]2013年2月2日老挝正式成为WTO第158成员国，其给予中越等国具有最惠国待遇性质的优惠理论上也应给予其他成员国。老挝作为签约国的《中国—东盟自贸区投资协议》、《东盟投资区域框架协定》、《APEC不具约束力投资原则》等区域性条约同样涉及最惠国待遇问题。《中国—东盟自贸区投资协议》第5条对最惠国待遇原则是这样规定的：各缔约方在准入、设立、获得、扩大、管理、经营、运营、维护、使用、清算、出售或对投资其他形式的处置方面，应给予另一缔约方投资者及其相关投资不低于其在同等条件下给予任何其他缔约方或第三国投资者及其投资的待遇。[④]当然，在多边投资协定中最惠国待遇也有许多例外，老挝往往是享有例外特权的国家。老挝在多边协定中享有的最惠国待遇豁免清单

①张宏乐：《国际投资协定中的最惠国条款研究》，复旦大学博士学位论文，2010年，第13页。

②《中华人民共和国政府和老挝人民民主共和国政府关于鼓励和相互保护投资协定》，http://www.mofcom.gov.cn/aarticle/zhongyts/ci/200207/20020700032199.html，2016年3月20日。

③梁鹰：《准确理解和运用最惠国待遇原则》，载《前线》，2002年第9期，第35页。

④刘旷怡：《〈中国与东盟全面经济合作框架协议投资协议〉研究》，黑龙江大学硕士学位论文，2014年，第26页。

包括计算机存储系统（适用国家：印尼、马来西亚、柬埔寨、新加坡、缅甸、越南、中国、泰国）、审计服务（适用国家：涉及为老挝侨民提供相关服务的国家）、报纸印刷（适用国家：与老挝签有相关协议的国家）、银行及其他金融服务（适用于所有国家）等。[①]

总之，老挝是一个对外投资能力极弱的国家，它在与其他国家进行投资谈判或签署投资协议时会考虑最惠国待遇原则对本国可能带来的影响，尽量规避该原则（包括利用例外和豁免条款），从而使得本国针对外国投资者的最惠国待遇制度显得极不完善。

二、国民待遇

国民待遇是指一个国家对非本国公民在享受权利与承担义务方面给予和本国国民同等的待遇。国民待遇原则的基本精神是使不同国家的外国人在东道国享有相同的权利，国内外公民之间不应该有差别待遇。[②]投资法上的国民待遇是指东道国依据本国法律或有关国际条约，赋予境内的外国投资者及其投资不低于本国投资者及其投资的待遇。国民待遇是外国投资者十分期待的待遇，也是决定其投资东道国与否的重要因素。享有国民待遇将使外国投资者在东道国境内与东道国公民及其法人实现法律地位上的平等，有利于前者维护其在东道国的投资收益，因而成为跨国公司前来东道国投资时极想取得的利益目标。但东道国往往由于其经济发展水平与发展目标的不同，对国民待遇采取不同的态度。如果在投资准入阶段就引入国民待遇，使东道国给予外国投资者在投资审批、投资许可领域和进入条件方面不低于本国投资者的法律地位，将使外国投资者与东道国投资者在同等经济条件下进行竞争和取得利益[③]，使东道国投资者在与外国投资者竞争时失去优势。

国民待遇包括国内立法和国际条约两部分。国民待遇原则是WTO框架下外资准入的基本原则，GATT第3条就专门论及国民待遇问题，《与贸易有关的投资

① “LAO DPR—Final List of MFN Exemptions”，http://myservices.miti.gov.my/documents10180/0e4b5961-e3cf-42e1-b8bf-398e48f066aa，2016年3月20日。

②刘晓静：《国际直接投资市场准入问题法律研究》，西南财经大学硕士学位论文，2005年，第19页。

③颜伦纲：《投资准入法律制度研究》，中国政法大学硕士学位论文，2007年，第6页。

措施协议》（TRIMs）和《服务贸易总协定》（GATS）也对贸易领域的国民待遇作了限定。事实上，在投资领域实行国民待遇已成为许多国家的常见做法。投资准入阶段的国民待遇包括准入领域和准入条件两个方面，投资运营阶段的国民待遇主要体现在民事权益的保护、宏观管理、司法行政三个方面。[①]作为WTO成员国，落实有关国际条约中明确的国民待遇原则是老挝应尽的义务；作为经济落后、国内资金严重不足而又亟需通过外部投资来推动经济社会发展的国家，老挝在招商引资时在相当大的程度上给予了外国投资者国民待遇。

2009年老挝把国内投资法和外商投资法合二为一，是老挝在外商投资方面实行国民待遇的充分体现。该法对许多投资要求实行国内投资者与外国投资者相同的标准。该法规定：除涉及国家安全、环境和公共健康外，外国人对所有领域和行业均可投资。可见，“老挝外资法关于外商投资范围的限定极为宽松，外商可投资的行业基本无限制”[②]，其对外商投资的开放程度之高实属罕见。该法中的“外国投资者可依法将向老挝政府购买了使用权的土地上的建筑物转让或出售给其他个人或法人，可将土地使用权用于向老挝境内合法经营的银行或金融机构进行抵押贷款”等内容条款，明显带有国民待遇的痕迹。另外，老挝实行对国内企业和外资企业均适用的单一的《企业法》，这无疑有助于外资企业在老挝取得国民待遇。而目前老挝国内还未形成针对外资的税收体系，除个别税收项目另有专门规定外，《税法》同样适用于国内企业和外资企业，政府对外资企业执行与国内企业几乎相同的税收措施，也使外资企业在税收方面享有许多国民待遇。

当然，一个主权独立的国家不可能给予外国投资者与本国国民完全同等的投资待遇。尽管老挝给予外国投资者许多国民待遇，但同样对其采取一些与本国公民有别的对待措施。如《促进投资法》第17条规定，投资一般经营项目的外国投资者，总投资额不得低于10亿基普。该法《实施细则》规定，外国投资者的总资金和注册资金不得低于10亿基普[※]，而以国内外股份制投资的外国投资者的出资

①赵晓强：《完善我国外国直接投资国民待遇制度研究》，吉林大学硕士学位论文，2005年，第7页。

②吴泰：《文化因素对老挝FDI流入的影响研究》，湖南大学硕士学位论文，2012年，第24页。

※《促进投资法（修正）》2016年草案第38条规定：“与使用自然资源有关的特许经营项目，注册资金不低于80亿基普；与使用自然资源无关的特许经营项目，注册资金不低于30亿基普；投资一般经营项目的注册资金，按《企业法》或其他行业法规执行。”

额不得少于总投资额的10%。对外国投资者购买政府土地使用权的限制更是比本国公民严格得多。

三、公平公正待遇

公平公正待遇是国际投资中必须遵守的一项基本原则，没有公平和公正，保障外国投资者合法权益就无从谈起。发达国家往往把公平公正待遇与国际法要求联系起来，而发展中国家则主要在国内立法和双边投资协定中加以明确。老挝《合同暨非合同关系法》规定，合同关系必须遵守自愿、平等、诚信、合作、真诚、守法和尊重老挝优秀民俗的原则。《促进投资法》规定，政府承认、确保和维护投资者的所有权、利益和其他合法权利，投资者享有投资平等权，投资者权益受到老挝人民民主共和国法律法规和老挝作为缔约国的国际条约的保护；投资者获得政府对投资人因投资而产生的各项合法权益的保障；若因国家政策和法律法规发生变化而导致投资者经营活动无法取得效益，投资者可要求变更投资宗旨和经营类别；投资者在投资中获得政府提供的各方面便利；政府承认并充分保护投资者的投资，不以行政手段加以征收、霸占或据为国有；若政府出于公共利益而不得不占有投资者的权益，政府将按移交时的市场价给予投资者价值相当的补偿，补偿方式由双方商定；政府承认、保护投资者依照老挝人民民主共和国知识产权法或老挝作为缔约国的国际条约进行注册登记的知识产权。①该法《实施细则》规定，外国投资者有权在老挝租赁土地，有权转让由此而获得的各种权益，有权拥有和转让自己在所租土地上修建的动产和不动产。2015年新宪法重申，在老挝人民民主共和国境内投资的投资者的合法资产和资金不会被征没、占有或转为国有政府保护和鼓励老挝人民民主共和国境内的国有制、集体所有制、个体所有制、国内与外国投资者个人私有等各种所有制形式，政府依法保护个人、法人、组织机构的所有权（管理权、使用权、收益权、支配权等）和继承权。②2014年颁布实施的《企业法》第7条第二款也明确，企业的合法权益如资金、财产等依法受到保护。

①《促进投资法》（老文）（第60-62条），万象：老挝国会，2009年7月8日，第24页。

②《老挝人民民主共和国宪法》（老文）（第15-17条），万象：老挝国会，2015年12月8日，第6页。

以上条款中的“投资者”既包括国内投资者，也包括外国投资者，它表明了老挝通过国内立法向外国投资者落实公平公正待遇的决心，为外国投资者享受公平公正待遇提供了法律依据。公平公正待遇在老挝签署的双边投资协定中同样有所体现，例如1993年《中老双边投资协定》规定：缔约国一方的投资者在缔约国另一方领土内的投资和与投资有关的活动应受到公正与公平的待遇和保护；缔约国任何一方应在其法律和法规的管辖下，保证缔约国另一方投资者转移在其领土内的投资和收益，包括：（1）利润、股息、利息及其他合法收入；（2）投资的全部或部分清算款项；（3）与投资有关的贷款协议的偿还款项；（4）本协定第一条产生的提成费；（5）技术援助或技术服务费，管理费；（6）有关承包工程的支付；（7）在缔约国一方领土内从事与投资有关活动的缔约国另一方国民的收入。[①]正是由于老挝真正落实了公平公正待遇原则，才使美国于2010年参与了老挝南部沙湾拿吉省沙湾—色诺经济特区的建设。2013年5月，沙湾—色诺经济特区开始建设第一个日资企业专用工业园。

贪污腐败是影响公平公正的重要原因，而老挝贪腐问题十分突出。目前老挝党和政府正在大力推进依法治国建设，不断加大惩治腐败的力度。今后，老挝政府将继续通过进一步完善立法和加强反腐，来保障公平与公正待遇在投资中的无差别落实。

①《中华人民共和国政府和老挝人民民主共和国政府关于鼓励和相互保护投资协定》，http://www.mofcom.gov.cn/aarticle/zhongyts/ci/200207/20020700032199.html，2016年3月20日。

第三章

外商投资企业法律制度

外商投资企业法律制度是东道国针对外商投资企业所作立法规定的总称，包括对外商投资企业概念的界定、外商投资企业的分类及其权利与义务、企业的组织与管理等一系列法律制度问题。自1986年实行革新开放路线以来，老挝发展商品经济和推进工业化进程取得了一定成效，农业在国民经济中的比重不断下降。而外商投资企业在其中发挥了较为重要的推动作用，并在参与老挝经济建设的过程中使自身不断发展壮大。外商投资企业已经成为老挝投资市场中十分活跃的要素之一，通过立法来限制其组织形式和运作方式，可降低外来资金进入对本国国民经济带来的冲击和造成的负面影响，有利于科学合理地调动外来资金技术带动老挝经济的发展。近年来，老挝国内立法力度不断加强，《企业法》《合同法》《会计法》《税法》《所有权法》《促进投资法》等法律接连出台和相继进行了修改，这些法律条文为外商投资企业的运作经营和对其实施监管提供了法理依据。与此同时，老挝外商投资企业法律制度存在不足也是显而易见的，如我国出台了《中外合资经营企业法》《中外合作经营企业法》《外资经营企业法》及相关实施细则等多部专项法律法规，而老挝目前尚无这方面的专门法规，无论企业法还是投资法均同时适用于国内和外国企业，在许多国家常见的《合同法》到了老挝也变成了《合同暨非合同关系法》，《公司法》则尚未纳入近期立法规划之中。

第一节　外商投资企业形式

外商投资企业，即含有外资成分的企业，是指依照东道国法律规定、在东道国境内设立的，由外国投资者单独投资或与东道国投资者共同投资的企业。外商投资企业的形式与东道国的企业形式具有相关性，前者通常由后者决定或与后者的设置有相似之处。

一、企业形式

企业是从事生产、流通、服务环节中某项经营活动、向市场提供商品或服务的经济组织，它多以盈利为目的，自主经营，自负盈亏、独立核算。老挝《企业法》第2条规定："企业是由名称、资金、行政管理、办公场所构成的，依照本法进行企业注册登记的个人或法人进行经营活动的组织。企业又叫做‘经营单位’。”[①]

企业按照一定的组织形式存在和运作，是为企业形式。企业形式反映企业的性质、地位、作用和行为方式，规范企业与出资人、企业与债权人、企业与职工等内外部关系。市场经济条件下，从企业形式可以看出企业的性质、财产构成、内部分工协作、与外部社会经济联系的方式等情况。企业形式应当与国家的社会制度、经济发展水平相适应。按照财产的组织形式和所承担的法律责任划分，国际上通常把企业形式分为独资企业、合伙企业、公司企业三大类。老挝的分类方法与国际通行做法基本一致，也把企业形式分为三种。

老挝《企业法》第11条规定："企业形式是作为所有类型企业成立和开展经营活动之基础的经营组织。企业具有以下三种形式：1.个人企业；2.股份制企业；3.公司。"[②]老挝企业法对这三种企业形式分别作了词义界定：个人企业是指只有单独的一个人作为所有权人的企业形式，它以企业主私人的名义从事经营活动，企业主对企业债务负全部、无限责任；股份制企业是指由两人以上出资、按照出资合同成立的，旨在共同经营业务和分配利润的一种企业形式；公司是指通过把资金分成股份且每一股份的价值等同而成立的一种企业形式，各股东对公司债务所负的责任不超过自己未注资股份的价值（即仅按自己所注资股份份额承担公司债务责任）。[③]

其中，股份制企业和公司又分别具有两种存在模式，前者包括普通股份制企业和有限责任股份制企业，后者分为有限责任公司和公众公司。普通股份制企业各股东之间主要依赖彼此的信任共同开展业务经营活动，各个股东对企业债务负有无限责任，即普通股份制企业各股东对企业债务的责任是均等的和无限的。而在有限责任股份制企业里，一部分股东对企业债务负有无限负责，这部分股东称为"普通股东"；其他股东对企业债务只负有限责任，称为"有限债务股东"。[④]

老挝的有限责任公司股东人数在2至30人之间，仅有一名股东的有限责任公司称为"一人有限责任公司"，是有限责任公司的特例。而当股东人数超过30人时，公司若想保留有限责任公司的形态，需要召开股东大会投票表决通过。若股东大会表决未通过，则根据《企业法》第90条规定对公司的企业注册登记证（营

①《老挝企业法（修正）》（老文），万象：老挝国会，2013年12月26日，第2页。
②《老挝企业法（修正）》（老文），万象：老挝国会，2013年12月26日，第7页。
③《老挝企业法（修正）》（老文），万象：老挝国会，2013年12月26日，第2页。
④《老挝企业法（修正）》（老文），万象：老挝国会，2013年12月26日，第3页。

业执照）进行变更，使之转变为公众公司，否则只得解散。公众公司是指股东人数在9人以上、可自由转让股权并可对外公开发行股份的一种公司模式。

一个国家存在哪些企业形式主要是由国家经济制度及其对外开放政策决定的，而一个企业选择什么样的企业形式则主要受到税收、资本和信用的需求程度、投资人的权利转让、投资人的责任范围、企业存续期限、企业的控制和管理方式、利润和亏损的承担方式等多种因素的影响。当然，企业形式的法定性并非不可以改变。老挝《企业法》规定：将个人企业转换成股份制企业，可以通过增加股东人数和股东类别后成立（新的股份制企业）的方式进行，但除非原个人企业已清偿全部债务，否则其债务将转由新成立的股份制企业承担。股份制企业转变成公司模式条件则较为苛刻，必须是企业解散并清偿全部债务后，再重新申请注册公司。公司转换成其他企业形式同样如此，也需要先行解散和还清债务才能重新申请注册新的企业形式。

上述所说的个人企业并不是私营企业，个人企业属于企业形式，而私营企业属于企业类型。企业类型是根据企业的所有权归属进行划分的，实质是所有制问题；而企业形式是由企业的组织运作方式来决定的，实质是合约安排问题。在老挝人民民主共和国，企业有四种类型：国有企业、集体企业、联合企业和私营企业。私营企业可根据《企业法》第3、4、5部分有关规定，以某一企业形式和模式成立和开展经营活动。[①]旧的企业法（1994年）把私营企业分为个人企业和股份公司两种企业形式，现行企业法对此没有做出明确规定。

二、外商投资企业形式

外商投资企业是东道国利用外商直接投资的基本方式。允许外国投资者采取什么样的企业形式进行投资，归根到底是由东道国对外资的需求情况决定的，但外商投资企业形式必然脱离不了东道国的企业形式。老挝的企业形式有个人企业、股份制企业和公司三种，外国投资者为在老挝境内投资而设立的企业可以是私营企业，也可以是联合企业，但都不超出上述三种企业形式的范畴。就投资形式而言，外国投资者可以独资、与国内投资者的股份制投资和按照合同联营投资三种方式，在老挝境内进行直接投资或间接投资。

①《老挝企业法（修正）》（老文），万象：老挝国会，2013年12月26日，第6页。

外国投资者独资，就是外国投资者对老挝人民民主共和国境内某一业务或项目进行单方投资，其所设立的企业即外商独资企业。外商独资企业的投资者可以是一个人，也可以是多人，但必须是组成单独的一方即外资方。

外国投资者与国内投资者之间的股份制投资，是指由国内投资者和外国投资者共同出资、共同经营、共享所有权，并依照老挝法律规定成立新的法人的投资活动。据此成立的企业可称为股份制合资企业。合资企业在成立新法人之前，双方签署合资合同和拟订新成立企业的章程，对股份制投资的组织、活动、管理、投资人的权利和义务，以及双方出资、持股份额等做出规定。①

按合同联营投资是指老挝国内法人和外国法人按照合同规定进行共同投资，且不在老挝境内成立新的法人或分支机构。采取这种投资方式时，必须由相关国内法人通报老挝工商部门和计划与投资部门以便对投资活动进行监管，按合同联营投资的合同还必须拿到公证机关进行公证以证明合同的合法有效。②这种投资方式下的合作企业称为合同制联营企业。

事实上，上述三种形式也是许多国家的外商投资企业主要的投资形式，例如我国就也以外资企业、中外合资经营企业和中外合作经营企业三种外商投资企业形式为主，其本质上与老挝的上述三种形式并无不同，只是名称略有差异罢了。在国际投资史上，这三种形式并非同时出现，外商独资是最早出现的外商投资形式，可追溯至17世纪，以英国东印度公司为典型代表。另两种形式随着二战后发展中国家对加快经济发展的需要也被广泛采用。

三种形式虽然都包含有外商、外国资金两大因素，它们之间的差异也是显见的。首先是法律概念不同。外国投资者独资强调只有外商一方100%的资金投入，东道国不参与投资和经营管理；国内外之间的股份制投资强调国内投资者和外国投资者共同出资、共同经营、共负盈亏；按合同联营投资是投资各方依照共同签订的合同，规定合作各方的投资条件、收益分配、风险责任和经营方式，它与股份制投资最大的区别在于是否成立新的法人。其次是收益分配方式不同。股份制投资的各投资方按各自在注册资本上的出资比例分配收益和承担风险；按合同联营投资则不将各方出资折合成股份并按股权比例进行收益分配，而是在合作合同中规定收益分配方法，分配方法可以灵活多样；外国投资者独资的分配方式则完全由外商自己决

①《促进投资法》（老文）（第8、9、10条），万象：老挝国会，2009年7月8日，第5页。
②《促进投资法》（老文）（第11条），万象：老挝国会，2009年7月8日，第6页。

定。再次是组织管理机构不同。外国投资者独资的组织管理机构可按老挝民商法和促进投资法规定设立；股份制投资由于具有法人资格，可以设立董事会作为企业的最高权力机构；非法人的按合同联营投资不能设立董事会，而是成立一个联合管理机构或委托合作一方对企业经营进行管理，或委托未参加合作的第三方进行管理。[①]

此外，不同的外商投资企业形式享受的税收等优惠政策也有所不同，选择适当的投资形式将是影响投资成败的重要因素之一。相比较而言，中国的外商投资企业形式较为多样，除以这三种为主要形式外还有外商投资股份有限公司、投资性公司（有限责任公司）、中外合作开发、BOT等形式，而老挝企业法规定的外商投资企业形式仅有上述三种，显得较为单一。老挝法律还规定，以股份制投资的外国资金比例不得低于总投资额的10%，投资特许经营领域的外国投资者出资比例不应低于30%。无论如何，外国投资者在老挝投资时必须准确定位，选择最适合自己的企业形式和投资形式，以降低投资成本和风险、提高投资成功率和收益率。

第二节　企业设立

按照老挝《企业法》规定，企业注册是对依法成立的企业之认可，除另有规定外，在老挝从事经营业务必须进行企业注册且在整个企业经营期内仅进行一次注册。因此，我们把企业注册看作是企业设立的标志性事件。以独资企业或股份制投资企业形式进行投资的外国投资者必须在老挝进行企业注册登记，以便设立新的企业和取得老挝法人资格。按合同联营投资不需要进行企业注册，只须持所签订的合作合同到公证机关进行登记备案，再向国内法人进行企业注册登记所在地的工商部门或计划与投资部门报备即可。

一、设立企业的条件

外商投资者在东道国设立企业必须符合一定的条件，这与投资审批条件是一致

①可参见赵燕士：《简析外商投资企业的三种形式》，载《政法论坛》，1986年第8期，第30页。

的。不得损害国家领土主权、国家安全和社会安定，不得严重危害和污染环境，不得违反国家法律，不得违背国家社会经济发展需要，这些都是各国对外资企业设立的基本要求。在设立企业时由审批机关限定企业的投资类别、投资范围、投资/持股比例、注册资本的金额及注资时间与方式等，也是国际上对外资企业设立条件的普遍约定。此外，各国还根据不同的企业类型制定了具体的企业设立条件。

老挝法律明确，设立个人企业，必须确定企业名称、企业地址、注册资本、经营类别，聘请经理※并签订经理聘用合同，提供企业主和企业经理的姓名、住址和国籍。设立股份制企业必须提交企业成立合同、企业章程和聘请总经理※，成立合同须包含企业名称、经营宗旨、总部及分支机构的名称和地址、注册资本或股份价值，各股东的姓名、住址和国籍，各股东的签名等内容；企业章程除须包含企业名称、经营宗旨、总部及分支机构的名称和地址、注册资本或股份价值，各股东的姓名、住址和国籍等信息外，还须提供总经理的姓名、住址和国籍，明确企业分红方式和企业亏损责任承担方法、注资的方式和时间、经营管理方式、召开大会和表决的方式、纠纷解决方式、企业解散与清算方法等。对于设立普通股份制企业，还要求在进行企业注册前各股东必须按商定的方式和时间完成注资。

老挝对外商设立公司的要求与设立股份制企业条件基本相同，但也有一些不同之处。如成立合同内容里的“注册资本”一项，成立公司的合同需要把注册资本分股份价值、股份数量、实物、现金、普通股、优先股等进行描述，并增加“总理经理对公司债务负无限责任”“总经理的无限债务责任自当事人不再担任公司总经理之日起1年后获得免除”等条款，而成立股份制企业的合同则没有这样的要求。

二、设立企业的程序

设立企业的一般程序通常按发起人发起、草拟企业章程、必要的行政审批、缴纳出资、验资、申请企业注册、登记发照的流程进行。在老挝，设立企业的法律程序主要体现在行政审批（投资准入审批）和企业注册两个环节。关于外商投资的行政审批，已在第二章中论述。注册企业是设立企业最重要的程序之一，注册成功与否同企业能否设立和依法存在休戚相关。外国投资者要在老挝设立企

※包括经理和副经理，下同。

※包括总经理和副总经理，下同。

业，必须向工商部门的企业注册办公室提交申请材料，由该办公室会同有关部门进行审批，审批合格后发放企业注册登记证。而企业注册登记证的使用和管理，包括企业名称的管理，有专门的法律条款予以约束。

（一）递交申请材料

外国投资者有意在老挝投资经营的，首先要向老挝省级以上工商部门（投资一般经营项目）或计划与投资部门（投资特许经营项目），或经济特区暨经济专区国家管理委员会（投资经济特区／专区开发）提交申请，以便取得外国投资许可证。取得外国投资许可证后2个工作日内向老挝省级以上工商部门的企业注册办公室递交企业注册申请材料，包括企业注册申请书、投资许可证、企业名称许可证、企业成立协议、企业章程、授权书等。①

其中，个人企业的注册申请材料中须包含以下内容：（1）企业名称与类型；（2）企业主和经理的姓名、住址和国籍；（3）企业地址；（4）注册资本。普通股份制企业和有限责任股份制企业的注册申请材料须包含：（1）企业注册申请书（须有总经理的签名）；（2）股份制企业成立合同及全体股东的签名；（3）非股东身份的总经理的姓名、住址和国籍；（4）股份制企业章程。有限责任公司注册申请材料须包含：（1）有限责任公司注册申请书（须有总经理的签名）和成立合同；（2）有限责任公司成立会议备忘录；（3）有限责任公司章程。②

（二）按时限审批

接到申请后，有关企业注册办公室（一站式服务办公室）审查拟注册的经营类别是否纳入管制清单之列。如果为非管制清单项目，由本部门进行审批和予以注册；如果为管制清单项目，则转交相关部门以便及时审批。若经营类别为非管制清单项目，企业注册办公室须在接到申请之日起10个工作日内完成审批和注册，未获批准则给出书面说明；若经营类别为管制清单项目，相关部门自接到企业注册办公室转来企业注册材料之日起10个工作日内进行审批并给予书面回复，需花较长时间进行技术性和专业性审核的除外。收到相关部门审批同意的书面回复后，企业

① “企业注册流程简介”，http://www.laowotong.com/article-291-1.html，2016年3月30日。

②《老挝企业法（修正）》（老文），万象：老挝国会，2013年12月26日，第17-18、23、50页。

注册办公室必须在3个工作日内完成企业注册。相关部门不同意进行注册的，企业注册办公室须在接到前者的书面回复之日起3个工作日内向注册申请人作出书面说明。[①]企业注册流程参见第二章第二节第四目“一般经营项目准入程序”项。

另外，拟经营特许业务的外国投资者在投资项目获批后、申办企业注册登记证前，需与政府部门商洽签订特许经营谅解备忘录或协议事宜，具体规定如下：在接到中央政府或省级政府的项目审批通过通知后，计划与投资部门须在2个工作日内书面通知投资者，以便投资者前来洽谈谅解备忘录／协议事宜；投资者须在接到计划与投资部门通知后10个工作日内答复自己约定前来洽谈的日期，超过上述时间规定或投资者在30个工作日内不前来洽谈，则视为投资者放弃投资权利。完成备忘录／协议洽谈后，计划与投资部门须向投资促进委员会报告洽谈成果，以便中央政府或省级政府授权签订项目谅解备忘录或协议。[②]

（三）发放企业注册登记证及其管理

在材料齐全和审批通过后，工商部门企业注册办公室将为相关企业发放企业注册证。企业注册登记证上标示有企业负责人、企业名称、企业性质、企业类型、企业形式、所属行业、经营类别、注册资金、办公地址、企业代码等信息。在递交注册申请材料时需要支付一定的费用，包括：企业注册申请表1—6万基普（1.25—7.5美元），企业注册登记证办理费2—5万基普（2.5—6.25美元），注册申请表4—9万基普（5—11.25美元），印章制作费7.5万基普（9.375美元），企业章程3—5万基普（3.75—6.25美元），企业代码申请费1万基普（1.25美元），特许经营证（如为特许经营项目）办理费7万基普（8.75美元）。[③]

老挝促进投资法《实施细则》第8条规定：《促进投资法》第19条所称的企业注册登记证，是指可证明投资者能够依照老挝法律规定正确开展经营活动且在整个经营期内能够（正常）开展活动的文件。企业注册登记证包括投资许可证、（可享受的）优惠政策和税务登记证。在进行业务经营前，企业必须向有关部门

---

①《老挝企业法（修正）》（老文），万象：老挝国会，2013年12月26日，第9-10页。

②《〈促进投资法〉实施细则》（第119号总理政令）（老文），万象：老挝中央政府办公厅，2011年4月20日，第7-8页。

③《在老挝经营业务成本（2015年）》，万象：老挝计划与投资部投资促进司，2015年7月，第1页。上述各项收费价格与第二章中的数据略有差别，原因是第二章只标出最低收费，这里为价格区间；汇率按1美元＝8000基普折算。

申请（并取得）技术方面的许可证或证明。①可见，企业注册登记证是企业经营活动合法有效的证明文件，而在取得企业注册登记证前必须先取得投资许可证、税务登记证，在开展经营活动前还须取得相关的技术认证。

《实施细则》第16条还规定：《促进投资法》第25条所称的特许经营证，是指证明投资者能够依照老挝法律规定正确开展经营活动且在整个特许期内能够（正常）开展活动的文件。特许经营证包括企业注册登记证、投资许可证、（可享受的）优惠政策和税务登记证。在开展业务经营前，企业必须向有关部门申请（并取得）技术方面的证明或许可证。②也就是说，如果从事特许经营，企业在办理企业注册登记证后还需再办理特许经营证。

错误的企业注册是需要更正的，否则企业将被取缔。老挝《企业法》第19条规定：如果已注册企业的企业注册登记证存在部分或全部内容与所规定的形式、模式或事实不符而必须进行修正，称之为“错误的企业注册”。如果无法进行修正解决，将按本法规定的程序解散企业。此外，为法律所禁止的人进行企业注册或违反法律规定进行企业注册，一律视为无效；无效的企业注册和解散企业均不能免除企业的责任。该法第23条第一款规定：注册企业后如果要变更企业注册内容如企业宗旨、注册资金等，必须在做出更改决定之日起一个月内告知企业注册办公室，涉及管制清单中的经营业务的除外；涉及管制清单经营业务的，须按本法第16条第三款※和第17条第二款※执行。该条第二款还对相关企业的责任进行了明确：因将某一内容拿去注册而造成错误注册，或因有意或无意致使申报更改（注册内容）的时间超出本条第一款规定的，均不能成为企业逃脱自己应对外部无辜者所负责任的理由。⑤

企业注册登记证是企业法人地位合法有效的身份象征，是企业合法经营权的

①《〈促进投资法〉实施细则》（第119号总理政令）（老文），万象：老挝中央政府办公厅，2011年4月20日，第4页。

②《〈促进投资法〉实施细则》（第119号总理政令）（老文），万象：老挝中央政府办公厅，2011年4月20日，第9页。

※即：“若属管制清单之列，企业注册办公室须将注册申请材料转交有关部门以便及时审批。”

※即：“若经营类别为管制清单项目，相关部门自接到企业注册办公室转来企业注册材料之日起10个工作日内进行审批并给予书面回复，需花较长时间进行技术性和专业性审核的除外。”

⑤《老挝企业法（修正）》（老文），万象：老挝国会，2013年12月26日，第109页。

凭证。老挝法律规定，企业注册登记证不得授予其他个人或法人使用，违者将对因此产生的全部行为后果负责；获得持有人同意而使用他人企业注册登记证从事经营活动的，视同无证经营，“将被处以1000000基普至10000000基普的罚款，因不知情而参与了上述无证经营者经营活动的债主的合法利益将受到保护”。[①]持有人使用企业注册登记证不当同样受到处罚。老挝《企业法》第213条规定，不按照企业宗旨从事经营活动的个人和法人将受到批评教育，或处1000000基普至5000000基普的罚款。第214条则规定，“本法第19条规定的错误的企业注册，（企业注册登记证）将被取缔”。[②]

为加强企业注册登记证管理，防止错误使用和用于不当目的，老挝工商部门印制的每本企业注册登记证的备注一栏上印有两小段提示性信息：（1）企业必须按所许可的行业开展经营活动并遵守老挝人民民主共和国法律法规；本证不得转借、伪造和私自涂改，违者将追究法律责任。（2）须将本证悬挂在企业办公场所的醒目位置，须悬挂企业牌号。如果是需要年审的企业注册登记证还会加上一句：“本证须于每年的10月份向发证机关申报年审，以便继续使用；若超过1年以上不进行年审，将按《企业法》第19条规定视为无效。”以上这些条款和我国对营业执照的管理规定相似。事实上，老挝的企业注册登记证与我国的营业执照有许多类似之处，只是前者内容更加详细具体并且发证日期即是企业的成立日期，而后者到期后需审核重发、发证日期不代表企业成立日期。

为规范和严格企业注册登记证的发放，老挝企业法对企业注册官员的失职、渎职行为采取了严厉的惩处措施。《企业法》第210条规定：企业注册官员和有关人员无论以何种形式阻挠企业注册，如无故要求申请人增补材料、致使材料丢失、故意延长企业注册时间等，将受到批评教育、调离岗位、解除职务或清除出公务员队伍等处分。这一规定还适用于有关部门对管制经营类业务的检查和审批。该法第211条规定：除政府授权外，个人私自发布命令要求延长企业注册登记证期限的，将受到相应的处分。第214条又规定：为个人或组织进行了错误的企业注册的官员将受到批评教育、调离岗位、解除职务或清除出公务员队伍的处分。对于未按规定公开企业注册信息的，同样受到处罚。例如，企业注册官员或

①《老挝企业法（修正）》（老文），万象：老挝国会，2013年12月26日，第13页。
②《老挝企业法（修正）》（老文），万象：老挝国会，2013年12月26日，第110页。

有关人员未经注册企业的允许，擅自将《企业法》第24条第二款规定的信息公开的，被视为违反官方保密规定，将依照老挝刑法规定进行判刑和开除出公务员队伍。相反，未按《企业法》第24条第一款的信息公开规定，拒绝给公众查阅、复印资料的，也会受到批评教育、调离岗位、解除职务或清除出公务员队伍的处分。[①]

（四）企业取名及其管理

名称是指法人及特殊的自然人组合等主体在社会活动中用以确定和代表自身，并区别于他人的文字符号和标记。[②]企业名称是企业从事自身经营活动时区别于其他企业的称呼，行政区划、商号、行业、组织形式是构成企业名称的四项基本要素。作为企业固有的人格权利，企业名称具有区别性的标识作用，它可使企业在经营过程中保持自己独立的法律人格和独立的商业主体地位。[③]大多数国家通过立法对企业名称实行法律保护，如以特别法、民商法、知识产权法、竞争法等加以规定，也有数个法律同时有规定的。老挝主要以《企业法》对企业名称的使用及其管理作出限定。

老挝《企业法》要求投资者在申请注册企业前必须预先选好企业名称，因此企业名称是可以预定的。该法第26条对企业名称的构成要素及其预定作了明确：企业名称可以用某个人或某几个人的姓或名来命名，也可以根据商定用某个名称来命名；预定企业名称者，将对该企业名称具有优先使用权，但如果企业名称的预定者未获准进行企业注册，其预定的企业名称将被收回。

企业名称并非随意取名，除需包含有必要的构成要素外，许多国家明文禁止使用某些内容和文字作为企业名称，以避免损害国家利益、公共利益或已成立企业／机构的利益。例如我国《企业名称登记管理规定（2012年修正本）》第九条规定："企业名称不得含有下列内容和文字：（一）有损于国家、社会公共利益的；（二）可能对公众造成欺骗或者误解的；（三）外国国家（地区）名称、国际组织名称；（四）政党名称、党政军机关名称、群众组织名称、社会团体名称及部队番

①《老挝企业法（修正）》（老文），万象：老挝国会，2013年12月26日，第110页。

②杨立新：《人身权法论》，北京：人民法院出版社，2002年，第511页。

③王凤民：《企业名称权及法律保护》，载《哈尔滨商业大学学报（社科版）》，2008年第3期，第113页。

号；（五）汉语拼音字母（外文名称中使用的除外）、数字；（六）其他法律、行政法规规定禁止的。”[①]老挝《企业法》的相关规定与上述前三点内容十分接近，只是表述有所差别，该法第27条把以下内容禁止用作企业名称：（1）含糊不清的、与其他企业名称相近、重复的名称，或广为人知的其他企业或机构的名称；（2）与国家优秀文化、传统习俗相违背或有损社会安定秩序的名称；（3）国家名称、国际组织名称，国家名胜古迹和神圣场所的名称和标志；（4）与企业形式、模式相同或相近的名称。如果违反上述使用禁令，企业名称所有人将受到批评教育或罚款300000基普的处罚，并被勒令停止使用。[②]老挝《企业法》第79条还规定：有限责任股份制企业的名称来自于普通股东的名或姓；如果有限债务股东允许有限责任股份制企业使用自己的名字（无论间接还是直接允许），将和普通股东一样向外部人员承担企业债务的无限责任，自己向企业负有限债务责任的情况不变。[③]

在老挝，把企业名称交由其他人使用是允许的，所以法律上除对企业取名作限制外，也对企业名称的使用管理做了明确。老挝《企业法》指出：允许他人使用企业名称必须有书面授权且须依照相关法规执行；在没有取得书面授权的情况下使用他人的企业名称的，如果有证据证明该企业名称的所有者知悉情况且未提出异议、抗议，甚或予以支持，视为已取得上述企业名称的使用授权；允许他人使用自己企业名称者，必须按照合同或法律规定对第三方个人负责；允许无行为能力人使用自己企业名称者，必须对该无行为能力人的行为负责；允许法律上禁止的个人或法人使用自己企业名称者，必须与该个人或法人一起对相关行为共同负责，获得允许的该个人或法人的经营活动视为无证经营。[④]但国有企业的企业名称不允许其他个人或法人使用，如有违反，违反者须对受影响的第三方负责。

企业名称不仅可授权他人使用，而且是可以转让的，但设有一定条件。《企业法》第30条规定了三种转让企业名称的前提：（1）与整个企业，包括企业的权利和义务一并转让；（2）是正确履行完各项业务后的企业之企业名称的转

①国务院法制办公室：“企业名称登记管理规定（2012年修正本）”，http://www.chinalaw.gov.cn/article/fgkd/xfg/xzfg/201211/20121100378270.shtml.2016年4月2日。

②《老挝企业法（修正）》（老文），万象：老挝国会，2013年12月26日，第15、111页。

③《老挝企业法（修正）》（老文）（第79条），万象：老挝国会，2013年12月26日，第42页。

④《老挝企业法（修正）》（老文），万象：老挝国会，2013年12月26日，第16页。

让；（3）当按上述第一款正确完成企业名称转让后，受让人必须自受让之日起60日内通知企业的债权人和债务人，自受让之日起5个工作日内通报相关的企业注册办公室。[①]任何不正确的企业名称转让，包括以垄断市场为目的而进行的转让均受到法律的禁止，违者——包括转让方和受让方须对自己的行为负法律责任。另外，国有企业不允许将自己的企业名称转让给其他性质的企业。而如果普通股份制企业的名称由各个股东的名字组成，但某一股东退出后，企业有权将该股东的名字从企业名称中去除。

老挝《企业法》还规定，解散企业时企业名称将同时被废止；解散企业后，企业主必须在接到解散通知之日起7日内对企业名称进行摘牌；对于继续使用已解散企业的企业注册证和企业名称从事经营者，视同无证经营；对于不悬挂企业名称牌匾或不按规定的企业形式和模式而错误使用企业名称的，若在被告知后7日内仍不纠正的，将受到批评教育或每次200000基普的罚款；对于解散企业后不按规定对企业进行摘牌的，责任人将受到批评教育或罚款500000基普，并被责令摘牌。[②]

三、设立企业的结果

设立企业会给新诞生企业带来许多权利和义务，老挝法律把这些权利和义务视为设立企业的结果。设立企业的结果一方面反映了企业的权利，另一方面也对企业的经营活动作了限制。

（一）权利性结果

权利性结果包括以下几个方面：一是资金筹措使用权，外商投资企业可以向老挝境内外的金融机构或个人筹借企业发展所需资金，并有权依照规定支配自有资金。二是财产转出境外权，外国投资者有权将本人的资金、资产和收益，包括企业利润和其他合法收入、企业解散时分得的资金汇往母国或第三国；企业里的外籍员工的薪金和其他合法收入在依法缴纳税后可以汇往国外。三是企业行政

①《老挝企业法（修正）》（老文），万象：老挝国会，2013年12月26日，第16页。

②《老挝企业法（修正）》（老文），万象：老挝国会，2013年12月26日，第17、111页。

管理权，新设立的外商投资企业有权在企业注册证许可的经营范围内自行制定本企业的生产经营计划，有权在老挝或国际市场采购经营许可范围内所需的机器设备、办公设备、交通运输工具、原材料、燃料等资产并享受一定的税费优惠，企业生产的产品可以进入老挝市场或销往国际市场；有权依法管理本企业的劳务人员；可对企业进行移交、减资或增资，或授权其他投资者临时代为经营；可向有关部门提请中止、解散企业或变更企业形式。四是机构设置和人员编制权，外商投资企业可根据需要自行确定企业内部机构的设立、调整和撤销，确定企业人员编制，在符合老挝法律法规的前提下享有劳务招聘权，当然同等条件下需优先聘用老挝劳工。五是在老居住权，新设立企业的外国投资者及其家属、企业中的外国专家和技术人员享有在老挝人民民主共和国境内居住的权利。

由于完成企业注册即象征着企业已经成立，因此企业注册的结果也就是企业设立的结果。老挝《企业法》第20条规定，进行企业注册将产生下列结果：

（1）股份制企业或公司具有从出资人分离出来的法人地位，享有本身企业宗旨、企业章程里所规定的权利、义务和责任。

（2）企业可按照企业注册登记证上的规定的行业和类别进行经营活动，但无论是管制清单还是非管制清单范围内的经营活动均须全面、严格遵守相应的行业程序、条件、标准和规章制度。

（3）企业注册申报材料卷宗里的信息内容可以公开，有意者有权根据本法第24条第一款的规定进行查阅。

（4）是与企业名称的注册同时进行的。[①]

刻制企业公章也是设立企业的一项权利性结果。老挝《企业法》新增的第21条规定：完成企业注册后，投资者可持企业注册登记证向公安部门申请刻制企业公章，公安机关须在接到申请后5个工作日内向企业发放公章。[②]这一规定与《〈促进投资法〉实施细则》第8条略有不同。实施细则第8条称，完成企业注册后，为企业注册的工商部门应同时出具公章刻制许可证，以便公安部门依据许可证在7个工作日内为企业刻制和发放企业公章。[③]

①《老挝企业法（修正）》（老文），万象：老挝国会，2013年12月26日，第11页。

②《老挝企业法（修正）》（老文），万象：老挝国会，2013年12月26日，第12页。

③《〈促进投资法〉实施细则》（第119号总理政令）（老文），万象：老挝中央政府办公厅，2011年4月20日，第5页。

（二）义务性结果

权利与义务同行。设立企业的结果，除了可以使企业享有一定权利外，也需要企业履行一定的义务和责任，如企业设立后需要履行依法签订的协议、合同、章程，按照规定的金额、资产形式和时限注资到位，按照企业注册登记证的规定开展经营活动，遵守老挝法律、法规和政策，服从监管部门的监督管理，尊重当地风俗习惯，依法纳税，落实劳工安全制度和社保制度，等等。老挝法律还规定，完成企业注册后，新成立企业必须到税务部门进行税务登记以取得纳税人识别码，并按有关法律要求持有会计账簿；企业要促进老挝劳工的使用，注重提高老挝劳工技能，向他们传授科技和技艺。其实，这些义务性结果并不只存在于老挝，而是具有实践的广泛性和普遍性，惯见于各国民商法的条款之中。

设立企业的目的是要依法开展经营活动，取得企业注册登记证和税务登记证后企业便可按照许可的经营类别开展业务活动。如果完成企业设立后不开展经营活动，将会造成一定的后果。老挝《企业法》对不开展经营活动的最长期限及逾期将受到的处罚作了明确。该法第22条规定：企业必须自进行企业注册之日起90日内开展活动。如果在上述时限内不开展经营活动，或从事经营活动后又中止，且无正当理由连续12个月不缴纳税款的，将由相关企业注册办公室协同相应的税务机关核对企业的具体数据信息，然后通知上述企业前来解释原因。若上述企业在接到通知之日起10个工作日内不前来解释或前来解释但给出的理由不充分，该企业将被勒令暂停经营活动，并按照本法规定之程序予以注销。①

第三节　企业资本与管理

企业资本是企业的重要组成部分，具有给企业带来剩余价值的价值，是企业取得独立人格的必备要件和企业发展壮大的物质基础，因而对企业的存在意义重大，在企业运营过程中扮演着极其重要的角色作用。企业资本的使用和管理最终决定着企业的赢利能力和生存能力。老挝法律法规中涉及外商投资企业的资本及其管理的内容并不多。

①《老挝企业法（修正）》（老文），万象：老挝国会，2013年12月26日，第12页。

一、企业资本

企业资本，又称为出资方式，通常包括现金、实物（机器、设备、原材料等）、工业产权（专利权、商标权等）、专有技术等。企业资本按其在剩余价值生产中所起的使用不同，可分为不变资本和可变资本；按价值周转方式的不同，可分为固定资本和流动资本；按所处领域的不同，可分为产业资本、商业资本、借贷资本和银行资本；以存在形态的不同，可分为有形资本和无形资本。老挝《促进投资法》规定，有形资本是指货币、动产和不动产；无形资本是指知识产权、未来将发生的收益、租赁权、贸易权、特许经营权的价值等。①老挝现行企业法和促进投资法没有对外商投资企业的资本形态做硬性规定，仅笼统表述“允许以货币、实物或其他形式出资”。此前的投资法则表述为“允许投资者以外币、厂房、机器、设备、器材、技术专利、工艺程序和技术服务等在老挝进行投资”。

货币（外币）是外国投资最常见的资本形式之一。外国投资者要在老挝设立企业，必然需要货币资本用于支付场地租金、兴建厂房、购买设备、雇用员工、维持日常开支等。作为一个相对落后的国家，老挝财政收入相当有限，发展资金缺口较大，因此希望外国投资者尽量以现金方式出资并以法律条文作了规定，但现金投资的门槛不高，目的是吸引外商前来投资。

各国一般都允许外国投资者以有形资产进行投资，但以有形资产投资往往是有条件的。原来的老挝促进外国投资法《实施细则》曾规定，外国联营者作为出资的机器设备和各种原材料须符合下列条件：（1）必须是联营企业进行生产经营所必须的；（2）必须是老挝目前尚不能生产或虽能生产但价格远远高于国际市场的；（3）必须保证合同规定的质量。②现行投资法及其实施细则虽未作出类似规定，但在实际操作过程中同样需要满足上述条件。老挝法律还规定：按合同联营投资的，作为出资的土地、机器设备、资源、技术等财产在进行作价时，应由合作各方在参照国际市场价格基础上共同商定；投资管理机构有权对作价进行审查，如作价不合常理将被要求重新作价。

以知识产权或专有技术出资是企业资本的重要组成部分之一。老挝法律明确

---

①《促进投资法》（老文）第3条，万象：老挝国会，2009年7月8日，第2页。

②康潘：《老挝外国投资法律制度问题研究》，武汉大学硕士学位论文，2005年，第15页。

将吸引先进技术作为本国招商引资的主要目的，老挝未采用的、具有显著经济社会效益的先进现代化技术可以通过出资的方式被引进。当然，这些产权和技术须符合下列要求：（1）能改进产品式样、品种，提高产品质量，或大幅度提高产量；（2）能生产国内必须的或可替代进口的产品，或在国际市场上有竞争力的新产品；（3）能节约劳力、原材料和燃料、动力；（4）能确保生产安全和保护环境。[①]以产权或专有技术出资的外国投资者，还需要提供相应的法律证明材料。

二、企业资本的管理

企业资本管理是一项繁杂的工程，对企业而言甚至是最重要的事务。企业资本管理得如何，关乎企业的前途未来，直接决定着企业的命运。外商投资企业法律制度框架下的企业资本管理，并不是指企业对自身资本的管理，而是指政府对企业资本的宏观管理。从政府监管层面讲，对企业资本进行管理主要通过对出资方式、出资比例、出资期限、出资变化、注册资本、外汇使用、股权转让等方面的限制来实现。老挝投资法没有对投资总额与注册资本的比例作出规定，只规定了注册资本中外国人所占的投资比例，说明老挝投资法规定比较宽泛自由。[②]关于对外国投资者投资最低限额和注册资本的要求已在第二章中作过介绍，这里简要介绍老挝政府对外商投资企业出资方式、出资期限、股权转让和出资变化四个方面的法律规定。

（一）出资方式管理

许多国家对出资方式有严格的要求，有的国家只接受以货币和产权出资，且对货币币种和产权有严格限制，如只接受美元、欧元等国际货币。老挝企业法允许外国投资者以货币、实物或劳动力进行出资，但没有提到产权出资问题，也没有专门的法律条款来限定货币币种和实物种类。针对不同的企业形式，出资方式也有不同要求。老挝法律没有对个人企业的出资方式做出规定，公司的出资方式则由公司章程予以明确。对于股份制企业，《企业法》第44条规定：普通股份制

①康潘：《老挝外国投资法律制度问题研究》，武汉大学硕士学位论文，2005年，第16页。

②米良主编：《老挝人民民主共和国经济贸易法律指南》，北京：中国法制出版社，2006年，第88页。

企业的资金来源于股东的出资，出资可以是货币、实物或劳动力。但用实物或劳动力出资必须折算成货币，禁止直接把以劳动力方式出资的价值写入普通股份制企业的资产统计账簿中。[①]第76条规定：有限责任股份制企业里负有限责任的股东或以货币出资，或以实物出资，但不得以劳动力出资；有限责任股份制企业的股份不要求价值等同，出资方式和时间规定由各股东自行决定。[②]第99条规定：有限责任公司的出资可以是货币或实物。以实物出资的，除事先另有决定外，实物的作价必须在公司成立大会上获得公司发起人和认购人三分之二以上多数的认可；货币和实物以外的出资方式，须在公司成立大会上达成具体决定。同时规定，有限责任公司的一股股份，可以有一名持股人，也可以由多人共同持股而指派一人成为公司股东来行使权利，但必须共同对没有足额交纳的出资额负责。[③]

（二）出资时限管理

各国的法律都对外国资本的到位作时间上的要求，有规定一次性到位的，有要求分期、分批到位的，有必须首次到位一半以上的，还有允许企业合伙人自行决定的。根据企业或项目类型的不同，对出资时限的规定也不尽相同。老挝《企业法》规定：普通股份制企业出资的方法与时间规定由各股东自行商定，但在注册企业之前各股东必须按商定的结果完成出资。[④]对于有限责任公司，有两种出资情形：一是注册企业前出资。就是在召开公司成立大会后，由总经理吁请认购人出资。认购人如果以实物出资，需要对所认购的股份价值全部出资到位，如果以货币出资则至少出资70%。只有认购人按规定出资后，总经理才会前去注册企业。二是注册企业后出资。注册企业后，有限责任公司总经理随时可以吁请股东/认购人对余下股份价值进行出资，有限责任公司章程中另有规定的除外。[⑤]吁请股东

①《老挝企业法（修正）》（老文）（第44条），万象：老挝国会，2013年12月26日，第23-24页。

②《老挝企业法（修正）》（老文）（第76条），万象：老挝国会，2013年12月26日，第40-41页。

③《老挝企业法（修正）》（老文）（第76条），万象：老挝国会，2013年12月26日，第51-52页。

④《老挝企业法（修正）》（老文）（第44条），万象：老挝国会，2013年12月26日，第24页。

⑤《老挝企业法（修正）》（老文）（第101条），万象：老挝国会，2013年12月26日，第52-53页。

出资，总经理要在须出资日期前30日以书面形式通知各个股东按各人所持股份比例出资且一并告知应出资金额。

对于注册企业后支付股份价值，或其他情形下支付股份价值，包括对企业进行增资时，必须用货币支付，除非有股东大会的特别决议认可，否则不得以扣除有限责任公司债务的方式支付股份价值。[①]如果股东不按总经理的第一次吁请进行出资，则需按当时的利率支付未出资股份价值金额自收到通知之日起的利息，且在股东大会上仅具有已出资股份数量的投票权；在第二次吁请后还不支付股份价值和利息的，总经理有权按照《企业法》第116条第一至四款的优先顺序出售上述有关股份，以便将出售股份所得用于抵偿属于有限责任公司的股份价值和利息，余下的款项则送还相关股东。如果出售股份所得不足以抵偿上述股份价值和应付的利息，总经理有权要求相关股东补足，否则将不予进行股份转让登记或中止相关股东在股东大会上的投票权。[②]

老挝《企业法》还规定：不论以货币出资还是以实物方式出资，公众公司的股东均须在公司成立当日完成出资；当公众公司完成企业注册后，股东将不得向法院申请撤股／撤资。同时规定公众公司的股份每股价值不得高于10万基普。[③]

（三）股权转让管理

股权转让将使企业资本发生聚合或分散。老挝法律不允许转让某些股份，对允许转让的股份则设有相应的条件。老挝《企业法》第45条规定：普通股份制企业的股份价值无需等同，各股东按规定完成出资后，企业须按出资比例为各股东开具股票，但股票不得转手。[④]第50条规定：除另有商定外，普通股份制企业不得接收新股东，各股东之间不得相互转让股份。如果另有商定允许接收新股东或转让股份，必须得到全体股东的一致同意；接收新股东可以通过转让股份给外部人

---

①《老挝企业法（修正）》（老文）（第102条），万象：老挝国会，2013年12月26日，第53页。

②《老挝企业法（修正）》（老文）（第103条），万象：老挝国会，2013年12月26日，第53-54页。

③《老挝企业法（修正）》（老文）（第188条），万象：老挝国会，2013年12月26日，第98页。

④《老挝企业法（修正）》（老文）（第45条），万象：老挝国会，2013年12月26日，第24页。

员或通过外部人员购买新发行股份的方式进行；决定接收新股东或转让股份的，必须在做出决定后5个工作日内通报相应的企业注册办公室。当普通股份制企业因转让股份或其他原因仅剩下1名股东时，将导致上述普通股份制企业被解散。①

与普通股份制企业不同，有限责任股份制企业中负有限责任的股东可以在不经得其他股东同意的情况下转让股份，但上述股份转让只有在通报并变更企业注册登记证内容的情况下才会对外部人员有效。②老挝企业法没有对有限责任股份制企业中负无限责任的股东转让股份做出规定。

老挝公众公司的股票可以转手和转让。转手和转让在老挝法律用语上是有区别的。转手是直接将股票交给他人，股票上注明的持股人姓名、国籍等信息不发生变化；转让需要办理相关手续，股票信息内容会发生变化。《企业法》第190条规定：公众公司的股份可以在内部或对外转让，当转让人在股票上背书并将股票交给受让人后视为完成股票转让，背书包含转让人姓名及有关当事人的姓名和签名。③

有限责任公司的股份同样可以转让。《企业法》第109条规定：有限责任公司的不记名股份可通过授予股票的方式转让；记名股份的转让只有符合以下条件方能进行：（1）符合有限责任公司章程中规定的股份转让限制条款；（2）不违背法律规定的禁止股份转让的条款；（3）依法获得股权转让；（4）制成书面文件，且上有转让人、受让人的姓名和签名以及转让人、受让人各方至少一名见证人的姓名和签名，同时注明所转让股票的编号；（5）进行转让登记。向外部人员转让的，须优先出售给公司的其他股东；转让登记时须同时登记受让人的姓名和住址。而如果上述记名股份没有足额出资，总经理有权拒绝对股份进行转让登记。④

（四）出资变化管理

上述股权转让虽然使资本情况发生了变化，但并没有使资本总额因此发生

①《老挝企业法（修正）》（老文）（第50条），万象：老挝国会，2013年12月26日，第27页。

②《老挝企业法（修正）》（老文）（第77条），万象：老挝国会，2013年12月26日，第41页。

③《老挝企业法（修正）》（老文）（第190条），万象：老挝国会，2013年12月26日，第99页。

④《老挝企业法（修正）》（老文）（第109条），万象：老挝国会，2013年12月26日，第57–58页。

变化。注册资本发生改变是企业资本情况发生变化的直观反映。老挝企业法只对有限责任公司增减注册资本进行明确，而未提及个人企业和股份制企业增减资问题，投资法中也没有这方面的规定。

《企业法》第115条规定：有限责任公司可通过增加股份数量或增加每股价值来增加注册资本，增加注册资本必须按本法第149条规定经得股东大会特别决议的同意。[①]如果以增加股份数量的方式来增加注册资本，在增发股份时需按以下优先顺序执行：（1）按各股东的持股比例向公司股东增发。要以书面形式通知全体股东并注明须做出答复的时限，在规定时限内不答复或答复时间超过规定时限的，视为放弃增发股认购权利。（2）在规定时限到期（有股东不做答复）或有股东答复称不购买自己比例份额的股份后，出售给有意购买的公司其他股东。（3）按上述第二款向公司其他股东出售后余下的股份，总经理有权购买。（4）出售给外部人员。[②]

第117条规定：有限责任公司可通过减少每股股份价值或减少股份数量来减少注册资本。但减少注册资本必须满足以下条件：

（1）降价后每股股份价值不得低于2000基普；

（2）减少后的注册资本不得低于原注册资本金额的一半，且不得低于本法第25条第三款[※]规定的相关行业对注册资本的要求；

（3）减少注册资本只有按本法第149条规定作出特别决议的情况下方可实施；

（4）有限责任公司的债权人不反对上述减少注册资本。[③]

另外，老挝《企业法》允许普通股份制企业的股东根据股东之间的商定把所有权归自己的资产用于企业某一项业务的经营活动。这部分资产的使用、（债务）责任及分红，由各股东自行商定。[④]

---

①《老挝企业法（修正）》（老文）（第115条），万象：老挝国会，2013年12月26日，第61页。

②《老挝企业法（修正）》（老文）（第116条），万象：老挝国会，2013年12月26日，第61页。

※该款内容为："对于某些必要的经营类别，相关部门有权规定最低注册资本金额作为企业注册的条件，但必须经得政府的许可。"

③《老挝企业法（修正）》（老文）（第117条），万象：老挝国会，2013年12月26日，第62页。

④《老挝企业法（修正）》（老文）（第44条），万象：老挝国会，2013年12月26日，第24页。

第四节　企业组织与运作

外国投资者在老挝无论以独资、股份制合资还是以合同制联营的方式从事投资，其企业类型只能是私营和联合两种。私营企业可按照老挝《企业法》第Ⅲ、Ⅳ、Ⅴ部分所规定的企业形式和模式开展经营活动，即可以成立个人企业、股份制企业或公司来开展自身经营活动；联合企业可按《企业法》第Ⅶ部分开展经营活动，即非政府方（国内或外国）在国有企业中持股或政府方在非政府方的企业中持股。在联合企业中，外国投资者在老挝国有企业中持股的，持股比例不得超过50%，企业的组织运作按国有企业运作模式进行；政府方在外商投资企业中持股的，按私营企业（个人企业、股份制企业或公司）运作模式进行。因此，本节及下节按三种不同企业形式分别进行论述。

一、个人企业的组织与运作

外国投资者设立的个人企业属于外商独资企业。由于个人企业仅有企业主一个人进行投资并单独对企业债务负无限责任，故个人企业不设董事会、监事会、股东大会等机构，设经理职位，实行经理负责制。企业主可亲自担任经理和自行管理经营业务，也可聘请他人出任经理代为管理。聘请经理要签订经理聘用合同。老挝《企业法》第35条规定：经理聘用合同须按老挝《合同暨非合同关系法》的规定以书面形式存在，合同内容应详细规定缔约双方的权利、义务、佣金、责任、合同的解除等内容；企业主、经理和外部人员之间的关系按相关法律执行。[①]经理可以只有一人，也可以是多人。有多名经理的，企业主应指定其中一人担任总负责人，只有该负责人有权代表企业与外部签订合同，该负责人可称为“总经理”。上述规定对股份制企业和一人有限责任公司的经理同样适用。

个人企业的经理根据与企业主之间的商定获得酬金，在企业主的监管下按

①《老挝企业法（修正）》（老文）第35条，万象：老挝国会，2013年12月26日，第19页。

合同和企业章程规定的职权开展工作，也可将自己的工作交给其他个人去做。[①]无论企业主自己担任企业经理还是聘请他人担任，企业的最终决策权都归集到企业主本人。企业主有权单独决定企业利润的使用和企业其他重大问题的处置，同时需要按照老挝《会计法》规定持有账簿、向政府缴纳各项税费和履行法律规定的其他义务。企业主或者其授权的代表必须在老挝常住并全面履行投资程序。个人企业的经营活动如违反企业章程和超出投资许可证、企业注册登记证的许可范围，老挝投资管理机构有权暂停企业活动或予以解散。

二、股份制企业的组织与运作

与个人企业不同，股份制企业有股东和股东大会，但同样不设董事会，企业日常业务管理由经理负责，重大事务由股东大会讨论决定。普通股份制企业的全体股东对企业负无限债务责任；有限责任股份制企业里的普通股东对企业负无限债务责任，有限债务股东只按自己的出资比例对企业债务负相应有限责任。但无论普通股东还是有限债务股东均须对有限责任股份制企业成立期间产生的债务负无限责任。[②]如老挝《企业法》第78条规定，除非获得全体普通股东的任命，否则有限债务股东无权像普通股东那样担任有限责任股份制企业的经理；如果有限债务股东未经任命而以经理身份开展活动，必须对因此给企业和外部人员造成的损失负无限责任；但如果其他股东支持、认同或授权这么做，或已获知上述行为而不表示反对，有限责任股份制企业将与当事人共同对外部人员造成的损失负责。有限债务股东在上述情形下参与有限责任股份制企业的管理，有限债务股东只对外部人员负无限责任，对企业债务负有限责任的情形不变。[③]

还有一种情形会导致有限债务股东必须对外部人员负无限责任。《企业法》第79条规定：有限责任股份制企业的名称来自于普通股东的名或姓。如果有限债务股东间接或直接允许有限责任股份制企业使用自己的名字，将和普通股东一

①《老挝企业法（修正）》（老文）（第34条），万象：老挝国会，2013年12月26日，第19页。

②《老挝企业法（修正）》（老文）（第74条），万象：老挝国会，2013年12月26日，第40页。

③《老挝企业法（修正）》（老文）（第78条），万象：老挝国会，2013年12月26日，第41–42页。

样对外部人员承担企业债务的无限责任，自己向企业负有限债务责任的情形不变。[①]当股份制企业的债权人在向负债企业讨还债务而企业没有给予清偿时，有权向各股东讨还。各股东可以就各人对股份制企业的债务和亏损所承担的比例份额达成决定，但该决定对外部人员无效。股东只对因以下活动产生的企业债务负责：（1）经理或其他股东按股份制企业章程履行任务而发生的债务；（2）为实现企业宗旨执行某一任务而产生的债务且这一行为得到全体股东的认可。[②]

股份制企业的股东除负有相应的债务责任外，还被禁止从事某些活动。《企业法》第51条规定：各股东禁止从事一切与本企业构成竞争的业务。构成竞争的业务包括：（1）以个人名义从事与股份制企业宗旨相似的业务；（2）以他人名义从事与股份制企业宗旨相似的业务，如在其他企业中担任经理、总经理；（3）成为其他股份制企业负有无限债务责任的股东。违反上述规定的，企业有权向当事股东索要其从事禁止的业务或行为所取得的全部利益，或起诉要求解散股份制企业。[③]当然，上述禁止事项如果获得其他股东一致同意，或某一股东的上述行为和业务活动发生在其本人入股之前且其他股东并不反对，将被豁免。[④]

由前述可知，没有普通股东的授权，有限债务股东是不得参与有限责任股份制企业管理的，否则须对相应的后果负责。但有限债务股东有权选举或罢免经理，按出资比例或规定获得分红，根据任命可以担任企业清算的负责人，有权对修改企业章程或解散企业进行投票表决。有限债务股东行使这些权力不视为参与企业管理。

老挝《企业法》还规定，普通股份制企业的全部股东、有限责任股份制企业的全部普通股东可以同时成为企业经理，也可以任命其中一名或多名股东出任经理。通常情况下，有限责任股份制企业的有限债务股东不得担任企业经理。“除非另有商定，经理履行自身职责没有工资和津贴。经理可以由外部人员担任，由

①《老挝企业法（修正）》（老文）（第79条），万象：老挝国会，2013年12月26日，第42页。

②《老挝企业法（修正）》（老文）（第53条），万象：老挝国会，2013年12月26日，第29页。

③《老挝企业法（修正）》（老文）（第51条），万象：老挝国会，2013年12月26日，第28-29页。

④《老挝企业法（修正）》（老文）（第52条），万象：老挝国会，2013年12月26日，第29页。

外部人员担任的经理将根据各股东的商定取得工资和津贴。”[①]任命或解除股份制企业经理职务必须得到全体股东的一致同意，另有约定的除外。股东投票表决时采取一人一票的方式进行，被任命或解除经理职务者无投票权。[②]经理是股份制企业和其他股东的代表，为了企业利益应充分、忠实履行职责并可以聘用外部人员来帮助处理某一项自己负责的业务。如果是多名股东同时担任企业经理，企业决策将按票数多少、以少数服从多数的原则，或按照企业章程中规定的某一方法进行。投票表决同样采取一人一票制。如果股份制企业只有一名经理，该经理将有权单独管理企业，除非另有限制条款。“上述限制条款如果没有在企业注册卷宗里做出规定，对外部人员将是无效的。”[③]

股份制企业可以并入其他另一家或多家股份制企业中，使之成为原有的某家股份制企业或变成新的股份制企业。股份制企业的合并必须符合以下条件：（1）必须经得拟合并企业的股东大会的一致同意，另有商定的除外；必须在股东大会通过合并决议之日起10个工作日内通报相关企业注册办公室。（2）必须在通过合并决议之日起10个工作日内向某一合适的媒体发布合并公告，使债权人知悉，以便债权人看到公告并在公告发布之日起60日内提出反对意见，而债权人并未反对或在上述规定的时间内不作回复。（3）注册新的企业。[④]

三、公司的组织与运作

老挝法律规定的三种企业形式中，公司可以说是最高级别的形式，也是外商采用最广泛的投资形式。在公司三种模式里，有限责任公司和公众公司设有董事会和股东大会，一人有限责任公司则不设。除此之外，三种公司模式的组织运作有许多共同之处，因此《企业法》里的许多条款同时适用于有限责任公司、公众

①《老挝企业法（修正）》（老文）（第46条），万象：老挝国会，2013年12月26日，第25页。

②《老挝企业法（修正）》（老文）（第47条），万象：老挝国会，2013年12月26日，第25页。

③《老挝企业法（修正）》（老文）（第48条），万象：老挝国会，2013年12月26日，第26页。

④《老挝企业法（修正）》（老文）（第186条），万象：老挝国会，2013年12月26日，第97页。

公司和一人有限公司※。

（一）公司成立大会

公司要想进行企业注册登记必须先行召开公司成立大会。公司在向企业注册办公室提交公司成立合同后，应在规定的时间内寻找认股人，之后才能召开公司成立大会（公众公司还需要认股人完成出资后才能召开）。公众公司成立大会要求在公司总部所在的县或省召开，与会发起人、认股人出席且代表全部股份的2／3以上。公司成立大会的主要权利和任务是：（1）通过公司章程；（2）确认和通过公司成立合同和与公司成立有关的、发起人与第三方签署的协议，包括发起人成立公司费用方面的协议；（3）决定普通股和优先股（如有）；（4）选举公司第一届总经理。有限责任公司在召开成立大会前10个工作日，发起人必须向各认股人送去有关公司成立和各认股人名册、住址、认股数量等资料。[①]公司成立大会形成的决议必须获得发起人和认股人半数以上赞成并代表认股总数一半以上股份方为有效。成立大会的表决采取一股一票制，发起人或认股人在涉及自己利害关系的事宜上没有表决权，但选举总经理除外。

选举总经理是公司成立大会的重大事项，总经理产生后公司发起人应向其移交公司全部工作并由其办理企业注册。如果企业注册办公室拒绝进行企业注册，总经理必须在自被拒绝之日起3个月内向股东退还全部出资资本。3个月内没有全部退还的，除非能证明自己在注册企业和退还出资过程中并无过错，否则总经理必须将未退还的出资资本全部退还并按同期银行利率支付利息。[②]

发起人在公司成立大会上扮演重要角色，是大会的召集人。公司发起人可以是个人或法人，但不是公司的代表且必须至少持有1股股份。有限责任公司至少

※例如《企业法》第183条规定：除第V部分第2章J节的条款外，一人有限公司增资或减资、财务、账簿审计、合并、解散与清算等，遵照有限责任公司相关条款执行。第195条规定：除本法第V部分第3章规定的条款外，企业注册申请书的提交、公司发起人的责任、增资或减资、总经理、董事会、股东大会、财务、账簿审计、清算，参照有限责任公司的规定条款执行。

①《老挝企业法（修正）》（老文）第95条，万象：老挝国会，2013年12月26日，第50页。

②《老挝企业法（修正）》（老文）第98条，万象：老挝国会，2013年12月26日，第51页。

要有2名发起人，公众公司则至少要有9名发起人。老挝《企业法》规定公众公司发起人负有以下职责：向企业注册办公室提交公司成立合同并在提交合同后90日内、认股人完成出资后召开公司成立大会。如果无法在规定的时间内召开，发起人必须在自决定延期之日起10个工作日内通报企业注册办公室；延期召开的大会必须在自通报企业注册办公室之日起30日内召开，如果无法在规定时间内召开，则成立公司的合同被废除，公众公司发起人须向认股人退还全部股金。[①]

（二）总经理

老挝法律对“总经理”（Phu am noe kan）一词的定义，和“经理”（Phu zat kan）一词一样不够明确。在汉语或英语中，同一企业里的“总经理”、“经理”仅有一人，是与副职相对应的，老挝语中这两个词虽然也可以理解为与副职相对的正职，但老挝《企业法》中却从未出现过“副总经理”（Hong Phu am noe kan）或“副经理”（Hong Phu zat kan）一词。从实践上看，法律语境下老挝公司里的“总经理”与股份制企业里的“经理”的角色作用十分接近[※]，都是企业的负责人，都可以不止1人，2人以上都要指定一名总负责人，都没有与之相对应的副职，因此可视该两词为包含了正职和副职在内的集体人称代词。

老挝《企业法》规定，第一任总经理由公司成立大会选举产生，之后由股东大会选举产生，介于两次普通股东大会之间出现总经理空缺的由董事会任命。如果公司不设董事会，需在公司章程中对上述任命做出规定。总经理每届任期2年，可重新当选；接替被解职者的总经理的任期，为被解职者余下的任期。[②]总经理的人数可在公司章程中做出规定，也可由股东大会决定。投票选举或罢免总经理采用累积投票法或直线投票法。以累积投票法选举产生的总经理，在罢免时必须至少得到与选举时相同的票数；直线投票法用于只有一名总经理的选举，以一股一票计算，获半数以上票数者当选，罢免采取与选举时相同的办法。[③]无论

①《老挝企业法（修正）》（老文）（第56条），万象：老挝国会，2013年12月26日，第30页。

※因此有人把“Phuamnoekan”译成“经理”（Phuzatkan），看来并无不妥。

②《老挝企业法（修正）》（老文）（第125条），万象：老挝国会，2013年12月26日，第67页。

③《老挝企业法（修正）》（老文）（第124条），万象：老挝国会，2013年12月26日，第66页。

以何种方式产生的总经理，其解职均由股东大会作出。只要理由充分或缺乏对其信任，公司可随时解除总经理的职务，但股东或董事会无权向法院起诉要求解除总经理职务，除非违反《企业法》及公司章程规定的总经理选举、罢免程序。①总经理可因下列原因之一而离职：（1）任期满；（2）股东大会通过决议罢免；（3）法院判决；（4）死亡、破产、缺乏行为能力、辞职，以及缺少《企业法》第122条规定的成为总经理的条件。②总经理离职并选出接任者后，公司须在选出新总经理后10个工作日内通报企业注册办公室以便办理注册变更；只有进行注册变更登记后，该人事变更才对外部人员有效。总经理辞职自公司收到总经理辞职书之日起生效。

《企业法》第121条规定：总经理是公司的代表，可以是股东也可以不是；公司须对总经理的姓名、住址、持股情况等信息登记造册并妥善保存。总经理、公司、外部人员之间的关系按有关法律执行。除非外聘或另有规定，不然总经理是没有月工资的，但可根据股东大会决定获得年度津贴、每次会议的补助金。公司设有多名总经理的，仅其中一名有权代表公司与外部人员签订协议，该总经理称为"总裁"。如果董事会主席被选举为总裁，则称"理事长"。③

总经理履行职责有两种性质：一是以公司代表的名义履行职责，二是履行专门职责。以公司代表的名义履行职责按相关法律规定执行。履行专门职责包括：（1）按公司成立合同、章程和股东大会决议管理公司业务；（2）吁请认股人按时、按数量出资股份；（3）按照公司宗旨和意图来管理、使用公司资产；（4）安排（公司）会计制度，保管公司所有文件；（5）与审计人员进行配合，解释资金来源，确保在提交股东大会审议前资产统计表里的数据信息是正确的；（6）将资产统计表复印件送交各位股东，并保留部分复印件以便不记名股东需要时查阅；（7）正确、合理地分红；（8）管理和任用公司职工；（9）向公司通报自己在公司各类合同中的利益关系，或自己在本公司、集团公司的会计年度

①《老挝企业法（修正）》（老文）（第123条），万象：老挝国会，2013年12月26日，第65－66页。

②《老挝企业法（修正）》（老文）（第132条），万象：老挝国会，2013年12月26日，第71页。

③《老挝企业法（修正）》（老文）（第121条），万象：老挝国会，2013年12月26日，第64页。

中持股变化情况。[①]

《企业法》第128条明确：总经理的一切工作活动必须符合公司章程中规定的权责范围，处于股东大会的监管之下；禁止总经理从事与公司具有竞争性质的业务。总经理违反公司宗旨、章程，履行职责超出授权范围，或不履行职责的，应对自己的行为负责。对总经理违规行为的处罚，须在公司章程中予以规定。如果公司不按规定对总经理采取处置措施，持有公司4%以上已出资股份的某一位或多位股东可致函公司要求进行处罚和停止违规行为；公司对其不采取措施或采取的措施不合理，上述股东有权提起诉讼以便法院裁决处罚和下令停止上述违规行为。[②]总经理能够证明自己与这些违规行为无关，或对上述违规已表示反对并在会议文件中有所体现的，则可免除责任。[③]股东需退还因总经理违反公司章程而为自己发放的（那部分）款项。股东大会决议认可总经理违规行为的，公司须对总经理的违规行为向外部人员负责。同时，公司必须对总经理违反职责权限但不违反公司宗旨的行为向外部人员负责；在此情形下，公司与总经理之间的内部责任根据有关法律执行。[④]违反公司章程选举产生的总经理或总经理不符合某些条件的，不能成为公司逃脱应向外部人员负责的理由。[⑤]

（三）董事会

董事会是按公司章程设立并由全体董事组成的业务执行机关，是负责执行股东大会决议的常设机构。老挝《企业法》规定，有2名以上总经理的公司可组成董事会，资产超过500亿基普的公司必须设立董事会。[⑥]董事会的法定人员由董事会自行决定，但必须不少于总经理人数的一半；如果总经理人数只有2人，董事

①《老挝企业法（修正）》（老文）（第129条），万象：老挝国会，2013年12月26日，第69页。

②《老挝企业法（修正）》（老文）（第128条），万象：老挝国会，2013年12月26日，第68页。

③《老挝企业法（修正）》（老文）（第126条），万象：老挝国会，2013年12月26日，第67页。

④《老挝企业法（修正）》（老文）（第127条），万象：老挝国会，2013年12月26日，第8页。

⑤《老挝企业法（修正）》（老文）（第131条），万象：老挝国会，2013年12月26日，第71页。

⑥《老挝企业法（修正）》（老文）（第134条），万象：老挝国会，2013年12月26日，第72-73页。

会必须是2人组成。[①]某一总经理职务空缺但董事会仍符合法定人数的，董事会仍可继续开展工作；当某一总经理职务空缺导致董事会构成无法满足最低人数要求时，董事会不得继续开展工作，直至增加新的总经理使人数达到要求。

董事会必须设董事长，可设副董事长。董事长和副董事长从总经理中产生。董事长是董事会和股东大会的组织者，按公司章程授予的权责开展其他工作。副董事长是董事长的助手，执行董事长授予的任务。董事长因事不能参加董事会会议或股东大会的，必须指定副董事长代行会议主席职责；如果不设副董事长或副董事长也因事无法参加会议，则投票选举某位总经理担任本次会议的主席。不设董事会的公司的股东大会，投票选举某位总经理担任当次会议的主席。[②]

董事会是协调各位总经理业务关系、调整总经理工作的中心，按公司章程规定的原则、方法，通过向各总经理分派工作的方式开展工作。如果公司章程中没有这方面的规定，则董事会按《企业法》第136—139条的规定开展工作。[③]董事会负责在两次股东大会之间任命空缺的总经理，制定公司管理计划以提交股东大会审议通过，行使公司章程中规定的其他权利和职责。[④]

董事会通过召开董事会会议来研究决策公司重大事项和紧急事项。任何一位总经理均可召集董事会会议。非经其他总经理一致同意，总经理必须本人亲自与会、不得委派他人代为参加，代为参加者或曰代表有权发表意见但不具投票表决权。如有必要，董事会可以通讯方式召开称为“非正式会议”的会议。[⑤]每一次董事会会议均须形成会议纪要或会议报告。会议纪要保存在公司总部，股东可以查阅和审查，涉及公司商业机密或竞争战略的除外。董事会会议形成的决议，只有得到与会总经理半数以上同意方为生效，总经理一人一票。董事长如果兼任总经理职务，具有与其他总经理同样的投票权；如果赞成票和反对票各占一半，由董事长再投一票

①《老挝企业法（修正）》（老文）（第136条），万象：老挝国会，2013年12月26日，第73-74页。

②《老挝企业法（修正）》（老文）（第137条），万象：老挝国会，2013年12月26日，第74页。

③《老挝企业法（修正）》（老文）（第134条），万象：老挝国会，2013年12月26日，第72-73页。

④《老挝企业法（修正）》（老文）（第135条），万象：老挝国会，2013年12月26日，第73页。

⑤《老挝企业法（修正）》（老文）（第138条），万象：老挝国会，2013年12月26日，第74-75页。

以做出裁决。另外，与决议有利害得失关系或直接利益关系的总经理不得投票表决，采取某种通信方式进行的非正式会议的表决方法要在公司章程中予以规定。①

（四）股东大会

股东大会既是一种定期或临时举行的、由全体股东出席的会议，又是非常设的公司制企业的最高权力机关，对公司重大事项进行决策。老挝《企业法》规定：公司股东大会是公司的最高组织机构，股东大会分为普通大会和特别大会两种。普通大会每年至少召开1次，大会召开时间在公司章程中做出规定。特别大会可在认为有必要的情况下随时召开，比如出现审计师空缺的时候。特别大会可在下述情形下召开：（1）超过半数以上的总经理同意召开；（2）股东向法院起诉，法院判令召开；（3）持有20%以上已出资股份的股东要求召开。在第3种情形下召开特别大会的，有关股东必须联名向董事会或总经理提交申请，说明要求召开大会的目的；董事会或总经理自收到申请之日起，必须在30日内召开特别股东大会。②

无论普通大会还是特别大会，董事会或总经理必须在会议召开前5个工作日通知全体股东，通报大会召开、闭幕的时间地点并发放与大会相关的必要文件。股东大会必须在公司总部召开，必须更换场所或另有规定的除外。超过预定时间2小时后与会人数还不满法定人数的，大会主席可下令推迟大会。重开大会应在推迟之日起10个工作日内进行而无须达到法定人数。③如果推迟股东大会，董事会或总经理也须提前5个工作日通知全体股东。通知股东的方式可以（把通知）直接送达或通过合适的通讯方式进行。④

老挝企业法对公司股东大会法定人数作了要求。该法第143条规定：公司必须在公司章程中规定股东大会的法定人数和会议规程。如果公司章程没有做出规定，则法定人数至少2人且代表已出资股份的一半以上。无效的转让股不作为股

①《老挝企业法（修正）》（老文）（第139条），万象：老挝国会，2013年12月26日，第75页。

②《老挝企业法（修正）》（老文）（第141条），万象：老挝国会，2013年12月26日，第77页。

③《老挝企业法（修正）》（老文）（第145条），万象：老挝国会，2013年12月26日，第79页。

④《老挝企业法（修正）》（老文）（第142条），万象：老挝国会，2013年12月26日，第78页。

东大会法定人数的基数，即便无效转让股的股东出席大会。[①]

股东在以下情形中将被限制投票表决权：（1）公司章程中规定的；（2）尚未对股份出资的股东（另有规定的除外）；（3）不记名股东，除非股东大会召开前该股东向大会主席或总经理出示不记名股票；（4）与投票表决事项有利害关系或直接利益的股东。关于第4点，可由股东大会自行决定。[②]另外，优先股股东在分红和购买内部股份时虽然比普通股东具有优先权，但却没有总经理选举的投票表决权。

股东大会原则上由股东本人出席，也可书面授权某人代表自己出席。书面授权书在大会召开前提交董事会或总经理，授权书内容应包括：（1）代表人和授权人的姓名；（2）授权的股份数量；（3）大会的名称、时间和地点，授权的范围。如果涉及投票表决，还要写明代表人在这一项上的权利。除另有规定外，代表人拥有的票数等于授权人的票数。[③]

股东大会的议程不得随意修改，大会主席必须按大会议程顺序主持会议，只有超过半数的与会股东同意时方可改变议程的顺序；增加大会议程必须由持有1/3以上已出资股份的股东提出；当某个议题需要更多时间讨论时，大会可决定将该议题推迟到某一天商议而无须重新召集大会。

普通股东大会具有下列权利和任务：1）通过有限责任公司章程和公司成立合同；（2）选举总经理或董事会；（3）选举账簿审计师；（4）决定总经理的年薪、会议津贴或月工资；（5）决定员工工资、账簿审计师和其他工人的聘金，如果审计师由法院任命，则由法院确定审计师的聘金；（6）通过公司业务经营总结报告、收入账、支出账和经营计划；（7）通过分红方案；（8）履行其他认为必要的权利和任务。[④]

公司股东大会的决议分为普通决议和特别决议两种，表决可根据每次大会决定采取秘密或公开方式进行。普通决议在一股一票制下获得与会半数以上票数即

---

①《老挝企业法（修正）》（老文）（第143条），万象：老挝国会，2013年12月26日，第78页。

②《老挝企业法（修正）》（老文）（第146条），万象：老挝国会，2013年12月26日，第80页。

③《老挝企业法（修正）》（老文）（第147条），万象：老挝国会，2013年12月26日，第80页。

④《老挝企业法（修正）》（老文）（第154条），万象：老挝国会，2013年12月26日，第83-84页。

生效。特别决议的表决，必须提前5个工作日通知全体股东，必须获得与会股东或股东代表2／3以上多数票且代表80%以上已出资股份方可生效。为审议特别决议而举行的股东大会可以召开一次或多次。在投票表决后，须在自通过表决之日起10个工作日内将上述特别决议拿到相关企业注册办公室进行登记。必须以特别决议进行表决的问题包括：

（1）《企业法》中规定的问题的表决；

（2）变更公司章程或成立合同；

（3）增资或减资；

（4）合并或解散公司；

（5）出售、转让公司全部或部分重要业务；

（6）购买或受让其他企业的业务；

（7）当股东人数超过30人而欲保持有限责任公司地位时（针对有限责任公司）。①

股东大会决议一旦生效只有法院有权判决予以废除。《企业法》规定，公司股东和总经理有权请求法院判决废除股东大会决议；当某一股东死亡或丧失行为能力时，其继承人或监护人也有权请求法院废除股东大会决议。股东请求废除决议必须在股东大会通过决议之日起60日内提出。②老挝企业法立法体现了保护少数方利益的原则。该法第151条规定：当股东大会决议给公司带来巨大损失时，公司应当按照事先商定对那些在股东大会上投票反对该决议的股东进行补偿。

需要指出的是，成立合同和公司章程在公司组织与运作方面有着重要作用。特别是公司章程，对公司股份、股东、总经理、董事会、股东大会等作了规定。另外，有限责任公司、公众公司的合并条件与股份制企业的合并条件一样，只是对合并时间的要求不同。对于股份制企业和有限责任公司，只规定在向媒体公布合并决议后60日内没有股东或债权人反对便可实施合并，但公众公司合并时除需符合这一规定外，还要求自通过合并决议之日起150日内完成合并。

①《老挝企业法（修正）》（老文）（第149条），万象：老挝国会，2013年12月26日，第81–82页。

②《老挝企业法（修正）》（老文）（第153条），万象：老挝国会，2013年12月26日，第83页。

第五节　企业解散与清算

解散是企业基于一定事由而使企业消失的法律行为，是企业进入存续最后阶段的重大事件。无论何种原因导致企业解散，都必然要进入清算程序。清算是终结企业的法律关系、消灭企业法人资格的行为，是依照法定程序清理企业债权债务、处理企业剩余财产并最终终止企业法律人格的法律制度。老挝《企业法》对三种不同企业形式的解散与清算分别作了规定。

一、个人企业的解散与清算

老挝企业法对个人企业解散与清算的规定十分简单，只列出了解散个人企业的情形和清算方法，没有展开说明或进行解释。该法第36条规定：出现以下情形的，个人企业将被解散：（1）企业主决定解散；（2）法院判决解散；（3）企业倒闭；（4）企业主死亡或丧失行为能力而无继承人。个人企业被解散后，企业主可自行清算或任命外部人员代为清算；但由法院判决解散或企业倒闭而解散的，必须由法院任命清算员。[①]

二、股份制企业的解散与清算

股份制企业的解散有三大原因：股东们决定解散、法院判决解散和法律原因解散。经全体股东一致同意后，股份制企业可解散。当某一股东有意解散企业却得不到全体股东一致赞成时，还可向法院提请解散，但必须有充足的理由。老挝《企业法》第60条规定：出现以下情形之一，某位股东可请求法院判决解散企业：（1）企业经营亏损且无法解决亏损问题；（2）因不可抗力导致企业无法继续经营；（3）自己被骗入股或被强迫成为股东；（4）某位股东正在故意违反股

①《老挝企业法（修正）》（老文）（第36条），万象：老挝国会，2013年12月26日，第19页。

东合同或企业章程，或因疏忽大意，给企业造成严重损害。[①]出于法律原因而解散股份制企业的情形包括：（1）按合同或企业章程的规定解散；（2）企业只剩下1名股东；（3）某位股东死亡、破产、无行为能力，另有约定的除外；（4）按《企业法》第Ⅱ部分第2、3章的规定[※]解散。[②]

股份制企业不管什么原因解散，都需要在解散原因出现后10个工作日内向企业注册办公室通报实施临时解散。[③]临时解散会产生以下影响：股东被暂停向企业请求分红的权利；股东们对未清算股份应负的责任被免除；暂停清算工作，企业须负责的债务要予以清偿；企业无权开展经营活动，但可保留法人地位直至收到解散通知和被永久注销企业，以便继续一些未完成的工作和进行清算。[④]

宣布解散股份制企业后，各股东可按照企业章程规定或股东之间的商定来决定资本分配和清算方法。但如果因倒闭、法院判决和只剩下1名股东而导致企业解散则不得采取这种方式进行，只能由法院任命清算员。因某一股东死亡而解散的企业，死亡股东的继承人有权成为清算员；如果其有多名继承人，可任命其中一人为代表。企业的清算可以由经理或全体股东共同担任清算员，也可以任命某位股东或外部人员担任清算员，但任命必须获得全体股东的一致赞成。如果任命清算员的股东表决达不到这一要求，各股东可请求法院任命。采取什么样的方式任命清算员，其解职也采取同样的方式。[⑤]获任命后的清算员因某种原因如死亡或丧失行为能力而无法履行任务时，由全体股东担任共同清算员，直到任命新的清算员为止。企业须在任命、解除清算员和清算任务结束之日起10个工作日内向

①《老挝企业法（修正）》（老文）（第60条），万象：老挝国会，2013年12月26日，第31-32页。

※指企业没有正确注册，或没有正确使用企业名称和企业注册证。

②《老挝企业法（修正）》（老文）（第61条），万象：老挝国会，2013年12月26日，第32页。

③《老挝企业法（修正）》（老文）（第58条），万象：老挝国会，2013年12月26日，第31页。

④《老挝企业法（修正）》（老文）（第62条），万象：老挝国会，2013年12月26日，第33页。

⑤《老挝企业法（修正）》（老文）（第64条），万象：老挝国会，2013年12月26日，第33-34页。

公众公布任命、解除清算员和清算任务结束事项。[①]

遭解散企业的清算员具有以下权利和任务：

（1）在导致企业解散的原因出现之日起10个工作日内向企业债权人书面通知企业解散事宜并在合适的媒体上予以公布，以便公众知悉和债权人提交申报债权的文件；

（2）汇总企业全部财产，制作资产账簿和资产统计表；

（3）继续企业悬置而未完成的工作；

（4）根据商定获得企业的报酬；

（5）采取措施保护企业资产，讨要债务，出售或转让企业资产；

（6）向审计员提交资产统计表，以获得其证明和认可；

（7）向债权人、股东报告资产统计和各项工作情况，如果清算员由法院任命还须向法院报告；

（8）召集债权人与股东会议，以便通过或表决认为有必要之事项，会议每半年至少召集1次；

（9）执行债权人和股东会议授予的任务；

（10）分期分批向企业注册办公室报告资产统计表；

（11）向债权人清偿债务并把剩余的资产分配给各股东；

（12）以企业的名义调解问题或向法院提起诉讼；

（13）当发现企业资产资不抵债时向各股东报告，如果清算员由法院任命还需向法院报告。若企业无法解决债务问题，即超出清偿能力，清算员可提请法院宣告破产。当法院宣告破产后，须按《企业破产法》规定的程序进行操作。这种情况下，清算员将全部工作移交给资产管理委员会后其权利和任务即告完成。[②]

由多名清算员共同执行清算任务的，采取一人一票、少数服从多数的工作原则，分别授权每名清算员负责不同工作的除外。授权每名清算员负责不同工作，必须自授权之日起10个工作日内通报企业注册办公室。对清算员权利限制的条

①《老挝企业法（修正）》（老文）（第66条），万象：老挝国会，2013年12月26日，第34—35页。

②《老挝企业法（修正）》（老文）（第67条），万象：老挝国会，2013年12月26日，第35—36页。

款，均对外部人员不具效力。[①]

遭解散企业清偿债务和分配资产按以下优先顺序执行：

（1）工人工资；

（2）非来自《合同担保法》中与政府或个人签订合同而产生的政府债务；

（3）有担保的债务；

（4）无担保的债务；

（5）《企业法》第44条第四、五款规定[※]的企业欠各股东的债务；

（6）向股东分配利益或分担亏损；

（7）返还各股东的出资资本。以劳动力出资的将无法返还，除非出资时各股东就此达成决定。[②]

完成清算工作后，清算员还必须：（1）准备资产分配和债务清偿总结报告及说明材料，以便提供给债权人与股东会议及时通过；（2）自完成资产分配和债务清偿之日起10个工作日内向公众公布资产分配和债务清偿明细；（3）将与清算有关的全部文件移交给相关企业，向企业注册办公室进行结束清算的登记。[③]同时，自向公众公布之日起10个工作日内向企业注册办公室报告企业解散，企业注册办公室把上述企业从注册名单上除名并在除名之日起10个工作日内向公众发布公告；企业的法人地位自法院判决永久解散之日起终止。因倒闭或合并而解散的企业无需进行上述解散公告。[④]自法院判决企业永久解散之日起3年之内各股东仍需对企业遗留的债务共同负责。

另外，如果清算员在履行职责过程中因故意或严重疏忽大意给企业造成损失，必须对自己的行为负责。严重疏忽大意是指对应做的事情，或自己知道的错

---

①《老挝企业法（修正）》（老文）（第68条），万象：老挝国会，2013年12月26日，第37页。

※即“允许股份制企业的股东根据股东之间的商定把所有权归自己的资产用于企业某一项业务的经营活动。这部分资产的使用、债务责任及分红，由各股东自行商定。”

②《老挝企业法（修正）》（老文）（第69条），万象：老挝国会，2013年12月26日，第37页。

③《老挝企业法（修正）》（老文）（第70条），万象：老挝国会，2013年12月26日，第38页。

④《老挝企业法（修正）》（老文）（第72条），万象：老挝国会，2013年12月26日，第39页。

误行为，或可能发生的损失漠不关心。[1]

三、公司的解散与清算

导致公司解散的原因与股份制企业相类似，包括法律原因和法院判决，以及由股东决定解散。但由股东决定解散必须召开公司股东大会并按照《企业法》第149条规定通过解散公司的决议，因此由股东决定解散公司的情形与股份制企业有所不同，这一原因也被归入到法律原因中。《企业法》第166条规定：公司被解散的法律原因有：（1）按企业章程的规定解散；（2）公司股东大会按本法第149条规定通过解散决议；（3）破产；（4）按本法第Ⅱ部分第2、3章规定解散。[2]该法还规定：公司总经理或某一位股东有权以下列理由之一提请法院判决解散公司：（1）违反《企业法》关于公司成立的规定或程序；（2）违反公司成立合同或公司章程；（3）公司连续亏损经营且无法解决问题；（4）不可抗力致使公司无法继续经营；（5）只剩下1名股东或股东人数超过30人，《企业法》第90条规定的除外。[3]可以看出，其中第3、4条理由和股份制企业是一样的，另3条理由则不同，而且公司的总经理是可以向法律请求解散公司的，而股份制企业只有股东可以、经理是不允许的。

《企业法》还规定，将被解散的公司要发布临时解散公告，并在出现解散原因后10个工作日内向企业注册办公室通报实施临时解散，公司临时解散的后果与股份制企业临时解散的后果相同；各股东可按公司章程规定或股东之间的商定来决定资本分配或清算方法，但如果因倒闭、法院判决和只剩下1名股东或股东超过30人而导致企业解散则不得采取这种方式进行，只能由法院任命清算员；获任命后的清算员因某种原因如死亡或丧失行为能力而无法履行任务时，应以相同的方式任命新的替代者；公司必须在任命、解除清算员和清算任务结束之日起10个工作日内向公众通报任命、解除清算员和清算任务结束事宜。上述这些规定，除

①《老挝企业法（修正）》（老文）（第71条），万象：老挝国会，2013年12月26日，第38页。

②《老挝企业法（修正）》（老文）（第166条），万象：老挝国会，2013年12月26日，第89页。

③《老挝企业法（修正）》（老文）（第167条），万象：老挝国会，2013年12月26日，第89页。

了“股东超过30人”外，其余与针对股份制企业的规定完全一样。但对于清算员的任命却有较大差别。《企业法》第170条规定：公司清算员的任命或解职必须在公司章程中进行详细规定。如果公司章程没有对此做出规定，则由股东大会投票选举清算员且需得到至少股东或其代表2/3的票数方能出任。清算员必须是自然人，可以来自公司内部或外部。如果按此法选举的清算员达不到规定的票数，与公司有利害关系者有权请求法院任命。[①]此条没有提到能否由全体股东共同担任清算员，而针对股份制企业的条款则没有规定清算员必须是自然人，却又要求任命清算员必须是全体股东一致通过而不是2/3多数就能通过。

总的看来，老挝企业法对公司解散与清算和股份制企业的解散与清算的规定大体相同。再例如《企业法》第173、174条规定：公司清偿和分配债务必须按本法第69条第一至四款规定的优先顺序进行，如果按上述顺序清偿后还剩余资产则应分配给各股东；除第V部分第2章第I节的规定外，公司的清算应参照本法第67条“清算员的权利和任务”、第68条“多名清算员履行职责”、第70条“清算结束后清算员的职责”、第71条“清算员的职责”、第72条“解散公告和永久注销企业”的规定进行。而《企业法》第58至73条的规定都是针对股份制企业的。

①《老挝企业法（修正）》（老文）（第170条），万象：老挝国会，2013年12月26日，第91页。

附：部分注册申请材料的样本

样本1　企业注册申请书

老挝人民民主共和国

和平　独立　民主　统一　繁荣

****

公司注册申请书

——根据2009年7月8日国会以第2号决议通过的《促进投资法》，

——根据2013年12月26日国会以024号决议通过的《企业法》，

——根据________年____月____日通过的关于企业名称的批文，

本人，作为正在请求登记注册的____________________有限责任公司的总经理，

——姓名：

——国籍：

——现住址：________省________县________村________组

——身份证（　）护照——若为外国人（　）号：，签发日期：____/____/____

——电话：　　　　　　　　传真：

现申请按照附件中的相关内容进行企业注册登记，以便成立相应的公司。

本人特承诺：以上各项内容均是事实，若有不实之处，本人愿承担一切法律责任。

请有关企业注册登记办公室依法《企业法》相关规定予以办理为盼。

获授权的总经理或受委托前来办理注册登记

人员的姓名及签字

地点：　　　　　　　　日期：

备注：要求附带的文件包括：

（1）关于成立公司的合同3份；

（2）拟成立公司的章程3份；

（3）关于成立公司的会议的备忘录3份；

（4）办理企业注册登记代理人相关授权书3份；

（5）身份证（　　）护照——若为外国人（　　）复印件3份；

（6）获任的总经理3×4规格的最近三个月内的照片6张，用于贴在企业注册登记证和税务证上。

样本2　企业成立合同

老挝人民民主共和国

和平　独立　民主　统一　繁荣

****

关于成立有限责任公司的合同

——根据2008年12月8日国会以01号决议通过的《合同暨非合同关系法》；

——根据2009年7月8日国会以第2号决议通过的《促进投资法》；

——根据2013年12月26日国会以024号决议通过的《企业法》；

——根据合同各方（发起人）________年____月____日达成的共识，

我们，有限责任公司合同各方（发起人）同意成立有限责任公司，具体内容如下：

第1条　企业名称

根据合同各方（成立者）一致认可，有限责任公司的企业名称将按以下优先顺序进行确定：

第一候选名称：______________________________

——老挝语：____________________，缩写：____________________

——英语（如有）：____________________，缩写：__________________

第二候选名称：______________________________

——老挝语：____________________，缩写：____________________

——英语（如有）：____________________，缩写：__________________

第三候选名称：______________________________

——老挝语：____________________，缩写：____________________

——英语（如有）：____________________，缩写：__________________

第2条　经营目的

公司拟经营以下____类业务：

——____

——____

第3条　公司总部和分支机构地址

有限责任公司的总部地址位于：

——________省________县________村________组________街道______号

——________（楼/房屋号）第________层第______号

——电话：　　　　　　　　传真：

根据本合同，有限责任公司设分支机构处，分别位于：

第一分支机构（名称：）：

——________省________县________村________组________街道______号

——________（楼/房屋号）第________层第______号

——电话：　　　　　　　　传真：

第二分支机构：

第4条　规定资本（注册资本）

有限责任公司的规定资本（注册资本）共____基普，其中：

—货币____基普；

—物资____基普；

——其他（如有须详细列明）基普。

第5条　股份

有限责任公司的股份共计____股，每股价值____基普。

在有限责任公司的所有股份中，有：

——普通股____股；

——优先股____股。

第6条　合同各方（发起人）的名称，地址和国籍

第一方：

——姓名：

——国籍：

——预定的股份数量：____股，占____%，金额____基普；

——现住址：________省________县________村________组________号

——电话：　　　　　　　　　　传真：

（若持股人为老挝籍）

若持股人为外籍，须告知：

+国外住址：

+在老挝的住址：________省________县________村________组________号

——电话：　　　　　　　　　　传真：

第二方：

——姓名：

——国籍：

——预定的股份数量：____股，占____%，金额____基普；

——现住址：________省________县________村________组________号

——电话：　　　　　　　　　　传真：

（若持股人为老挝籍）

若持股人为外籍，须告知：

+国外住址：

+在老挝的住址：________省________县________村________组________号

——电话：　　　　　　　　　　传真：

第三及其他方：

第7条　总经理的债务责任

有限责任公司的合同各方（发起人）决定作为公司持股人的总经理，按以下方式承担公司的债务责任（在相应选项前的括号里打上“√”记号）

——（　　）与公司其他股东那样承担有限的债务；

——（　　）某位总经理不限定地负责公司的债务，具体将在公司章程中做规定。

第8条　合同的变更

关于成立有限责任公司的本合同，在出现以下情形时可以进行变更或废止：

——____

——____

第9条　补充决定

除成立公司之本合同第1至8条规定外，有限责任公司的合同各方（发起人）还就以下内容（如有）达成了一致决定：

——____

第10条　生效

本合同自签字之日起生效。

地点：　　　　　　　日期：

合同各方（发起人）的姓名及签名

第一方：

第二方：

样本3　企业章程

老挝人民民主共和国

和平　独立　民主　统一　繁荣

★★★★★★★★★★★★★★★★★★★★

__________________有限责任公司

章　程

——根据2009年7月8日老挝国会以第2号决议通过的《促进投资法》，

——根据2013年12月26日国会以024号决议通过的《企业法》；

——根据________年____月____日签订的关于成立有限责任公司的合同；

——根据________年____月____日通过的关于企业名称的第号批文，

第一章　总则

第1条　目的

本章程旨在对股份、股东、董事、董事会（如有）的设置，对工人（雇工）管理、利润分配、纠纷的解决、（公司的）破产和清算等做出原则性规定，以作为（公司）经营活动的法律依据。

第2条　企业名称

根据本章程，有限责任公司的名称确定为：

——老挝语：__________________，缩写：________________________

——英语（如有）：____________________，缩写：____________________

第3条　经营目的

公司拟经营以下类业务：

——

——

第4条　总部和分支机构办公地址

有限责任公司的总部地址位于：

——________省________县________村________组________街道______号

——________（楼／房屋号）第________层第______号

——电话：　　　　　　　　　传真：

有限责任公司设分支机构处，分别位于：

第一分支机构（名称：　　　　　　　　　　　）：

——________省________县________村________组________街道______号

——________（楼／房屋号）第________层第______号

——电话：　　　　　　　　　传真：

第二及其他分支机构（如有）：

第二章　股份和股东

第5条　规定资本（注册资本）

有限责任公司规定的股份价值或规定资本（注册资本）总金额为基普，其中：

——物资____基普；

——货币____基普；

——其他（如有须详细列明）____基普。

在上述规定资本（注册资本）总额中，各股东已注资（价值）____基普，其中：

——物资（已全部注资）；

——货币____基普；

——其他（如有须详细列明）____基普。

第6条　股份

有限责任公司的股份总共设____股，每股价值____基普。在有限责任公司的所有股份中，

——普通股股；

——优先股股。

第7条　优先股股东的特权

优先股股东具有以下特权：

——____

当发生以下情况时，优先股股东的上述特权将会随之发生变化或被取消：

——____

第8条　其余股份注资的方式和时间规定

在完成企业注册登记后，有限责任公司各股东必须按以下方式和时间规定对自己余下的未注资股份进行注资：

第9条　转让股份

有限责任公司股份的转让，依照《企业法》第109条规定进行。

有限责任公司记名股票的转让限制如下（如有）：

——____

——____

第10条　公司发起人

有限责任公司发起人的姓名、住址、国籍如下：

第一发起人：

——姓名：

——国籍：

——预定的股份数量：____股，占____%，金额____基普；

——现住址：________省________县________村________组________号

——电话：　　　　　　　　传真：

（若持股人为老挝籍）

若持股人为外籍，须告知：

+国外住址：

+在老挝的住址：________省________县________村________组________号

——电话：　　　　　　　　传真：

第二发起人：

——姓名：

——国籍：

——预定的股份数量：____股，占____%，金额____基普；

——现住址：________省________县________村________组________号

——电话：　　　　　　　　传真：

（若持股人为老挝籍）

若持股人为外籍，须告知：

+国外住址：

+在老挝的住址：________省________县________村________组________号

——电话：　　　　　　　　传真：

第三及其他发起人：

第三章　经营管理

第11条　总经理

有限责任公司的总经理人数限定为____人，其中：

——由股东担任总经理：________人，

——雇用其他人担任总经理（如有）：________人。

第12条　总经理的工资、奖金

有限责任公司决定按以下规定决定经理的工资、奖金（在相应条目前的括号里打上“√”）：

——（　　）没有工资和奖金（如果是股东）

——（　　）有工资或酬金，即：

第13条　总经理的任免

有限责任公司按以下规定（在相应条目前的括号里打上“√”）任免总经理：

——（　　）以累计票数的方式投票进行

——（　　）以普通投票方式进行

——（　　）是以累计票数方式还是以普通投票方式进行，由每一次的股东大会决定。

第14条　董事会

有限责任公司对于董事会的规定如下（在相应条目前的括号里打上“√”）：

——（　　）自成立公司之日起董事会便已产生，其构成包括：

• 董事长（姓名：　　　　　　）

• 副董事长（姓名：　　　　　　）（如有）

- 总经理____人
- 知名人士____人

——（　　）当公司总经理达到两人以上时，根据股东大会决定设立董事会；

——（　　）根据《企业法》第134条的规定成立董事会。

第15条　普通股东大会

有限责任公司普通股东大会每年至少召开________次，其中：

——第一次最迟应于________年____月召开

——第二次最迟应于________年____月召开（如有）

——第三次最迟应于________年____月召开（如有）

第16条　股东大会的会议构成

股东大会的会议构成如下：

——普通大会

——特别大会

第四章　利润分红

第17条　利润分红

有限责任公司对利润分红规定如下：

——____

——____

第18条　其他储备金

除按《企业法》第156条的规定设立储备金外，有限责任公司还决定按以下规定设立其他储备金（如有）：

——____

——____

第五章　纠纷解决，解散和清算

第19条　纠纷的解决

有限责任公司解决纠纷的途径有：

1. 依据老挝人民民主共和国相关法律规定进行；
2. 依据有限责任公司签订的相关合同进行；
3. 依据有限责任公司内部的其他规定进行（如有），即：

——____

第20条　解散与清算

出现以下情形的，有限责任公司将予解散：

——____

当解散时，其清算方式如下：

——____

第六章　补充规定及其组织实施

第21条　注册登记时必须告知的内容或须向公众发布的内容

有限公司同意注册登记时必须告知的内容或必须向公众告知的内容包括：（请在相应选项前的括号里打上“√”）

——（　　）仅同意按《企业法》第24条第二款的规定进行披露；

——（　　）除按以上披露，有限责任公司还允许在注册登记时告知的内容或对外公布的内容有：

第22条　其他补充规定

除上述第1至第21条外，有限责任公司还有以下补充规定（如有）：

第23条　生效

本章程自签字之日起生效。

地点：　　　　　　　　日期：

（获授权的）总经理的姓名和签字

备注：

——有关公司必须按本章程样表填入相应内容，此外也可通过增加章节和条款来增加内容和信息。

样本4 预订企业名称申请书

老挝人民民主共和国

和平 独立 民主 统一 繁荣

****

有限责任公司预订企业名称申请书

——根据2009年7月8日国会以第2号决议通过的《促进投资法》，

——根据2013年12月26日国会以024号决议通过的《企业法》，

——根据________年____月____日提交的关于成立有限责任公司的合同，

本人（姓名）谨代表《关于成立有限责任公司的合同》中的各位发起人，向企业注册登记办公室建议按以下优先顺序确定我们公司的名称：

第一优先名称：

老挝语：“____________________”，缩写：“____________________”

英语（如有）：“____________________”，缩写：“____________________”

第二优先名称：

老挝语：“____________________”，缩写：“____________________”

英语（如有）：“____________________”，缩写：“____________________”

第三优先名称（如有）：

——总经理姓名：________，国籍：

——办公地址：________省________县________村________组________街道

——电话：　　　　　　传真：

请予研究决定。

获授权的总经理或受委托前来办理注册登记

人员的姓名及签字

地点：　　　　　　日期：

备注：要求附带的文件包括：

——关于成立公司的合同 3份

——办理企业注册登记代理人相关授权书 3份（如有）

样本5　提交有关部门作为审批依据的资料

老挝人民民主共和国

和平　独立　民主　统一　繁荣

★★★★★★★★★★★★★★★★★★★

提交有关部门作为投资审批依据的相关资料

（以附件形式附在企业注册登记申请样表上）

——根据老挝相关政策和法律规定，特别是《企业法》、《促进投资法》的规定，我（们）拟投资成立企业，企业形式：________，现提供以下基本资料供您研究决定：

Ⅰ. 资本及投资形式

1. 注册资金：

2. 投资形式：国内独资（　　）　外国独资（　　）　国内外股份制投资（　　）　按合同联营投资（　　）

Ⅱ. 经营领域（行业）

1. ____

2. ____

3. ____

Ⅲ. 主营业务地址

1. ________省（首都）________县________村

2. ____

3. ____

Ⅳ．每年需要的原材料和需进口的机器设备

4.1　需要的原材料（如有）

项目	比例%	第1年		第2年		第3年	
		数量	价值	数量	价值	数量	价值
A．来自国内 1． 2． 3． B．从国外进口 1． 2． 3．							
合计							

4.2　当年需进口的物资、机器设备（第1年）

序号	项目	数量	机器状况		产地	机器价值
			新	已用过		
1						
2						
3						
合计						

Ⅴ．使用工人情况

序号	岗位	国内	外国	数量	工资待遇
1					
2					
3					
合计					

Ⅵ．环境保护措施

1．______________________________

2．______________________________

3．______________________________

地点：　　　　　　日期：

投资人（　　　　　）或其代理人（　　　　　）

备注：

要一并附上企业注册登记申请表。

第四章

外商投资土地权益制度

老挝实行土地公有制，国家是唯一的土地所有权者。老挝宪法规定，土地、水、矿产、森林、水生和野生动物五种自然资源的所有权归整个民族所有，由中央政府作为代表在全国范围内进行集中统一管理。《土地法》也规定，中央政府统一、集中管理全国范围内的土地，授权国家土地管理局具体负责并会同中央有关部委和地方政府组织实施。作为土地唯一所有者的国家，对自己所有的土地依法享有占有、使用、收益和处分的权利。将国有土地资产转化为土地资本来吸引外国投资成为各国较为流行的做法。在老挝，土地所有权禁止交易，土地使用权则只可以在政府、老挝公民和老挝组织机构之间交易，因此外国投资者无法在老挝取得土地所有权和土地使用权，但可通过签订土地租赁或土地特许出让合同取得用地权和土地开发权。

第一节　取得土地权利的种类与条件

为便于管理和实行区别政策，老挝把全国范围内的土地按区域划分为平原地区、高原地区和山区，在此基础上又分为城镇地区、农村地区、经济特区和经济专区，同时分为农业用地、林业用地、水域土地、工业用地、交通用地、文化用地、国防治安用地、建筑用地等8种土地类别。但无论位于哪个区域、哪种类别的土地，土地权利的种类划分都是根据政府配置计划进行的，老挝个人、组织和外国个人、组织取得的土地权利均须满足相应的条件。

一、取得土地权利的种类

老挝土地所有权虽然归国家所有，但个人、家庭、经济组织、军警部队、政府机构、政党组织、建国阵线和群众团体可以使用或租用，同时还允许老挝侨民、无国籍人士、外国人及其这些人的组织租用或取得特许出让权。老挝法律明确，政府保护享有土地使用权者有效率、正常和长久地使用土地的合法权益。《土地法》第53条规定，获得土地使用权者享有以下权利：

——土地保护权；

——用地权；

——土地收益权；

——土地使用权转让的权利；

——土地使用权承继的权利。

对于上述权利，《土地法》还专门做了界定。其中，土地保护权是指政府授予某一个人或组织保护土地以便将土地用于某一特定目的的权利；用地权是指按照政府土地配置规划将土地用于某一特定目的，以满足土地使用权者需要的权利（《〈土地法〉实施细则》进一步指出，“用地权是指个人或组织获得按政府土地配置规划用地的权利；组织仅具有《土地法》第55条和第59条规定的保护和使用的权利，个人仅具有管理、保护、使用、从土地中取得收益和继承的权利”）；土地收益权是指从自己拥有使用权的土地上取得收益的权利，如出租土地获取租金、将土地用于入股所得、用于担保所得等；土地使用权转让权是指以买卖、转让、交换等方式将土地使用权交给他人使用的权利；土地使用权继承权是指因已开发土地的土地使用者死亡而由其丈夫、妻子、子女、孙子或其他近亲继承的权利。[①]在后来的《〈土地法〉实施细则》中，上述权利被统称为“土地使用权”。《细则》第3条规定：土地使用权是个人或组织取得永久使用土地的权利，并且持有作为永久土地使用权依据的土地证，它可来自于赠予、交换、买卖或遗产继承。土地使用权由保护权、用地权、土地收益权、土地使用权转让权和土地使用权继承权组成。取得上述土地使用权的个人或组织可将土地出租给他人、用于担保抵押、用于出资或入股、进行交换以及出售该使用权。[②]

从这些规定中可以看出，在老挝取得土地的权利种类包括土地保护权、转让权、继承权、租赁权、抵押权以及用地权、土地收益权等用益物权，但对这些权利的阐述并不具体，例如用地权是否包括自然资源使用权、收益权是否包含地役权等。而且，这些统称“土地使用权”的权利只对老挝公民和组织机构适用，在2009年《促进投资法》出台之前外国人是无法在老挝取得土地使用权的，只具有租用土地和获得土地特许出让的权利。《〈土地法〉实施细则》第34条规定：外侨、无国籍人士、外国人及其这些人的组织，无权按《土地法》的规定取得土地使用权。过去已取得土地使用权的，须在政府下发处理通知后3年内处理完毕，处理方法可以是向老挝公民或老挝的组织机构转让土地使用权。如果不在规

①《土地法》（老文），第53-58条，万象：老挝国会，2003年10月21日，第20-21页。

②《〈土地法〉实施细则》（老文），第3条，万象：总理府，2008年6月3日，第2页。

定的时间内处理完毕，该块土地将被收归政府管理；有关当事人享有优先向政府租用或取得该块土地特许出让权的权利。如果取得土地使用权的老挝公民改变国籍，也将按上述外侨、无国籍人士、外国人及其组织的政策执行。[①]事实上，包括外国投资者在内的外国人此前在老挝取得的土地权利仅有租用权和特许经营权两项。新的《促进投资法》及其实施细则出台后，外国投资者可以取得土地使用权。《促进投资法》第58条“以土地使用权促进投资”明确指出：投资项目的注册资金在50万美元以上的外国投资者，经土地所在地政府同意，有权根据投资期限向政府购买已配置过的土地的使用权，以便修建住所或经营场所。[②]

取得土地租用权或特许出让权的外国投资者，可将土地进行转租、用于抵押或出资。《〈土地法〉实施细则》第22条规定：外侨、无国籍人士、外国人及其这些人的组织有权将土地租赁合同、特许出让合同拿去同其他个人进行合资或将合同剩余年限中的合同权利用于资产抵押，但要先经得政府或土地使用权所有者的同意；土地租赁或特许出让合同的年限按《土地法》第65条执行。[③]

依法向老挝政府租赁土地的外侨、无国籍人士、外国人及其这些人的组织享有下列权利：（1）出售与租赁相关的、所有权归自己的资产，但老挝政府享有优先购买权；（2）将所有权属于自己的资产用于向依法在老挝人民民主共和国境内开展业务的银行或其他金融机构进行资产抵押，但固定资产的抵押须经政府批准；（3）进行土地使用权的转租，但须经政府批准，且转租合同的土地使用年限不得超过原合同所剩下的年限；（4）根据合同年限继承土地租赁合同；（5）将土地租赁合同作为出资，用于同其他个人进行合资经营，但须经政府批准。对于外侨、无国籍人士、外国公民及其这些人的组织向老挝公民租用土地的，享有同样的权利。[④]外侨、无国籍人士及其组织从老挝公民手中租用已开发的土地的，须获得土地所在地省、直辖市政府批准；而对于外国人及其组织，则由国家土地管理机关根据省、直辖市政府的提请予以审批。

①《〈土地法〉实施细则》（老文），第34条，万象：总理府，2008年6月3日，第16页。
②《促进投资法》（老文），第58条，万象：老挝国会，2009年10月22日，第29页。
③《〈土地法〉实施细则》（老文），第22条，万象：总理府，2008年6月3日，第12页。
④《土地法》（老文），第66条，万象：老挝国会，2003年10月21日，第24页。

二、取得土地权利的条件

（一）对外国投资者的限制

在老挝，取得土地使用权需满足一定的条件，对外国投资者取得土地使用权更是进行严格的控制。《〈促进投资法〉实施细则》规定：在老挝投资的外国投资者，如需要向老挝政府购买配置过的土地的使用权，须向土地所在的省、直辖市的土地管理部门提交企业注册证或特许经营证及其他相关文件，并持有企业注册证或特许经营证开具机关所在地的计划与投资部门或工商部门的证明。无论出于何种情况，严禁外国投资者向政府购买未配置过的土地或直接向老挝个人、法人购买土地。①

外国投资者在老挝购买土地使用权须具备以下条件：

——注册资金必须在50万美元以上且能出示老挝央行开具的注册资金已全部到位的证明；

——必须是老挝政府已经配置过的土地且面积不得超过800平方米；

——必须是用于修建自住宅或用于从事自身业务经营所需的办公场所；

——同一投资者无论在老挝境内设立多少家公司，仅许可其中一家公司购买土地使用权；若公司由两名以上股东构成，或公司投资新建分支机构，仅允许以单一法人的形式购买土地使用权且仅允许向政府购买土地使用权一次。②

另外，外国投资者向老挝政府或公民租赁土地虽然享有前述五项权利，行使这些权利却几乎都有一个前提，就是必须获得政府的许可。外国投资者租赁土地还有租期限制。《土地法》第65条规定，在老挝人民民主共和国境内投资的外国公民租用土地的期限，根据投资项目、经营性质、规模和条件而定，向中央政府租用的，最高不得超过50年，经中央政府同意可以续租；向老挝公民租用的，最高不得超过30年，经租用双方同意、由省级政府向国家土地管理局提请并获批准后可以续租；经济特区和经济专区的土地租期最长不超过75年※，经国会批准后

①《〈促进投资法〉实施细则》（老文），第49条，万象：中央政府办公厅，2011年4月20日，第25页。

②《〈促进投资法〉实施细则》（老文），第50条，万象：中央政府办公厅，2011年4月20日，第26页。

※现行《促进投资法》规定，经济特区、经济专区和特许经营项目的投资期限最长为99年。理论上讲，土地租赁期限最长也应该相应地延长至99年。

可以续租；租用土地面积超过10000公顷的，须经国会批准。

老挝公民及组织享有土地使用权而外国投资者通常仅享有土地租赁权，其区别意义在于：首先，土地使用权是从土地所有权中分离出来的一项独立财产权利，它的存续期间宜长不宜短。老挝《土地法》并没有规定土地使用权的期限，在实际使用过程中公民土地使用权体现出永久性和“私有化”的特点，但外国投资者的土地租借期限却受到限定。其次，土地使用权通常要求支付土地税，也可无偿使用，而租赁土地为有偿形式，支付租金是必要条件。再次，土地使用权具有流通性，可以进行交易，可让与作为抵押权的标的，而土地租赁权一般不得让与，转租也受到限制或禁止。①

（二）对老挝公民及组织的限制

老挝政府对土地权利的限制其实并非只针对外国人，对国内公民及组织的土地使用权同样设有条件。《土地法》第59条规定，获得土地使用权的政府机构、政党组织、建国阵线、群众团体和国家经济组织仅拥有土地的保护权和使用权，而无权转让、出租土地或将土地用于入股和担保。使用各类土地时，必须遵守《土地法》《农业法》《森林法》《水与水资源法》《电力法》《矿产法》《环境保护法》《城市规划法》《公路法》《加工工业法》等专项法律和其他法规。② 不按规定使用土地，如不按规划用途使用土地、连续三年不缴纳土地税、不履行土地合同或《土地法》规定荒弃政府授予的土地，将被吊销土地使用权或用地权。

改变土地类别有严格的规定，只在确有必要且符合国家经济社会发展规划和对国家安全稳定、自然环境或社会不造成严重影响的情况下方可进行。按规定，县/区级政府根据县/区土地管理所的提议可以改变面积3公顷以下的土地类别，省级政府有权改变面积3～100公顷的土地类别，国家土地管理局有权改变面积100～10000公顷的土地类别，面积10000公顷以上须由中央政府决定并报国会审批。③个人或组织非经许可擅自改变土地类别用途的，将被处以因此造成损失价值2倍的罚款，如果是农业用地则被处以当年平均收成5倍的罚款；个人或组织不按用途、目标使用土地将被批评教育，如仍不整改将被处以当时、当地土地估值

①陈志波、陈颖：《老挝土地法律制度研究》，载《云南大学学报》（法学），2005年第2期，第115页。

②《〈土地法〉实施细则》（老文），第18条，万象：总理府，2008年6月3日，第10页。

③《〈土地法〉实施细则》（老文），第19条，万象：总理府，2008年6月3日，第10-11页。

2%的罚款，再不悔改将被吊销土地使用权或用地权。[①]

老挝公民取得土地的面积不能超过规定的数额，超出配额部分的土地必须进行处理。处理方法有两种：一是将超额的土地转让给亲属或符合条件的其他人，二是每年缴纳正常税额5倍的土地税以便继续享有土地使用权。政府发出要求处理超额土地问题通知后3年内仍不按上述两种方法进行处理的，超出部分的土地将被收归政府管理。因继承土地导致所使用的土地面积超过法定面积的，参照上述规定执行。个人或组织非法圈占土地会被批评教育，土地则被收归政府所有。因非法圈占造成损失的，将被处罚甚至起诉。个人或机构向土地管理官员行贿以取得土地使用权、用地权、土地证或其他证明文件的，将依法追究责任。

要合法享有土地权利，须持有相关证明文件。土地使用权的证明文件是土地证，它是具有最高法律地位的土地权利证明文件。只有证上写有名字的人才是土地证的持有人，该人有权把土地使用权用于抵押、入股、赠予、买卖、交换和继承。在行使上述权利时，土地证持有人有权通过书面授权、公证处公证或村长开具证明交由他人代为行使。其他证明文件还包括土地规划证、土地证明、土地来源证明和土地开发证明，这些文件只能证明当事人具有用地权而非土地使用权。土地规划证是政府向个人或组织授予用地权的证明文件，以便依法按照不同土地类别将土地用于各种目的。取得土地规划证的组织不具有转让、出租、特许出让、用于入股或担保的权利；个人则只具有管理、保护、用地、收益和继承的权利，如果要出租或向银行进行担保抵押，还须申请取得土地证。土地证明是县/区政府根据土地分配—配置政策出具的关于临时使用土地的证明文件。土地来源证明是证明土地来源的文件，用以表明当事人保护、使用土地的历史。土地开发证明是土地使用管理部门根据已配置的土地开发计划出具的官方文件，用以证明该地块已经过开发。开发3年后且取得土地开发证明者有权申请发放土地证。

个人或组织因占用土地而对其他土地使用权者或用地权者造成损失的，应予补偿。须进行补偿的情形包括：（1）用于公共利益、国防、治安或政府项目开发的占地；（2）修建道路、水利设施、电线线路、自来水管等政府事务的占地，当事人从中获益的除外；（3）因其他行为如挖坑、井、鱼塘、水渠、沙土等，导致周边土地受冲刷、损坏、流失。补偿可以钱、物或其他形式进行，由当事双方协商决定，损失的评估工作由国家土地管理局和地方政府、有关部门组织

①《〈土地法〉实施细则》（老文），第36条，万象：总理府，2008年6月3日，第17页。

实施。

（三）其他限制条件

老挝法律规定，政府通过制定政策措施和出台具体办法，如进行专业培训，设立土地保护基金，加大基础设施建设力度，鼓励对土地进行劳动力、物资、资金和技术方面的投资等，促进经济界和社会各界参与土地的开发利用，以实现土地的优化和增值。但要在老挝取得土地开发利用权，除须满足前述要求外，以下几项也是土地使用者（包括土地使用权者和租赁人）必须履行的：（1）按土地使用目的正确使用土地；（2）不得损坏土质，不对自然环境和社会造成不良影响；（3）不损害他人权利和利益；（4）按照法律规定执行认可的现实状态※；（5）支付与之相关的手续费；（6）按时缴纳与土地相关的各类税费如土地税、转让税、租金所得税、遗产继承税、名称转让手续费、土地司法登记手续费等；（7）执行与土地有关的其他规章制度。①

关于土地权利的其他限制性条款，在许多专项法律法规中有各自的规定，这里仅举矿产勘探—开采特许面积为例。外国投资者获取土地特许出让权用于矿产资源开发在老挝是一种较为普遍的现象，老挝对矿产用地特许出让面积进行了明确：对于无须经过勘探即可开采的矿山，政府将只批准出让矿石区域或与矿石开采量有关联的区域；为制作矿产开采可行性报告而特许出让的土地面积，遵照政府批准的用于开采的特许区域面积执行；石灰石、石灰-白云石、白云石、砂岩、花岗石和粘土的开采面积，不得超过1平方千米。特许用于进行矿产勘探的面积，分不同矿石种类按下表执行：

※《土地法》第61条对"认可的现实状态"专门做了解释：某一个人或组织，若被他人的土地所全部包围而无出口通道，该个人或组织有权向最靠近道路的土地的使用者请求开辟通道。被请求的土地使用者必须同意开道（按其认为合适的线路），同时有权请求补偿因开辟通道而造成的农作物、建筑物等的损失。因架设电线、电话线、下水管、自来水管及开挖水沟等必须经过某一土地使用者的土地时，若因此而破坏该土地上的树木、农作物、建筑物等，对土地使用者造成损失的，则该土地使用者有权请求给予相应的补偿。若该土地使用者已从中获益则无需补偿，除非造成的损失巨大。造成巨大损失的，应补偿相应的损失。

①《土地法》（老文），第60条，万象：老挝国会，2003年10月21日，第21页。

序号	矿石类型	面积
1	贵金属：金，银，铂 –大型 –中型 –小型	 1000至2000km^2 500至1000km^2 500km^{2}以下
2	基本金属：铜，铅，锌，铝等 –大型 –中型 –小型	 1000至2000km^2 500至1000km^2 500km^{2}以下
3	含铁金属： + 铁，锰，镍等 + 钛，镁，黄铁石等	 300km^{2}以下 100km^{2}以下
4	稀有金属： 锑，钼，铋，汞等	 100km^{2}以下
5	锡，钨等	100km^{2}以下
6	珍贵、半珍贵玉石/宝石： 琥珀，紫水晶，绿宝石，石榴石，蓝宝石，黄晶，锆石等	30km^{2}以下
7	与盐有关的矿石及各类盐（蒸发盐）： + 石膏，酸性盐，食盐 + 钾盐，镁盐及其他	 50km^{2}以下 30km^{2}以下
8	工业矿石，装饰石材，建筑石材： 石灰石，白云石灰，白云石，大理石；玻璃砂，铝土，砾石，粘土，红石膏，花岗岩，石英石，装饰石材；砂石，建筑石材；重晶石，石棉，石墨，云母，菱镁矿，独居石，磷钙石，锆石，硫磺等	8km^{2}以下
9	煤炭，泥煤，可燃页岩等	50km^{2}以下
10	石油和天然气	50000km^{2}以下
11	各类沉积矿（本表序号6规定的除外）	5km^{2}以下，或根据河流长宽度按（100～500）米×10000米的标准执行
12	地下水、矿泉水、地热（温泉）：特许出让面积根据水源情况和投资者能力予以审批。	

资源来源：《关于矿产投资标准的规定》（老文），万象：工业与手工业部，2005年12月29日，第2页。

第二节　取得土地权利的方式

老挝的土地权利包括土地使用权、租用权和特许出让权，土地使用权是最基本和最重要的土地权利。老挝公民取得土地使用权的方式共有三种。《土地法》第52条规定，个人或组织将基于以下情形之一而取得土地使用权：（1）政府授予；（2）转让；（3）遗产继承。政府授予是根据国家土地配置计划把土地使用权有偿或无偿让渡给老挝公民或组织，方法是对土地进行重新分配和发放土地证。全国性土地分配、定居定耕工程和移民安置工程均采取这种办法进行。对于无主之地或国家没有开发的土地，如果被老挝公民或组织持续、长期占有、保护和开发利用，当事人应当向土地管理机关申请进行登记注册，获得登记注册的土地即表明政府承认当事人对该土地的使用权，将予发放土地证、土地规划证或其他土地证明文件，它是政府授予土地使用权的又一种方法。

取得土地使用权的老挝个人或组织可以转让该权利，转让方法包括向他人出售、赠予或交换土地使用权。转让土地使用权是有前提的，即必须首先依法取得土地证，同时受让者还必须是老挝公民或组织。土地使用权转让需向省级土地主管机关申请进行转让登记以便换发土地证，这个过程大约需要10天左右。转让须缴纳土地价值1%的手续费。土地价值评估工作由国家土地管理局会同有关部委进行，或由省、县/区土地管理机关会同当地有关部门进行评估后再报国家土地管理局审批；土地价值评估有效期限最长为2年。

土地使用权转让还存在一种特殊情况，就是政府将用地权转让给享受政府特殊政策者。《〈土地法〉实施细则》第23条规定：为表彰民族英雄、革命前辈和优秀军警，老挝政府会把带有建筑物或空无土地的用地权及其建筑物永久地转让给他们使用。这些享有政府特殊政策的民族英雄、革命前辈和优秀军警对政府授让的土地及其建筑物，将被视为自有资产或自建资产。这种用地权的转变由国家土地管理局会同有关部门具体执行。另外，“不在第23条之列，从政府机构、部队、政治机构、建国阵线、群众团体或经济组织、集体中获得的土地，自实际管理之日起超过10年且无争议或有争议已解决的，应落实向当事人出售该块土地使用权的政策，土地价格由土地管理机关和有关部门进行合理评估。”[①]土地原主

①《〈土地法〉实施细则》（老文），第24条，万象：总理府，2008年6月3日，第13页。

人因战争逃离家园或其他原因离开家乡而放弃的土地，被政府授予原主人的亲属或其他人使用10年以上的，也应由土地管理机关作价后将土地使用权出售给当前的实际使用人。但政府规划用于公共利益、保护历史文化遗产的土地，和位于保护区内用于政治、社会、国防、治安、科研目的的土地及房屋禁止出售。

土地使用权可以通过遗产继承获得。继承主要发生在夫妻、父母与子女（包括收养、亲生、继子女）之间，也可以是死者直系亲属之间的让渡或继承。继承土地使用权按照亲缘关系的不同须缴纳不同的手续费。夫妻、父母与子女之间的继承收取土地价值0.1%的手续费；死者的父母、祖父母、外祖父母或曾祖父母的继承，收取0.3%的手续费；死者的兄弟姐妹、叔伯父/母、舅姨、侄子/女的继续，收取0.5%的手续费；按遗嘱继承的，收取1%的手续费。①

租赁和特许出让是非本国公民取得土地权利的常见方式。老挝法律规定，中央政府、国家土地管理局和省级土地管理机关有权按照权限把政府土地出租给个人或组织，或给予特许经营；依法取得土地使用权的老挝公民和经济—社会组织有权把自己的土地出租给个人或组织。在老挝，外国投资者可通过同政府签订特许经营合同、土地租赁合同取得土地权利，也可与老挝公民或组织签订土地租赁合同取得用地权。土地租赁合同或特许经营合同必须写明土地的用途、租金、特许出让金、租赁或特许出让期限。特许经营合同还须规定自然资源使用费的金额及其缴纳办法。非政府出租者还要向有关部门通报土地的实际租金以便缴纳所得税，租赁人或特许经营人则必须按合同规定正确使用土地并接受有关部门的监管。自1986年老挝法律允许外国投资者使用土地以来，越南和中国的公司通过租用或特许经营方式在老挝取得了超过200万公顷土地的用地权。2009年7月1日以来，老挝政府批准的土地特许出让案例共1126起，其中398起为向外国投资者出让；2009年8月起，约有200万—300万公顷土地处于特许出让状态之下，占老挝全部土地的10%—15%。②

2002年以来，外商直接投资（FDI）土地和土地重新配置方案的出现使得老挝土地压力增加，农村地区的土地使用权问题变得突出。老挝政府于是把农业用地和林地分配到农村和家庭，这一做法使私人投资者（包括国外和国内）可以通

① “如何改变土地使用权”，《土地宣传手册》（老文），万象：土地管理机关，2010年。

② “在老挝土地特许出让有多少？”，http：//rightslinklao.org/laos/index.php？option=com_content&view=article&id=151&Itemid=54，登录日期：2016年5月30日。

过自主经营权协议及各种形式的“合作”协议参与到土地市场中来。在此背景下，合约式农业（Contract farming）应运而生，目前“2+3”模式是老挝合约式农业中最流行的模式。[①]在该模式下，农民负责提供土地和劳动力，投资者负责提供资金、技术和产品销售（实际上多由投资者自己按事先约定的价格收购）。“2+3”模式能够确保当地农民的收入，已成为农业领域吸引外资的重要模式，在老挝北部地区得到大力推广。据报道，老挝北部已经有超过10000公顷的土地在合约式农业模式下运作。[②]在合约式农业下，农民把土地出让给投资者经营，实际上它已成为外国投资者取得土地权利的新方式，是土地租赁的衍生模式。它不属于土地特许出让，因为只有政府才享有土地特许出让权。

我们知道，外资企业在中国取得土地权利的方式除土地出让和土地租赁外，还有另外两种，即：直接划拨和划拨土地出资。[③]老挝法律虽然没有把建筑用地的使用权和工业用地的使用权区分为出让和划拨两种方式，在老挝是没有“土地划拨”一说的，但外国投资者的注册资金达到50万美元以上即可向政府申请购买土地使用权用于修建建筑物。因此，“向政府购买土地使用权”是外国投资者取得土地权利的又一方式。而老挝政府把土地资源用于出资入股的现象也是存在的，这在水电开发项目、经济特区/经济专区开发项目中较为常见。

第三节　取得土地权利的程序

取得土地权利需要在土地管理部门办理相关手续。老挝法律规定：土地管理机关根据《土地法》第43条和51条规定负责全国范围内土地文件的注册登记，其中国家土地管理局负责研究制订土地注册登记的机制、规章制度和对注册登记进行监管；省级土地管理局根据县/区土地管理所的提议负责用地权、土地使用权

①参阅TGZ，ForeignDirectInvestment（FDI）inLandintheLaoPDR，Eschborn：DeutscheGesellschaftf ü rTechnischeZusammenarbeit（GTZ）GmbH，p.15–16.

②欧可晗：《FDI在老挝土地投资中的管理策略研究》，浙江大学硕士学位论文，2011年6月，第59页。

③参阅戴志文：《外商投资企业用地方式法律研究》，载《中国土地》，1997年第2期，第26–29页。

的注册登记和开具证明，发行土地使用规划和发放土地证；县/区土地管理所根据地质勘查、配置计划和土地使用规划负责检查、测量土地，为土地注册登记准备卷宗、开具临时土地使用证明；驻村土地工作组负责提供有关土地的信息以便作为土地注册登记的材料，在村长签字后送县/区土地管理所审议、管理，保护村里的国有土地和集体土地※，检查个人和组织机构使用本村辖区内土地的情况。

对于老挝公民，取得土地使用权或用地权的审批程序如下：（1）需要取得土地权利者向驻本村的土地工作组提交用地申请；（2）驻村土地工作组核实情况后填写相关材料，经村长签字后送交县/区土地管理所；（3）县/区土地管理所审核后报县/区政府研究决定；（4）县/区政府审批通过后将相关材料呈送省土地管理局，省土地管理局发放土地证或其他土地证明文件。

如果是通过土地使用权交易取得土地权利，购买者应首先到土地管理机关查阅出售者的土地证情况，确认相关地块的土地证已办理妥当后，从省土地管理局购买土地使用权转让/买卖合同样本（有些地方可以在村委会或县/区土地管理所购买），再由相关方如实填写合同样本并签字，签字时须有土地所在村村长及3名证人共同见证。签署土地使用权转让合同后，买卖双方须将合同、土地证、土地使用手续费最后一次缴费单以及购买人的户口簿、身份证或居住证明提交给土地管理部门。土地管理部门接到相关材料后进行审批，同意土地使用权转让（交易）的，将通知当事人前来交纳手续费和拿回土地证、进行交易登记和出具相关证明。在老挝买卖土地使用权应提交以下材料：

——土地使用权转让登记申请表；

——土地证合法证明；

——土地使用权转让/买卖合同（至少一式2份，1份留给买方、1份作为卷宗）；

——土地证；

——土地手续费最后一次的缴费单；

——买者户口簿、身份证复印件或住址证明；

——其他材料。

在这个过程中，土地使用权购买者往往需要对从村长到省土地管理局的各级

※使用权归集体而非所有权归集体。

官员进行打点。在最底层，村长不仅接受请吃、收受礼品，还接受数额10万基普以上的贿赂。交易过程中的乱收费现象并不少见，据称万象市土地管理局收到的金额最高的非正式收费高达130万基普。[①]

如果要把土地使用权用于抵押贷款，应首先由抵押人向村委会提交贷款申请材料和土地证，再由村委会向县级或省级土地管理机关转交贷款申请材料和土地证，以取得土地证合法证明。取得土地证合法证明后，抵押人再向省司法厅提交贷款申请材料、土地证和土地证合法证明，对抵押贷款合同进行注册登记。完成抵押合同注册登记后，抵押人向拟贷款的商业银行或其他金融机构提交贷款申请材料和土地证以便审核和发放贷款。抵押人若无法按时还贷，用于抵押的土地使用权最终可能被收归作为抵押权人的金融机构所有，金融机构可以将该土地使用权进行拍卖/出售。除无需查阅土地证情况外，拍卖/出售程序与正常的土地使用权交易基本相同。

外国投资者可以通过土地租赁取得土地权利。老挝《土地法》规定，外侨、无国籍人士及其组织如果从老挝公民手中租用已开发的土地，须获得土地所在地省、直辖市政府的批准；外国公民及其组织如果从老挝公民手中租用已开发的土地，则由国家土地管理局根据省/直辖市政府的提请予以审批。也就是说，非老挝公民或组织租用老挝公民的土地有两个不同的审批部门，且审批级别相当高，至少需要获得省级政府的同意。土地租赁通常由租赁双方在村长的见证下签订租赁合同，再由村委会或驻村土地管理组向县/区土地管理所、省土地管理局、省政府、国家土地管理局（只针对外国公民及其组织）逐级提交土地租赁材料。土地租赁材料应包括租赁合同、土地证和本级有关部门的审批意见。相对而言，外国投资者从政府那里租用土地的程序要简单得多，只需与省级以上政府直接签订土地租赁合同即可，其他手续通常由政府部门代为办理。

但政府一般不会向外国投资者出租土地，而是以特许经营的方式向外国投资者出让土地权利。外国投资者在取得土地权利前，需要与老挝政府达成一项谅解备忘录和一份项目开发协议。以特许经营方式取得土地权利的程序和相应的特许经营项目的投资审批程序相同，可参阅第二章第二节第四目“投资准入程序”。

外国投资者如果投资工业和服务业，申请土地特许权所需材料如下：

---

①Vilaylac：《老挝城市土地市场的现状、问题和改革路径》，浙江大学硕士学位论文，2012年3月，第53页。

——制式投资申请表（工业和服务业类）；

——制式公司章程；

——可行性研究报告；

——出入境通行证复印件，投资人简历或公司简介，公司营业执照或经营注册证；

——合营合同（两个以上股东或两个以上公司时）；

——股东代表或公司代表的授权书（如果该代表不担任公司最高领导职务）；

——银行或其他金融机构的资金状况证明或支持信函；

——其他材料（如有）。①

如果投资农业经营，申请土地特许权所需材料则包括：

——制式投资申请表（农业类）；

——经公司董事长或总经理（或其授权人）认可的项目开发简介；

——公司简介、营业执照或经营注册证；

——合营合同（两个以上公司联营时）；

——股东代表或公司代表的授权书（如果该代表不担任公司最高领导职务）；

——项目地址示意图；

——银行或其他金融机构的支持信函（如有）；

——其他材料（如有）。②

以上提交的申请材料要求一式6份，申请人还要自留一份复印件以作为凭证。

需要指出的是，涉及土地权利特许出让的投资项目，在取得土地权利前必须取得具体行业的主管部门的许可，如投资农业必须经得农林部门的同意、投资矿产开采或水电开发必须经得能源与矿产部门及自然资源与环境部门的批准，《森林法》《矿产法》《电力法》《环境保护法》《水和水资源法》等专项法律对涉及本领域的用地权也均各自进行了限制。此外，老挝财政部也参与土地租赁或土

①“投资工业和服务业活动申请土地特许权所需材料”，http：//www.investlaos.gov.la/la/images/Brochures/Bochure_and_concession_for_agri_industrial_service_5_UNDP.pdf，登录日期：2016年5月31日。

②“投资农业活动申请土地特许权所需材料”，http：//www.investlaos.gov.la/la/images/Brochures/Bochure_and_concession_for_agri_industrial_service_5_UNDP.pdf，登录日期：2016年5月31日。

地经营权出让的管理，财政部可以审批住宅、工业及商业用地的出租，而省级政府在准许的土地面积范围内则有权签订国有土地租赁合同。[①]可以说，老挝政府在向外国投资者出租或出让土地权利方面存在多头共管、政出多门的弊端。这种法律上的不健全大大增加了投资者为取得土地权利而付出的时间成本和资金成本（用于打通关节），使得一些外国投资者特别是中小投资者并不遵照繁琐的程序依法取得土地权利，而是与某个政府部门或当地农民直接签订用地协议。认识到协议的非法性，投资者一般会找到当地实权人物如省长或县长来帮助维护自己的用地权。更有甚者，一些投资商通过拉拢实权人物来实现以低价取得土地权利的目的，或倚仗有当地靠山而不严格遵守用地协议。总之，不完善的法律制度使当地群众与外商之间的土地纠纷日见增多。鉴于老挝北部越来越多的当地村民与外国投资者之间的土地纠纷，2012年7月老挝总理于下令暂停批准上寮地区橡胶林木和矿产用地的土地特许经营权至直2015年。[②]

①欧可晗：《FDI在老挝土地投资中的管理策略研究》，浙江大学硕士学位论文，2011年6月，第58页。

②“CarvingupLaos：Landdisputesrattlethegovernment”，登录日期：2016年5月18日。http：//www.sombath.org/en/2013/04/carving-up-laos-land-disputes-rattle-the-government/.

第五章

外商投资鼓励与优惠政策

欠发达国家因经济技术落后、发展资金匮乏，急需外国资金、先进技术和管理理念来推动本国经济发展，因此在制定外商投资法律时通常给予较为优厚的激励政策，老挝正是这样一个国家。老挝宪法明确规定，政府鼓励外商在老挝人民民主共和国投资，为把资金、技术、创新和先进的管理运用于生产、经营、服务活动提供便利，外国人在老挝人民民主共和国境内的合法资产和资金将不会被征用、没收或转归政府。①老挝鼓励外商投资主要体现在税收政策上，通过减免投资者利润税及进口生产原料、设备、车辆的关税等，为投资者提供各种优惠条件和便利措施。例如，投资兴建医院、学校等政府优先发展项目可享受场地租金优惠和减免若干年利润税，来料加工出口产品可免除出口关税，把利润用于扩大再投资可减免下年度利润税等。②总的来看，老挝给予外商的投资优惠政策是相当大的，这些优惠政策甚至对老挝国家财政收入造成了一定程度的负面影响。

第一节　税收优惠政策

东道国税收法律制度与外国投资者的投资收益密切相关，东道国税收优惠政策直接影响外国投资者的投资收益。税收优惠是指为配合国家一定时期内的政治、经济、社会发展总目标，政府按预定目的在税收方面采取相应的激励和照顾措施，以减轻某些纳税人应履行的纳税义务。税收优惠是发展中国家鼓励外国投资的基本方式，其主要做法是减免所得税、营业税、进出口关税等。③目前老挝颁布的税收法律法规有《税法》《关税法》《税法实施细则》《税法修正案实施细则》《老挝人民民主共和国主席关于相对修改消费税的命令》《土地税条例》《促进投资法》等。④其中，2012年1月16日老挝国家主席签署第057号、058命令

①《老挝人民民主共和国宪法（2015年修正）》（老文），万象：老挝国会，2015年12月6日，第6页。

②参阅许家康、古小松：《中国—东盟年鉴》，北京：中国线装书局，2010年，第343页。

③曹建明、陈治东：《国际经济法专论》（第四卷），北京：法律出版社，2000年，第22页。

④邱房贵、唐新华：《老挝与菲律宾的税收法律制度比较分析》，载《法制与经济》，2016年第1期，第19页。

颁布实施的《关税法》和《税法》，对外国投资者的税收优惠做了较详细的规定。新修订的《税法》废除了营业税，以增值税取而代之，同时对消费税税目及税率、企业所得税及个人所得税进行了调整，并新增了定额税。[①]该法规定的准予减免税收的情形包括以下几种：履行与外国签署的旨在避免双重税收和防止偷税漏税的协议规定，或老挝作为成员国的其他相关协定；履行《促进投资法》中有关条文的规定；落实国会针对国家级重大项目所做出的决议；落实由中央政府提请、经国会常委会通过的，针对发生造成巨大损失的不可抗力事件或自然灾害（如飓风、传染疫情、洪灾、旱灾、地震、火灾等）的税收特别减免政策。[②]下面分不同税种对老挝税收优惠政策进行介绍。

一、关税

关税是指进出口商品货物经过一个国家的口岸时，由该国海关向进出口商征收的税收。从事进出口贸易、过境运输等活动的个人、法人或组织应当向海关缴纳关税。老挝2012年《关税法》规定，关税工作应遵守确保促进生产、经营、投资的发展和提供贸易与促进投资方面的便利等原则。商品货物过境必须严格遵守报关规程，否则将受到严厉惩处。该法第24条规定：报关员必须在关税人员按运输文件登记商品货物后15个工作日进行详细报关。如果报关员不知道商品货物的详情，可在15个工作日内在仓库进行实地检验以便准备报关材料。如果不在上述规定的时间内进行详细报关，商品货物将被置于海关人员的特别管制之下，同时必须：（1）在45个工作日内前来详细报关并被处以商品货物总价值0.1%的罚款；（2）如果在45个工作日内仍不来报关，海关人员必须发布公告或通知，要求报关员在21个工作日内前来详细报关，且处以商品货物总价值0.5%的罚款；（3）如果再次超出规定的21个工作日，商品货物将被没收充公。[③]为节省过境时间，老挝海关允许报关员在商品货物到达边境口岸之前提前7个工作日进行报关，并且开始推行网上报关服务。

为吸引外商投资，老挝实行关税减免优惠政策。《〈促进投资法〉实施细

①参见何雪亮：《老挝政府新修订税法的主要变化》，载《新智慧·财经》，2014年第4期，第113-114页。

②《税法》（老文）（第7条），万象：老挝国会，2011年12月10日（2012年10月1日生效），第4页。

③《关税法》（老文）（第24条），万象：老挝国会，2011年12月20日，第9页。

则》第37条规定：对细则附件1“鼓励投资项目表”和附件3“特许经营项目表”中所列项目／业务进行投资的企业，免除原材料、设备、机器及直接用于生产的交通运输工具的进口税。在2009年7月8日国会以第02号决议通过《促进投资法》之前的国内外投资企业，同样可以享受上述进口关税免除政策。①第39至42条规定：进口建材及其建筑设备用于建设作为企业固定资产的厂房、楼房及其他建筑物，进口用于生产的机器，以及经财政部门审批的、纳入企业年度进口计划表的生产机器零部件的进口，免除进口税；创办企业时根据可行性报告或业务经营计划需要购置的办公用品，如电脑、打印机、复印机、传真机等，可且仅可免除一次进口税；根据投资业务需要而进口的直接用于生产和服务的车辆，亦可免除进口税。②另外，一些用于生产、建设或项目开发，可行性考察、勘查设计的机器、工具、设备、零部件、办公用品和车辆，包括实验室设备、发电机、水泵、手工工具、备用电力设备、储水罐、油罐、橡胶蒸馏器、风力泵、切割机、锯子、打磨机、铁制模型、脚手架等，允许临时进口且无须缴纳进口税，运出境外时无须缴纳出口税。用于项目勘探的机器设备还可以出售到老挝以外的国家而无须缴纳出口税。

类似的关税减免优惠在2012年《关税法》中再次予以确认。该法第43条规定：有关部门许可的用于生产、加工成成品或半成品，以及组装、改进、维修后再出口而临时进口的物资，包括各种容器、包装材料，将免征关税。③第42条规定：用于生产、加工、组装、改装或维修的物资，用于项目勘查设计的车辆工具、物资设备，用于研究、实验的物品，可临时进口且免征关税及其他费用，出境时同样免征。④其他免除进口关税及其他税费的商品、物品还包括：（1）旅客随身物品；（2）搬迁住所时的一些用品；（3）出访代表团及其成员的礼品；（4）用政府援助或贷款资金购买的商品、物资；（5）必要的教育、卫生、科研用品／样品及宗教物品；（6）国防治安专用物资。必要情况下，政府还可提请国会常委会审议决定免征某些清单的关税。⑤

①《〈促进投资法〉实施细则》（老文）（第37条），万象：中央政府办公厅，2011年4月20日，第21页。

②《〈促进投资法〉实施细则》（老文）（第39-42条），万象：中央政府办公厅，2011年4月20日，第22-23页。

③《关税法》（老文）（第43条），万象：老挝国会，2011年12月20日，第17页。

④《关税法》（老文）（第42条），万象：老挝国会，2011年12月20日，第16-17页。

⑤《关税法》（老文）（第53条），万象：老挝国会，2011年12月20日，第20页。

老挝政府还明确，那些有助于国民社会经济发展或对社会经济发展起重大作用的大规模投资，将给予外国投资者各种优惠条件，免征各种进口设备、生产工具和零配件及其他物资的进口关税。①当前老挝进口关税率在1%—40%之间，除上述商品清单免除进口税外，近年来降低关税率的行动也在不断推进当中。如外国投资者进口用于项目和生产经营的设备、工具、零配件及其他物资，原先须按进口总额的1%缴纳进口关税，2009年《促进投资法》决定予以免征。2010年出台的《关于经济特区和经济专区的政令》（第443号总理政令）决定，在偏远和地形不利地区投资建设经济特区／经济专区的开发商，享有特区／专区建设期间免除燃油进口关税及其他税收的优惠；在老挝境内进口原料用于经济特区／经济专区各项业务活动的，视为商品出口并依法享有关税—税收方面的优惠政策。②2012年老挝获准加入WTO时又承诺约束现行关税税率，使所有进口商品平均税率为18.8%，其中农产品平均税率19.3%，其余产品平均税率18.7%；同时承诺开放10个服务贸易方面的行业领域，共涵盖79个分行业。2015年底东盟共同体成立前，老挝又决定取消进口汽车关税以进一步消除贸易壁垒。需要指出的是，过去老挝国家财政收入的11%来源于进口关税，而汽车进口关税占到其中的40%左右。③足见老挝政府减免关税的决心相当坚决。

此外，老挝对一般出口商品和加工成成品的自然资源出口实行免征出口关税。《关税法》第59条规定：从生产、种植和养殖中得来的农产品，通过生产或加工得来的工业品，以及手工艺品将免征出口关税，规定征收的个别商品和物品除外。④进出口关税减免的优惠政策对外国投资者在老挝兴办出口加工企业具有巨大的吸引力，目前中、泰、越、马、日、澳等国投资者对在老挝投资建厂兴趣浓厚。

当然，外资企业享受老挝关税减免政策需要遵守相应的规定。例如：进口的企业需制订年度进口计划表，报老挝中央或省级计划与投资部门或其下设的一

①王志刚、李建利：《老挝矿产资源及其相关投资政策》，载《西部资源》，总第11期（2006年2月），第55页。

②《关于经济特区和经济专区的政令》（老文）（第37条），万象：中央政府办公厅，2010年10月26日，第27页。

③陈志荣：《老挝政府决定对进口汽车实行零关税》，http://www.bbrtv.com/2015/1113/233052.html，2015-11-13。

④《关税法》（老文）（第59条），万象：老挝国会，2011年12月20日，第22页。

站式服务办公室审批。进口计划表以外的物资设备的进口，如用于替代老旧、损坏设备或零配件损坏而需要紧急进口的设备或零配件，总价值不超过30000美元的，由财政部门直接审批，但每年批准不得超过两次；总价值超过30000美元的，必须与有关部门共同研究以提交上级领导部门审批①；所进口的建材和建筑设备要依据有关部门认可的设计方案、工程量来进行；进口的生产机器须根据可行性报告或经营计划按实际需求进口，且须事先经得有关部门的同意；享受免除进口关税的车辆的数量必须符合各个项目的实际工程量需求并经得有关部门的认可；临时进口的车辆工具时限为2年或不得超过项目结束日，如需延长期限，须携带有关文件及车辆工具在合同到期前30日向海关申请；进口的用于生产、加工、组装、改装后剩余的物资，以及这些物资加工成半成品、成品后不符合质量要求的，需要缴纳关税及其他费用；上述剩余的物品、物资无法使用或危害健康的，需要按规定进行报废并报海关部门；临时进口时须与海关部门签订担保合同，当进口的车辆、物资、工具设备等无法按规定运出外国时，须在担保合同到期前30日报告海关以便研究决定。②

同时，申请关税免除须按照相关审批程序进行。对于企业年度进口计划表免除关税清单的审批，首先由企业按财政部门印制的年度进口计划表格填写相关材料，后向财政部门提交申请。财政部门收到齐备的申请材料后，报送有关部门以便研究决定，并向上级请求指导意见。有关部门必须在收到转来的申请材料后15个工作日内以书面形式答复财政部门，超过规定时间不答复的视为同意。之后财政部门召开有相关部门参加的联合会议，讨论通过年度进口计划，并在审议通过之日起30个工作日内为企业开具相关证明。最后，财政部门必须把已获审议通过的年度进口计划抄送相应的海关，以便海关对每次进口情况进行监管检查并制作月度、季度统计报表报送财政部门、工商部门和计划与投资部门。年度进口计划获审批通过后，在有效期内企业有一次机会申请修改进口计划以使之符合实际业务需求。

---

①《〈促进投资法〉实施细则》（老文）（第38条），万象：中央政府办公厅，2011年4月20日，第22页。

②参见《关税法》（老文）（第43-46条），万象：老挝国会，2011年12月20日，第16-18页。

二、利润税

（一）利润税的免除

2012年版《税法》以前，外国投资者在利润税方面享有比老挝商人更优厚的待遇，修改后的《税法》将国内外投资者的利润税进行了统一，最高税率在24%—28%之间①，但这并不意味着外商在利润税方面的优惠因此被完全取消，原有的减免优惠得到了保留。有关减免利润税的优惠将会在企业注册登记证或特许经营许可证中注明。为了有区别地实行利润税政策，老挝政府根据优先发展行业，及与解决贫困、提高人民生活水平、基础设施建设、人力资源开发的相关性，把投资项目分为三个级别：

◇第一级别，获最高鼓励等级的业务；

◇第二级别，获中等鼓励等级的业务；

◇第三级别，获低鼓励等级的业务。②

同时根据经济社会发展、基础设施情况和地形地理条件，把投资促进区域分为三个类别：一类地区，偏远落后地区；二类地区，经济社会和基础设施条件一般的地区；三类地区，经济社会和基础设施条件较好的地区。

表4-1　老挝投资促进区域划分

省份	投资促进区域		
	一类地区	二类地区	三类地区
首都万象市	桑通县	巴安县	占塔武里县 西库达蓬县 赛色塔县 西萨达纳县 哈赛丰县 纳赛通县 赛塔尼县
丰沙里省	约乌县 桑潘县 孟夸县 孟迈县	本怒县 本岱县	丰沙里县

① “ນະໂຍບາຍທາງດ້ານພາສີ-ອາກອນ”，http://www.investlaos.gov.la/la/index.php/why-laos/tax-and-duty-incentives，2016-04-24。

②《促进投资法》（老文）（第49条），万象：老挝国会，2009年7月8日，第19页。

（续上表）

省份	投资促进区域		
	一类地区	二类地区	三类地区
南塔省	孟龙县 纳列县 万普卡县	孟新县	南塔县
波乔省	孟蒙县 帕乌东县 巴塔县	敦蓬县	会晒县
乌多姆赛省	孟拉县 纳莫县 孟雅县 孟宾县 巴宾县	孟洪县	孟赛县
华潘省	万通县 桑岱县 万赛县 香阔县 孟耶县 梭保县	华孟县	桑怒县
琅勃拉邦省	蓬赛县 万坎县 普昆县 巴香县 蓬通县	孟艾县 南巴县 钟佩县 香银县 孟南县	琅勃拉邦县
沙耶武里省	赛色塔县 香昏县 波登县	巴莱县 肯陶县 通米赛县 孟平盎县 孟银县 洪沙县 孟阔县	沙耶武里县
川圹省	孟诺县 帕赛县	农黑县 孟康县	孟别县
赛宋本省※	孟洪县 龙山县 阿努冯县 龙镇县 塔通县		

※《促进投资法》实施《细则》颁布时赛宋本省尚未设立，此处为笔者根据实际情况增加，川圹、万象两省投资区域划分也因此有所变动。

（续上表）

省份	投资促进区域		
	一类地区	二类地区	三类地区
万象省	孟门县 孟篾县	欣合县 嘎西县 萨纳康县 孟丰县	万荣县 乔乌敦县 万坎县 杜拉空县 丰洪县
波里坎赛省	赛占潘县 万通县 波里坎县	北嘎丁县 他帕巴县 坎革县	北汕县
甘蒙省	布拉帕县 纳盖县 赛布阿通县	农布县 欣本县 色邦菲县 马哈赛县 容玛腊县	他曲县
沙湾拿吉省	孟农县 车邦县 孟频县 威拉武里县 塔邦通县 塔帕兰赛县 春武里县 阿萨蓬县	乌通蓬县 松堪县 占蓬县 阿萨乓通县 赛武里县 赛普通县	凯山丰威汉县
沙拉湾省	萨美县 达会县 顿兰县	纳空平县 孔色顿县 瓦比县 劳安县	沙拉湾县
塞公省	嘎楞县 达津县	塔登县	拉曼县
占巴塞省	苏库玛县 巴江县 门拉巴木县 巴通蓬县	北松县 蓬通县 孔县 占巴塞县	巴色县
阿速坡省	萨南赛县 普翁县 叁赛县	赛色塔县	萨玛奇赛县

资料来源：《〈促进投资法〉实施细则》附件2，万象：中央政府办公厅，2011年4月20日。

不同的投资项目级别和投资促进区域享有不同的利润税免税政策。2009年《促进投资法》第51条规定，利润税的免税政策按以下执行：

一类地区：

——第一级别的投资促进发展项目，获得免除利润税10年；

——第二级别的投资促进发展项目，获得免除利润税6年；

——第三级别的投资促进发展项目，获得免除利润税4年※。

二类地区：

——第一级别的投资促进发展项目，获得免除利润税6年；

——第二级别的投资促进发展项目，获得免除利润税4年；

——第三级别的投资促进发展项目，获得免除利润税2年。

三类地区：

——第一级别的投资促进发展项目，获得免除利润税4年；

——第二级别的投资促进发展项目，获得免除利润税2年；

——第三级别的投资促进发展项目，获得免除利润税1年。

利润税免税期从企业开始经营之日起计算。※如果是新产品的生产、新技术的研发，免税期则从产生利润之日起计算。①※如果是投资医院、幼儿园、中小学、职业院校、大学研究—分析中心及其他公用事业，还将在上述免税年限基础上追加5年的免税期。

（二）亏损抵扣和计征基数扣减

除直接免除外，利润税减免优惠还包括利润再投资免税、降低计征基准等。《〈促进投资法〉实施细则》第36条规定：投资者把从自身经营中取得的纯利润用于扩大业务的，在下个会计年度中将免征利润税。按扩展式记账※或通用记账凭证申报利润税的企业，年度内出现亏损的，经老挝政府认可的财务检查部门或审

※《促进投资法（修正）》2016年草案第49条免利税年限更改为：一类地区由原来的10/6/4年缩短为8/6/4年；二类地区由原来的6/4/2年缩短为5/3/1年；三类地类由原来的4/2/1年缩短为3/1/0年。

※《〈促进投资法〉实施细则》第33条则规定，“利润税免税期从企业开始产生收入之日起计算”。与此处表述有所不同。

①《促进投资法》（老文）（第51条），万象：老挝国会，2009年7月8日，第21页。

※《促进投资法（修正）》2016年草案第49条则规定：“利润税免税期从企业开始产生收入之日起计算。对于新产品生产、新技术研发、教育、卫生、农林、生态旅游、环境友好型民族传统手工艺加工，利润税免税期从产生利润之日起计算。”

※一种记录年营业额高于24亿基普的会计账，是复式记账/借贷记账法的一种。

计公司的证明，以及税务部门的审查证明，可以从随后3年内的利润中扣除该年度的亏损后再纳税。超过3年的，该年度的亏损不能再从以后的年度利润中扣除。①该规定在《税法》中再次进行了确认。该法第39条规定：按记账制缴纳利润税的私人企业、法人和自由职业者，若发生年度亏损，经会计审查机关或独立会计审计公司证实并经税务部门认可，有权将该亏损纳入未来3年内的利润并从中抵扣。达到规定期限后若亏损仍未扣除完毕，则不得再从今后的利润中扣除。②

作为减少利润税负担、降低利润税计算基数的优惠措施，老挝把部分开支项目列入企业利润的抵冲项。《税法》第34条规定，在计算年度利润税前，以下项目准许作为支出项予以扣除：

（1）本法第33条※未作规定的任何与生产经营活动有关的支出项目；

（2）部分项目准予按比例作为支出扣除，具体如下：

——因管理需要出差的交通费，按年营业总收入的0.60%扣除；

——接待费和电话费，按年营业总收入的0.40%扣除；

——捐款、援助款，可按最高不超过年营业总收入的0.30%扣除。

（3）与税务有关的固定资产折旧费。③

老挝《税法》对可作为支出项从利润税计征基数中扣除的固定资产折旧费作了详细规定。该法第35条明确：扣除固定资产折旧费，是扣除固定资产因使用年限而减损的价值或因技术更新而贬值的部分，目的是积攒资金用于将来购买新设备。折旧费的扣除，可通过固定方式、价值减损方式或根据工作环节来进行；扣除从固定资产列入企业资产之日起开始进行，直至固定资产撤出企业会计账簿为止，但必须以固定资产入账时的价值为基准；如果固定资产在年中撤出，要进行折旧费入账登记，在计算折旧费时以年初至固定资产撤出之日为时限。当所扣除的折旧费达到固定资产原有价值时，应停止扣除直至该固定资产撤出企业会计账簿。④

固定资产折旧费的计算和扣除按下表中规定的比例予以执行：

---

①《〈促进投资法〉实施细则》（老文）（第36条），万象：中央政府办公厅，2011年4月20日，第21页。

②《税法》（老文）（第39条），万象：老挝国会，2011年12月10日，第19页。

※第33条规定了17类不得作为支出扣除的项目，包括利润税支出、与购买固定资产有关的增值税、按会计标准扣除的折旧费、滞缴的税金支出、各类罚款等。

③《税法》（老文）（第34条），万象：老挝国会，2011年12月10日，第15页。

④《税法》（老文）（第35条），万象：老挝国会，2011年12月10日，第15页。

表4-2

可扣除折旧费的企业固定资产	使用年限	每年扣除比例
1．无形固定资产：		
——用于规划设计和成立企业的开支	2年	50%
——用于矿产勘查、制作可行性报告的开支	5年	20%
——用于某项专业工作的软件	2年	50%
2．有形固定资产：		
——工业用建筑物：		
+20年以下的	20年	5%
+21～50年的	50年	2%
——商务、住宿用建筑物：		
+永久性的	20年	5%
+半永久性的	10年	10%
——工业、农业、手工业及建筑业用的挖掘、开垦、拖拽等机器设备和车辆	5年	20%
——陆路、水路运输工具	5年	20%
——某些职业或工种所需的设备及其配套工具	5年	20%
——办公设备和用品	5年	20%
——船舶、旅游船、渡船及其他类似船只	10年	10%
——民航飞机和运输机	10年	10%

资料来源：《税法》（老挝文）（第35条），万象：老挝国会，2011年12月10日，第16页。

准许作为折旧费扣除的费用开支包括以下两类：

——用于规划设计和成立企业的支出，是指企业成立之前或成立之后与无形固定资产有关的支出，如发明创造证书、批文、租赁许可证，使用技术、专利及类似权利，以及可确定其使用年限的其他无形资产。

——用于矿产勘查和制作可行性报告且持有相关部门的证明并得到税务部门认可的开支，是指生产经营单位在企业成立前或成立后支出的，用于矿产勘查、研究及扩展业务的开支。

其他不列入利润税计征基数的款项还包括：从参与其他企业的投资中取得的、已缴纳所得税的企业的分红收入；对已被计征利润税的各类准备金的回收；持有有关部门证明文件等有证据的、无法收回的债款；滞缴的税金收入；在年终会计结算日，因对以外币结算的资产和债务进行评估而产生的、来自于汇率变动的利润；投资者与政府签署的投资协议中所规定的捐助款。①但无法确定使用年

①《税法》（老文），第35条，万象：老挝国会，2011年12月10日，第15-17页。

限的无形固定资产如土地使用权、商业经营权（铺面租金）、出资证明等，以及未列入企业资产账簿的固定资产，不予扣除折旧费。

（三）利润税税率

新修订的《税法》分三种类别确定利润税税率。该法第29条对利润税税率作如下规定：

（1）具有法人地位的国内外企业利润税税率为24%，上市公司除外；上市公司利润税税率为：自注册上市之日起前4年的税率比正常税率少5%，此后按本法规定的税率执行。

（2）具有法人地位，从事香烟生产、进口和销售的企业利润税税率为26%，其中2%系按照《香烟管理法》第46条之规定征收并缴入香烟管理基金。

（3）向私人企业、自由职业者征收利润税，采取阶梯递增方式，税率从0%至24%不等[①]，见下表：

表4-3　　（单位：基普）

等级	各等级年度利润基准	计征基准	税率	各等级税额	总税额
1	3600000以下	3600000	0%	0	0
2	3600001—8000000	4400000	5%	220000	220000
3	8000001—15000000	7000000	10%	700000	920000
4	15000001—25000000	10000000	15%	1500000	2420000
5	25000001—40000000	15000000	20%	3000000	5420000
6	40000001以上	……	24%	……	……

资料来源：《税法》（老文）（第29条），万象：老挝国会，2011年12月10日，第13页。

与2005年《税法》相比，上述条款规定的税率有较明显的下降。法人企业的利润税税率从原先的35%下降到现在的24%；私人企业的税率范围也从0—35%下降到0—24%，其中上表第2至4等级的税率较2005年各降低了5个百分点，第5、6等级分别降低10和11个百分点。当然，旧版税法同时规定，“针对外国投资者的利润税税率，按照现行有效的促进外国在老挝投资法的规定执行”。各等级计征基准也发生了变化，其中第1等级从原来的240万基普提高到360万基普，第6等级则从

①《税法》（老文）（第29条），万象：老挝国会，2011年12月10日，第12页。

6000万基普降低至4000万基普，反映出老挝政府鼓励中小企业发展的政策倾向。

除《税法》作统一规定外，各经济特区/经济专区在税收方面也有自己的优惠政策。以沙湾—色诺经济特区为例，该特区按行业划分实行不同的利润税减免标准：（1）生产行业。总产量的70%以上出口或生产、装配、提供高技术产品的，自产生利润之年起免征10年利润税，之后按8%的税率征收；总产量的30%—69%出口的，自产生利润之年起免征7年利润税，之后按8%的税率征收；一般性生产或总产量的30%以下出口的，自产生利润之年起免征5年利润税，之后按8%的税率征收。（2）贸易业。老挝国内生产的商品出口贸易企业，自产生利润之年起免征5年利润税，之后按10%的税率征收；转口贸易企业，自产生利润之年起免征3年利润税，之后按10%的税率征收；除此之外的贸易企业，自产生利润之年起免征2年利润税，之后按10%的税率征收。（3）服务业。投资额在5万~14.9万美元之间的，自产生利润之年起免征2年利润税，之后按10%的税率征收；投资额在15万—29.9万美元之间的，自产生利润之年起免征4年利润税，之后按10%的税率征收；投资额在30万—49.9万美元之间的，自产生利润之年起免征6年利润税，之后按10%的税率征收；投资额在50万—199.9万美元之间的，自产生利润之年起免征8年利润税，之后按8%的税率征收；投资额在200万美元以上的，自产生利润之年起免征10年利润税，之后按8%的税率征收；投资职业教育、中小学教育的，免缴利润税。①

提交2016年10月召开的八届国会二次会议审议的新版《促进投资法》（草案）给予投资者的利润税优惠幅度将更大。新法草案规定，进一步扩大业务的投资者将受益于新的利税政策；那些雇用300名以上国内工人的企业，有权在免税期结束后再次申请免除3年利润税。②

三、所得税

所得税是向在老挝境内取得收入的个人、法人征收的直接税。老挝法律规定，除为了避免双重税收和防止偷逃税而签订的双、多边协议及经老挝国会批准的政府

①石长胜编译：《老挝经济法规选编》，昆明：云南人民出版社，2005年，第314-315页。

②SouksakhoneVaenkeo，“Investment promotion law undergoes amendments to boost growth”，http://www.vientianetimes.org.la/FreeContent/FreeConten_Investment200.htm，登录时间：2016年8月29日。

与投资商签订的合同中另有规定外，在老挝工作并在老挝或国外取得收入的外国人需要在老挝缴税所得税。须纳税的所得包括：（1）工资、劳务费、加班费、职务补贴、任务补贴、年度津贴、出席董事会的会议补助等以现金或实物支付的所得；（2）股东或持股人从分红或其他利润分配中取得的收益，个人、法人出售股份获得的利润；（3）放贷利息收入，作为个人、法人代理人等的佣金收入，通过合同或其他契约提供担保而取得的收益；（4）从政府部门、建国阵线、群众团体、社会团体及其他团体的非商业性活动中取得的收入；（5）奖品、奖金或其他有价物品价值超过100万基普的；（6）租金收入，如土地、房屋、建筑物、车辆、机器或其他资产出租的所得；（7）个人或法人的专利、版权、商标等知识产权方面的所得；（8）买进—卖出、转让土地、建筑物或土地及其上建筑物的所得。①

老挝现行《税法》把个人所得税累进税率从原来的0—25%累进税率降低到现在的0—24%，企业所得税的税率标准也从28%降至24%。②同时，在投资法下享受的所得税税率比上述更低的，采取就低不就高的办法。现行《税法》规定，工资、劳务费、加班费、职务补贴、任务补贴、年度津贴、出席董事会的会议补助等以现金或实物支付的所得的，所得税实行阶梯式税率，税率从0%到24%不等，详见下表：

表4–4

（单位：基普）

级别	各级工资基准	计征基准	税率	各级税额	总税额
1	1000000以下	1000000	0	0	0
2	1000001—3000000	2000000	5%	100000	100000
3	3000001—6000000	3000000	10%	300000	400000
4	6000001—12000000	6000000	12%	720000	1120000
5	12000001—24000000	12000000	15%	1800000	2920000
6	24000001—40000000	16000000	20%	32000000	6120000
7	40000001以上	—	24%		—

资料来源：《税法》（老挝文）第47条，万象：老挝国会，2011年12月10日，第23页。

2005年《税法》把个人所得税分两种情况，以150万基普为线分不同税率征

①《税法》（老文）（第45条），万象：老挝国会，2011年12月10日，第21页。

②何雪亮：《老挝政府新修订税法的主要变化》，载《新智慧·财经》，2014年第4期，第114页。

收，具体是：

图4-5　对于月收入不超过150万基普的人群（单位：基普）

级数	月工资级别	计征基础	税率	各级应缴税额
1	300000以下	300000	0	0
2	300001-1500000	1200000	5%	60000

图4-6　对于月收入150万基普以上的人群（单位：基普）

级数	月工资级别	计征基础	税率	各级应缴税额
1	1—1500000	1500000	5%	75000
2	1500001—4000000	2500000	10%	250000
3	4000001—8000000	4000000	15%	600000
4	8000001—15000000	7000000	20%	1400000
5	15000000以上	—	25%	—

与2005年相比，现行《税法》把个人所得税起征基准提高了不少，而税率却相对降低了。例如，同为5%的税率，之前规定的工资基准上限是150万基普，现行规定则提高到了300万基普；同为10%的税率，之前的工资基准区间是150—400万基普，现行规定提高到了300—600万基普；最高一级的税率降了1%，计征基准却从1500万基普上升到4000万基普。税率还增加了“12%”一档。

除此之外，现行《税法》还规定，前述须纳税的8项所得中，第2至6项的所得税税率为10%，第7、8项税率为5%。[①]该规定与2005年《税法》规定的税率大同小异，差别在土地、房屋租金所得这一项上。2005年《税法》第60条规定，房屋、土地及其他资产出租所得按15%税率征收所得税，现行税法则降低了5个百分点。由于外商投资必然涉及土地房屋租用问题，降低对土地、房屋所有人的课税率，将会间接减轻外国投资者的成本负担。

现行《税法》在所得税方面的优惠政策比之前更加宽松也体现在免税范围的扩大上。该法第46条规定的获准免税的所得包括：

（1）100万基普以下的工资收入；

（2）根据老挝政府与有关国家签署的协定及外交部相关规定，在老挝工作的外交人员、驻国际机构工作人员和外国专家的工资收入；

①《税法》（老文）（第47条），万象：老挝国会，2011年12月10日，第22-23页。

（3）个人、法人在证券市场上出售股份的所得；

（4）妻子、不满18岁子女的补助金，生育、疾病补助，工伤补助，一次性补助，超过政府法定年龄的退休金，法律规定的学生生活补助；

（5）上市公司向股东或持股人的分红，另有专门规定的除外；

（6）经有关部门批准，上市公司或非上市公司发行股票和债券进行融资的所得；

（7）持相关部门证明的残疾人的劳工费；

（8）奖品、奖金或其他有价物品价值不足100万基普的所得；

（9）按会计账簿申报纳税的生产经营单位资产出租的租金所得；

（10）政府或企业的社会保险金；

（11）获有关部门批准的文艺、体育等公益活动的所得；

（12）存款利息，政府债券或借贷券的利息；

（13）个人和机构的人寿、财产保险金；

（14）政府为表彰在跟踪、追查、防范、抵制违法乱纪行为方面有突出贡献者颁发的奖金或奖品；

（15）为在民族解放战争中建功、牺牲、伤残的人员发放的抚助金，国会议员的补助金；

（16）科研、发明创造的奖金、奖品；

（17）由国家财政支出的政府工作人员开展专项活动的伙食费、交通费、预备金（实际上是补助）和住宿费，使用国家财政预算的无偿援助项目款；

（18）按会计账簿申报纳税的生产经营单位买进—卖出、转让土地、建筑物或土地及其上建筑物的所得，以及直系亲属如父母、夫妻、子女的遗产继承所得。①

与2005年《税法》相比，获得免税的所得从原来的13项增加到了18项，加上原有某些免税项目被取消，新出现的免税所得实际上达到了9项。其中，“个人、法人在证券市场上出售股份的所得”“上市公司向股东或持股人的分红”“按会计账簿申报纳税的生产经营单位资产出租的租金所得”“按会计账簿申报纳税的生产经营单位买进—卖出、转让土地、建筑物或土地及其上建筑物的所得”4个新增免税项，对外国投资者具有较大的诱惑力。

以前的促进外商投资法规定，在老挝投资的外国投资者，应根据老挝有关法

①《税法》（老文）（第46条），万象：老挝国会，2011年12月10日，第21−22页。

律规定每年向老挝政府缴纳20%的利润所得税，在老挝投资和工作的外国人必须向老挝政府缴纳个人总收入10%的个人所得税。①老挝现行《税法》、《促进投资法》、《企业法》均没有对外国企业应缴所得税做出专门规定，这是因为企业所得税只是中国的说法，国外包括老挝的“企业利润税”即相当于中国的企业所得税。从世界范围看，许多国家的所得税税率在30%以上。中国对外国企业在境内设立机构、取得收入与境内有关的，征收25%的所得税；取得收入与境内无关的，税率为10%。这个税率已相对较低。从上述看来，老挝的所得税和利润税税率比中国还要低，从吸引外资的角度看这会起到较好的促进作用，同时却也引起老挝部分人士的担忧，认为过低的税率已影响了老挝政府的财政收入。

另外，此前老挝设有最低税，税额是营业收入的0.1%。所有产生营业收入的企业即使利润低于一定水平或在纳税年度内产生亏损都要预缴所得税（最低税），2012年《税法》将预缴所得税（最低税）废除。②同时新增了针对中小企业的定额税，定额税按税务部门和纳税人签订的合同中的税额缴纳。《税法》第56条规定：

——从事中小规模生产、经营活动者，年营业额在50000000基普以下的：A. 12000000基普以下，免除定额税；B. 12000001基普至50000000基普，按固定额收取年税额不超过600000基普的定额税。

——年营业额在50000001基普至400000000基普之间的中小规模生产、经营活动者，按以下规定缴纳定额税：

表4–7

作为计算基准的年营业收入额	各行业定额税税率		
	生产	贸易	服务
50000001—120000000基普	3%	4%	5%
120000000—240000000基普	4%	5%	6%
240000001—400000000基普	5%	6%	7%

资源来源：《税法》（老文）（第56条），万象：老挝国会，2011年12月10日，第27页。

①王志刚、李建利：《老挝矿产资源及其相关投资政策》，载《西部资源》，总第11期（2006年2月），第55页。

②何雪亮：《老挝政府新修订税法的主要变化》，载《新智慧·财经》，2014年第4期，第115页。

废除最低税和新增定额税无疑更有利于中小企业的发展，税率比利润税低很多的定额税一方面能够提高企业抗风险的能力，另一方面也提高了中小投资者特别是经济条件相对较好的国外个人投资者的投资热情。

四、增值税

（一）营业税改增值税

增值税是老挝2012年《税法》明确的两种间接税中的一种，但增值税最早并不是出现《税法》中。2006年12月26日老挝国会就通过了首部《增值税法》，并限定该法只“取代2005年5月19日国会以第04号决议通过的《税法》修正案中处于增值税体系内的经营者营业税的有关规定”[①]。这时营业税与增值税同时存在，只有部分增值税体系内的经营者不需缴纳营业税，2012年《税法》则完全取消营业税而代之以增值税。以“营改增”取代实施多年的营业税，是老挝政府适应经济社会发展新形势、加快财税改革的重大举措，目的是调动各方积极性，促进产业和消费升级，培育产业新动能。“营改增”后，增值税只对产品或服务的增值部分征税，使原来的计价标准从价内税变为价外税，减少了重复纳税的环节，进一步减轻了企业的税费负担。2012年“营改增”涉及的行业包括土方开挖、挖砂、建造业的场地清理、保险业、安保服务、印刷服务、保洁服务及在石油、天然气开发和基础设施建设中租赁机械设备等，这些行业由原来《税法》规定的按5%的税率征收营业税改为按10%的税率征收增值税。在老挝提供货物进口服务及劳务服务的企业也按照10%的标准税率征收增值税。[②]

表面上看，上述行业增值税基本税率比营业税高了5个百分点。由于计征基数不同实际上企业的税务负担反而变小了，况且老挝此前5%的营业税税率并非涵盖所有行业。2005年《税法》规定的个人企业和股份制企业的营业税税率在5%—10%之间；公司的税率为：国内公司35%，外国公司20%。[③]而2006年《增值税法》第19条规定：进口和在国内生产、使用的商品和货物，增值税税率为10%；出口的商品、

①《增值税法》（老文）（第55条），万象：老挝国会，2006年12月26日，第26页。

②何雪亮：《老挝政府新修订税法的主要变化》，载《新智慧·财经》，2014年第4期，第113页。

③“ນະໂຍບາຍທາງດ້ານພາສີ-ອາກອນ”，http://www.investlaos.gov.la/la/index.php/why-laos/tax-and-duty-incentives，2016年4月24日。

货物和服务，增值税税率为0※。[①]2014年修订后的《增值税法》第16条规定的基本税率没有变化，但把按10%税率征收的对象扩大为“进口到老挝和在老挝生产、使用的商品和服务，以及未加工成成品的自然资源的出口”，按0%税率征收的对象扩大为“国内无法生产或产量严重不足的，用于生产或作为固定资产投资的、国内生产或进口的原料、化学物质、机器、设备和车辆，以及出口商品、加工成成品的自然资源”。[②]由上可见，对外国公司而言，“营改增”后不仅计征基数变小，税率更从20%降低至10%。所以“营改增”后企业形式为公司的外国投资者缴纳的增值税比之前缴纳的营业税大幅减少，这将大大刺激外国投资者赴老挝投资设立公司的热情。另外，与中国增值税17%的基本税率相比，老挝10%的基本税率是较低的。

2006年版《增值税法》规定，年经营收入达到4亿基普的经营者即进入增值税体系内，年经营收入不足4亿基普的经营者可向税务部门申请进入增值税体系。2014年修订后的该法没有提高年经营收入4亿基普（约合5万美元）的门槛，同时规定增值税计征标准如下：（1）进口商品：到岸价（CIF）+进口关税+消费税（如有）；（2）在国内销售商品和服务：商品和服务销售额+消费税（如有），不包含增值税；（3）在老挝境内从无固定住处者手中购买服务：不包含增值税在内的购买服务的实际价值。但不在增值税体系内的进口商品的增值税计征标准则是：到岸价（CIF）+进口关税+消费税（如有）+总利润。[③]可见，进入增值税体系的纳税人比非增值税体系纳税人享有更好的税收优惠。老挝法律还规定，来自副业的收入也纳入年经营收入，经营收入为外币的须折算成基普。

（二）增值税的免除

除“营改增”外，增值税方面的优惠政策突出表现在对部分商品和服务的免征上。新修订的《增值税法》共有24项商品和服务获得免缴增值税，较2006年版增加了9项；其中16项与投资经营活动相关，另8项无关。具体如下：

（1）未加工或只经过切片、研磨、熏制、脱壳、脱粒等初步加工的农作物的进口和销售；

（2）活的或死的、成只的或成块的，未加工或只经过切块等初加工、仍是

※0的税率与免税是不同的，0税率可申请退还进项税而免税则不行。

①《增值税法》（老文）（第19条），万象：老挝国会，2006年12月26日，第9页。

②《增值税法》（老文）（第16条），万象：老挝国会，2014年7月23日，第7-8页。

③《增值税法》（老文）（第14条），万象：老挝国会，2014年7月23日，第7页。

生的或保持新鲜的各类动物的出售；

（3）植树造林，种植经济林木、果树和药用树木；

（4）各类作物种子、动物种苗、饲料、疫苗、饲料和疫苗生产原料的进口与销售；

（5）对生态和生命健康无害的肥料和农产品工业加工原料、生物肥、科技肥、农药；

（6）农用工具设备和机械的进口与销售；

（7）组织机构用于进行研究、实验和分析，政府许可的个人用于进行分析、实验的化学物质的进口；

（8）印花税票或邮票的进口与销售；

（9）服务于国内、国际航空运输的飞机及其设备的进口；

（10）服务于国际航空运输的燃油及其他油料的进口，在国际航班上进行销售的商品的进口；

（11）根据双边或国际协定，经有关部委批准的、用于驻老挝使领馆、国际组织公务活动的商品的进口；

（12）经有关部委批准的，课本、教材，计算机、投影仪和现代教育设备等用于教学目的的现代化教学用品的进口与销售；

（13）非商业性的宣传政府政策、服务于政治任务的报刊、杂志、电视节目和广播电台；

（14）托儿所、幼儿园、小学、中学、职业学校、职业培训中心、学院、大学等教育服务行业；

（15）来自老挝央行许可的商业银行或金融机构的存款利息或借贷利息；

（16）老挝央行进口或获其授权进口的用于保障印钞所需的黄金的进口和纸币、金属币的进口；

（17）人寿、健康、饲养、林木等保险业务；

（18）人、动物体检、治疗、疾病分析业务；

（19）民间药材、兽药、用于移植的人或动物的人造器官、人血液、病人残疾人老年人设备和轮椅的进口与销售；

（20）医院、诊所用于服务社会的医疗工具设备、分析仪器的进口与销售；

（21）消防车、救护车、维修车、电视电台转播车、政府和社团其他专用车辆等服务于公益事业的专用车辆的进口；

（22）服务于国防治安事业的车辆，行政用车除外；

（23）《税法》规定的结束任务的大学生、公务员、使节，以及有意到老挝常驻的外国人的某些用品、礼品的入境，来自遗产继承的除外；

（24）政府与外国签订的协议、国际协定、条约中规定的提供给无偿援助项目的商品与服务。[①]

（三）增值税退税

老挝《增值税法》允许纳税人申请退返增值税。有权申请退返增值税者包括：（1）出口商品到国外的增值税体系内的经营者；（2）依法合并、分离、中止业务或倒闭的增值税体系内的经营者；（3）在老挝购买商品、从老挝的国际机场将上述商品带到国外使用的外国旅客、游客；（4）获外交部许可的政府间国际组织或非政府国际组织、使馆、领事馆和外交官；（5）被重复征收增值税或因计算错误征收金额超过应缴金额的个人和法人。[②]对于重复征收的税款，《税法》也规定：因生产经营者或税务官提供的数据不准确导致税额计算错误，如重复缴税、不按规定的税率计算、要求缴税的金额超出应缴金额等，需要退还的，税务部门应认真负责地研究处理，以便将多收的税款退还纳税人；如果无法退还，应从下月、下批或下年的同类或其他类应缴税款中扣除相应的金额。[③]

增值税的销项税不允许退返，也并非所有进项税都可以申请退返。准许申请退返的进项税包括：（1）《增值税法》第16条规定的、与出口商品有关联的项目的进项税；（2）出口国外、加工成成品的自然资源进项税；（3）出口国外的商品份额中当月未扣除完的进项税；（4）依法合并、分离、中止业务或倒闭时商品或服务的余下的进项税；（5）被重复缴纳或因计算错误缴纳金额超过应缴金额的商品或服务的进项税；（6）外国旅客、游客，政府间国际组织或非政府国际组织、使馆、领事馆和外交官在老挝购买、带到国外使用的商品的增值税[※]。[④]

申请退税设有限制条件。对增值税体系内的商品和服务出口商，必须按照

---

①《增值税法》（老文）（第12条），万象：老挝国会，2014年7月23日，第4–6页。

②《增值税法》（老文）（第24条），万象：老挝国会，2014年7月23日，第10页。

③《税法》（老文）（第68条），万象：老挝国会，2011年12月10日，第32页。

※2016年8月30日，老挝财政部出台新规，决定对携带入境的、价值超过50美元的旅客随身物品征收10%的增值税，起征基准为50美元。新规定于2016年11月在老泰第一友谊大桥国际口岸先行执行。

④《增值税法》（老文）（第25条），万象：老挝国会，2014年7月23日，第11页。

《会计法》规定正确持有账簿、按相关法令正确使用收款单，持有相关销售合同和出口证明文件，并按规定申报和缴纳增值税。对于合并、分离业务的增值税纳税人，须持有合营（联营）合同和有关部门出具的业务合并、分离证明文件；对于停业者，须能出示完税证明和有关部门出具的停业证明；企业倒闭的，须能出示关于企业倒闭的文件和法院判决书。①另外，申请退返增值税者必须在增值税产生之后6个月内提出申请，增值税体系内的经营者通常按月申请；如果是合并、分离、中止业务或企业倒闭的，应在有关部门出具相关书面文件之日起6个月内进行申请。申请时须提交以下材料：

（1）增值税体系内的经营者所需提交的材料：

——按财政部样表填写的增值税退税申请表；

——申请退税当月的增值税报税单；

——能够证明申请退税当月已缴纳增值税、由国库出具的收款凭单或由银行出具的付款凭证的原件；

——按财政部样表填写的申请退税时间段内进项和销项收据使用情况汇总表；

——收款凭据和进口、出口证明；

——商品或服务的销售合同。

（2）依法合并、分离、中止业务或倒闭的增值税体系内的经营者，按以下不同情形提交材料：

——合并业务的，提交合营（联营）合同和相关部门出具的业务合并证明；

——分离业务的，提交相关部门出具的业务分离证明；

——中止业务的，提交完税证明和相关部门出具的业务中止证明；

——企业倒闭的，提交法院判决书或裁决书和企业倒闭的相关文件。

（3）被重复征收增值税或因计算错误缴纳金额超过应缴金额的个人和法人所需提交材料：

——按财政部样表填写的增值税退税申请表；

——能够证明申请退税当月已缴纳增值税、由国库出具的收款凭单或由银行出具的付款凭证的原件；

——收款凭据和多计征增值税的证明材料。②

①《增值税法》（老文）（第26条），万象：老挝国会，2014年7月23日，第11–12页。

②《增值税法》（老文）（第28条），万象：老挝国会，2014年7月23日，第12–13页。

外国旅客／游客、政府间国际组织或非政府国际组织、使馆、领事馆和外交官申请增值税退税时所需材料，由其他法律法规另行规定。有关部门须在接到退税申请之日起1个月内向增值税体系内的经营者退返进项税。

同时，《增值税法》对不予退返和不得扣除的增值税也进行了明确。该法第23条规定："不得扣除进项税的项目包括：（1）本法第12条规定的免除增值税的项目；（2）非直接用于经营的商品或服务；（3）出口的非成品自然资源；（4）已扣除的或已退返的增值税；（5）本法第22条规定的无条件，或有条件但未正确、未全面执行且已通知3次、当事人已签字认可的商品和服务的增值税。"[①]第29条则规定："不得退返的增值税包括：（1）本法第23条规定的不予扣除的进项税；（2）矿产、天然林木等未加工成成品而出口的自然资源；（3）燃料和电力的进项税，其他法规另有规定的除外。"[②]

五、消费税

消费税和增值税一起构成老挝《税法》规定的两种间接税。表面上看消费税与外商投资没有关系，但外国投资者在投资国生活、购买燃油等商品，包括其员工在当地生活、消费，消费税税率会直接影响到外商企业的成本支出。老挝法律规定，向进口到老挝或在老挝境内生产、服务的某些种类的商品／服务的使用者收取消费税，收取方式由生产经营者进行计算、收取和上缴国家财政。根据商品和服务种类的不同，老挝对消费税税率规定如下：

图4–8

序号	须缴纳消费税的商品和服务	税率（%）
1	燃油： ——专用汽油 ——普通汽油 ——柴油 ——航油 ——机油，含氢硅油，润滑油，制动液	 25% 20% 10% 10% 5%

①《增值税法》（老文）（第23条），万象：老挝国会，2014年7月23日，第10页。
②《增值税法》（老文）（第29条），万象：老挝国会，2014年7月23日，第13页。

（续上表）

序号	须缴纳消费税的商品和服务	税率（%）
2	车辆用天然气	10%
3	酒及含酒精饮料： ——15度以上的酒、含酒精饮料 ——15度以下的白酒、红酒及含酒精饮料 ——啤酒	 70% 60% 50%
4	成品类饮料 ——汽水、苏打水、矿泉水、果汁及其他类似饮料 ——提神饮料	 5% 10%
5	香烟：烟丝、盒装香烟、雪茄	60%
6	水晶饰品	20%
7	各种地毯	15%
8	价值10000000基普以上的家具（沙发）	15%
9	香水、美容用品	20%
10	扑克和赌博用品	90%
11	高升火箭、烟花、爆竹	80%
12	车辆： （1）摩托车 ——排量 110cc 以下 ——排量 111—150cc ——排量 151—250cc ——排量 250cc 以上 ——电动摩托车按以上各项对应税率的80%征收。 （2）汽车 各类汽车的消费税税率根据具体情况按25%—150%的不同比率征收，由中央政府研究决定并由国家主席颁布法令予以确认。	 10% 15% 20% 25%
13	车辆零部件	10%
14	汽车饰品	15%
15	快艇，游艇，体育用机动船艇及其零件、组件	15%
16	电视信号卫星接收机、音像电玩、照相机、电话机、录音录像机、电子乐器及此类产品的组件或相关设备	10%
17	电器：空调、洗衣机、吸尘器	10%
18	台球桌、斯诺克球桌、保龄球设备、桌上足球机	20%
19	各类游戏机	30%
20	娱乐：舞厅、迪斯科厅、卡拉OK厅	60%
21	保龄球运动	10%

（续上表）

序号	须缴纳消费税的商品和服务	税率（%）
22	按摩、药敷、美容	10%
23	使用电话、闭路电视、数字电视、互联网等服务	10%
24	高尔夫球运动	10%
25	彩票业务	25%
26	Casino（赌场）及赌博机业务	80%

资料来源：《税法》（老文）第20条，万象：老挝国会，2011年12月10日，第8-10页。

各项消费税的计征基准和征收办法按以下执行：

（1）从国外进口用于生产、销售和自用的普通商品，按到岸价（CIF）加上进口税和其他手续费（若有）之和乘以消费税税率征收；（2）在国内生产、代工生产或自用的商品，按出厂批发价或零售价（不包含增值税和消费税）乘以消费税税率征收；（3）对于服务类项目，以服务价值（不包含增值税和消费税）乘以消费税税率征收；（4）进口、在国内生产或组装的汽车消费税，以汽车销售价乘以专项法规中确定的消费税税率予以征收。[①]

上表表明，老挝消费税税率是极高的，赌博用品高达90%以上，烟花爆竹80%，香烟、娱乐60%，白酒70%、啤酒60%。相比之下，中国的烟花爆竹仅收取15%的消费税，白酒最高也只有20%、啤酒不足10%。而老挝现行税法规定的部分税率比2005年还高，彩票业务从原来的10%提高到25%，烟花爆竹从70%提高到80%，扑克牌从70%提高到90%，赌场业更从15%猛增至80%。由此可以看出老挝政府通过提高消费税来增加国家财政收入的急切心态，但调高税率的主要是政府不提倡的赌博、娱乐等行业，并不意味着老挝有意通过消费税来提高外商投资的门槛。相反，对与投资项目密切相关的商品和服务采取了比之前更优惠的税率。例如作为外商投资者开支大项的燃油，普通汽油从原来的24%下调至20%，柴油从原来的12%下调至10%。

现行《税法》还新增第25条“免征汽车消费税”，规定以下四类车辆免征汽车消费税：

（1）国际组织进口的车辆，外国向老挝无偿援助的车辆；

①《税法》（老文）（第21、22条），万象：老挝国会，2011年12月10日，第10-11页。

（2）临时进口、用以服务于经国会批准的投资项目的车辆；

（3）专项法规规定的，服务于政府部门专项技术工作的进口、国内生产/组装的车辆；

（4）箱式车辆、公共汽车、运输车辆、硬篷和软篷吉普车、轿车、皮卡车。[①]

四类车辆中有两类对投资项目是十分有利的，因此可视之为鼓励投资的消费税方面的优惠政策。此外，现行《税法》第19条规定了7种免征消费税的商品和服务，包括出口国外且持有税务部门相关证明文件的商品、国内组装厂用于组装成成品的进口零部件、医用酒精、残疾人业务等。鉴于老挝出口商品几乎都有外国投资者参与生产和经营，我们认为该条规定也属于外商投资鼓励与优惠措施之一。

六、土地税

老挝允许在其境内投资和生活的外籍侨民、无国籍人士、外国公民及上述人员的组织向政府或老挝公民租用土地。外国投资者向政府租用土地通常不能超过50年，向老挝公民租用土地不得超过30年，到期后经政府批准可以续租，但最长不得超过99年，租用土地后即享有土地保护、使用、收益、转让等土地使用权。使用老挝境内的土地需要缴纳土地税，连续3年不缴纳土地税将被收回土地使用权。根据不同的地形类别和土地用途，土地税税率也有所不同。

图4–9　农业用地土地税税率

农业用地类别	土地税税率　单位：基普/公顷/年					
	平原地区		高原地区		山区	
	城镇地区	农村地区	城镇地区	农村地区	城镇地区	农村地区
Ⅰ．农田						
1．水田	45000	35000	40000	30000	25000	20000
2．遭受自然灾害的水田 （1）受损70%以上的	当年免除	当年免除	当年免除	当年免除	当年免除	当年免除
（2）受损在50–70%之间的	10000	5000	9000	5000	5000	5000
（3）受损在50%以下的	20000	10000	10000	10000	8000	8000

①《税法》（老文）（第25条），万象：老挝国会，2011年12月10日，第11页。

（续上表）

农业用地类别	土地税税率　　单位：基普/公顷/年					
	平原地区		高原地区		山区	
	城镇地区	农村地区	城镇地区	农村地区	城镇地区	农村地区
3. 荒芜水田	30000	20000	20000	15000	20000	10000
Ⅱ. 旱地						
1. 定耕旱地	20000	15000	16000	14000	14000	12000
2. 走耕旱地	25000	20000	25000	15000	20000	15000
Ⅲ. 园子地						
1. 种花	12000	9000	11000	10000	10000	10000
2. 种植果树	30000	20000	20000	10000	15000	8000
3. 种植经济作物/一年生植物	45000	35000	40000	30000	30000	20000
4. 种植药材	20000	10000	15000	8000	10000	6000
5. 种植蔬菜	30000	20000	25000	15000	12000	8000
6. 种植其他树木	25000	15000	20000	10000	12000	8000
Ⅳ. 养殖用地						
1. 天然牧场	35000	20000	30000	15000	20000	12000
2. 人工开垦草场	30000	10000	25000	8000	16000	6000
3. 养殖场	45000	35000	40000	30000	30000	20000
4. 水产养殖湖、塘	40000	30000	35000	25000	30000	20000
Ⅴ. 其他农业用地						
1. 非放牧草场	40000	30000	35000	25000	30000	20000
2. 未使用的其他农业用地	40000	30000	35000	25000	30000	20000

表4-10　建设用地土地税税率

建设用地区位	土地税税率　　单位：基普/平方米/年			
	住宅用地	工厂或工业区建设用地	商铺和服务场所建设用地	闲置土地
Ⅰ. 首都辖城区				
1. 中心区	80	180	300	300
2. 靠近中心区	60	150	240	240
3. 郊区	40	80	180	180
4. 城市发展区	30	60	100	100
Ⅱ. 省辖城区				
1. 中心区	60	160	250	250

（续上表）

建设用地区位	土地税税率　单位：基普/平方米/年			
	住宅用地	工厂或工业区建设用地	商铺和服务场所建设用地	闲置土地
2. 靠近中心区	50	120	200	200
3. 郊区	30	60	180	180
4. 城市发展区	20	40	80	80
Ⅲ. 县/区辖城区				
1. 中心区	25	60	120	120
2. 城市发展区	20	30	60	60
Ⅳ. 农村地区				
1. 平原地区村寨	15	20	30	45
2. 高原地区村寨	10	15	25	30
3. 山区村寨	5	8	15	15

资料来源：《关于土地税的国家主席令》（老文），万象：国家主席府，2007年5月8日，第3–4页。

从表中可以看出，老挝土地税税率相当低，即使是平原地区最优质的稻田，每亩土地税也不过3000基普／年（45000基普／公顷／年），遭受自然灾害还可以减免。而闲置土地，无论农业用地还是建设用地，收取的土地税相对于已使用的各类土地并不低，有的甚至比已使用土地的税率还高。特别是建设用地中的闲置土地，税率和修建商铺／服务场所用地一样，属于建设用地中税率最高的。可见老挝政府通过土地税杠杆促进土地开发利用的初衷，这也成为鼓励外商前来投资开发的一项优惠政策。近年来，包括中国在内的许多国家前往老挝投资种植橡胶、水果、香米，开发房地产等，原因之一就是老挝土地税税率低的政策诱导的结果。

此外，老挝还对部分农林用地和建设用地实行土地税免税政策。与外商投资相关的免税土地包括：（1）农林用地：①用于品种科研试验或生产的农业土地；②新开垦土地，免除前3年土地税；③受自然灾害使收成损失70%以上的农田或旱地，免除当年土地税；④按照农林部门有关规定进行注册登记、用于种植林木的土地，每公顷林木密度在1100株以上的；⑤用于种植业或养殖业以停止毁林开荒和实现定居定耕的土地，免除前3年土地税。（2）建筑用地：①经教育部门批准的私立学校用地；②外国侨民、无国籍人士和外国人向政府租用的土地。[①] 正在修订中的新版《促进投资法》则规定，投资医院、教育、研究机构等公共领域可免除5至15年土地租赁金（土地税）并给予免除2至5年利润税。[②]

第二节　其他优惠政策

一、货币优惠政策

税收优惠是常见的和最有效的鼓励外商投资的政策，除此之外还有许多吸引外商投资的措施，其中就包括货币政策。近年来，老挝加快制定和不断完善货币金融政策，相继出台了《关于支票的政令》（2014年）、《关于外汇交易远期合约的规定》（2014年）、《外汇管理法》（2015年）、《关于老挝央行储蓄账户在线对账单系统管理使用的规定》（2015年）等一批法律文件。2009年老挝全国共有137家单位通过银行系统进行支付，2010年增加到584家，2011年又增加到693家。2010年老挝有22家外汇汇兑单位挂牌，2012年新增25家，目前全国各地共有169家外汇汇兑单位和23家分支机构。[③]这些给外国投资者进行融资、支付、转账、再投资等金融行为带来了极大便利。

老挝允许在金融业务行为中使用多种外币。例如《关于外汇交易远期合约的规定》中允许使用的外汇就包括：（1）老挝央行与商业银行之间的业务行为：美元、泰铢；（2）商业银行之间或商业银行与经济单位之间的业务行为：可用多种外汇（包括欧元、日元、人民币、澳元及其他货币）进行。但上述每次业务行为必须通过基普进行换算。在保持与老挝央行同期发布的汇率浮动范围相符的

①《关于土地税的国家主席令》（老文）（第5条），万象：国家主席府，2007年5月8日，第5页。

②SouksakhoneVaenkeo: “Investment promotion law undergoes amendments to boost growth”，http://www.vientianetimes.org.la/FreeContent/FreeConten_Investment200.htm，2016年8月29日。

③乔庆：《2000-2012年老挝货币政策效应研究》，内蒙古大学硕士学位论文，2015年，第17-18页。

情况下，交易时汇率的确定有以下三种情形：（1）老挝央行与公开市场、银行间市场各成员之间签订的外汇交易远期合约，由老挝央行规定外汇交易远期合约的汇率；（2）公开市场或银行间市场成员之间的外汇交易远期合约，汇率由公开市场成员之间或买方银行与卖方银行之间商定；（3）商业银行与经济单位之间的外汇交易远期合约，由商业银行把每次合约的建议汇率向各经济单位通报并最终确定。外汇远期合约期有7日、14日、3个月、半年、6个月和1年六种。[①]

《外汇管理法》允许在老挝开展经营活动和／或从事业务的国内和外国个人、法人及机构将外汇用于以下多种目的：

（1）支付从外国进口的商品金额；

（2）支付与进出口商品直接相关的服务费，如过境运输费、保险费、仓储费和其他服务费；

（3）向国外支付贸易债务和信贷；

（4）根据政府决定为外国提供援助；

（5）外国投资者的利润、分红、本金、利息、其他服务费和外国人的劳务费转账回本国或第三国；

（6）把资金投资于国外；

（7）到外国学习、旅游、访问、就医；

（8）老挝央行规定的其他情形。[②]

该法同时规定，在老挝有或没有住所者均可向老挝转入外汇且数量不受限制，从老挝把外汇转账出境应遵守有关规定；可携带老挝央行允许额度的外币现金入境老挝，超出部分必须向海关官员申报以便出具证明文件；可携带老挝央行允许额度的外币现金出境老挝，超出部分必须向老挝央行申请；如果持有关于现金入境的证明文件则可向海关官员申报以便携带相应数额的现金出境。[③]

上述规定允许外国投资者把企业资金和利润用得更活，在一定程度上可以降低因汇率变动或某种货币贬值而给企业带来的风险。此外，《促进投资法》第53条还规定，外国投资者可依法通过向老挝或境外商业银行和其他金融机构贷款的

①《关于外汇交易远期合约的决定》（老文）（第4、5条），万象：老挝央行，2014年8月14日，第2页。

②《外汇管理法》（老文）（第13条），万象：老挝国会，2014年12月22日，第6页。

③《外汇管理法》（老文）（第14条），万象：老挝国会，2014年12月22日，第6页。

方式筹集资金。这无疑拓宽了外商投资资金的来源渠道。

二、土地优惠政策

外商在老挝投资享有土地使用和土地税减免的优惠政策。2009年《促进外国投资法》规定，投资项目注册资金在50万美元以上的外国投资者，有权按照投资期限向老挝政府购买规划、配置过的土地使用权，经当地政府同意后可修建住房、经营场所等各类建筑物。2011年《〈促进投资法〉实施细则》并没有提高获得土地使用权的投资金额，仍为50万美元，同时把投资经济特区/经济专区开发的土地使用年限从原来的最高75年延长到99年※。外国投资者还可向老挝政府或个人租赁、承包土地以便依法开展业务经营。

外国投资者如果购买老挝政府已配置的土地使用权，需要备齐企业注册登记证或特许经营许可证及其他相关文件，向土地所在地省级土地管理部门递交申请，并提交企业注册登记证或特许经营许可证签发地的计划与投资部门或工商部门出具的相关证明材料。①购买土地使用权受到一定条件的限制，如必须是老挝政府已经配置过的土地、面积不得超过800平方米，必须是用于建设服务于自身经营业务的宿营地或办公场所；无论在老挝境内设立多少家公司，仅许可其中一家购买土地使用权；若公司由两名以上股东构成或公司增加分支机构，仅允许以单一法人的形式购买土地使用权且仅可向政府购买土地权一次。②外国投资者取得土地使用权后，有权将土地使用权转让给符合条件的其他投资者，或将土地使用权用于银行或其他金融机构的贷款抵押担保，还可以依法向所有权属于自己的土地上的建筑物转让或出售给其他个人或法人。③

依法向政府租赁土地的外国投资者则享有以下权利：（1）出售与租赁有关的所有权归自己的资产（老挝政府享有优先购买权）；（2）将所有权属于自己的资产

※《促进投资法（修正）》2016年草案则把土地租赁最高年限从99年降为50年。

①王海波：《老挝促进外国投资政策与法的演进及现状研究》，昆明理工大学硕士学位论文，2014年，第32页。

②《〈促进投资法〉实施细则》（老文）（第50条），万象：中央政府办公厅，2011年4月20日，第26页。

③《〈促进投资法〉实施细则》（老文）（第52条），万象：中央政府办公厅，2011年4月20日，第27页。

用于向依法在老挝国境内开展业务的银行或其他金融机构进行资产抵押（固定资产抵押须经政府批准）；（3）经政府批准，进行土地使用权转租（转租的土地使用年限不得超过原租赁合同所剩下的期限）；（4）根据合同年限继承土地租赁合同；（5）经政府批准，把土地租赁合同作为出资，用于同其他个人进行合资经营。[①]

而投资兴建医院、幼儿园、中小学、职业学校、大学、研究—分析中心及其他公益事业的外国投资者，将获得免除国有土地租金或出让金若干年，免除期限规定如下：

一类地区：免除租金或出让金15年；

二类地区：免除租金或出让金10年；

三类地区：免除租金或出让金3年。[②※]

三、其他优惠待遇

老挝《促进投资法》规定，外国投资者及其家属根据投资期限获得在老挝领土上的居住权，外国专家、技术人员根据劳务合同获得在老挝领土上的居住权；外国投资者及其家属、外籍专家、技术人员享有在出入境老挝时的便利，可以申请长期多次往返签证，每次最长5年；外国投资者其家属，外籍专家、技术人员和劳工可通过计划—投资部门或工商部门的一站式服务办公室向外交部申请办理签证、向公安部门申请办理居住证。《出入境老挝及外国人管理法》则规定，普通签证可在老挝滞留90日，如果是与老挝政府合作项目有关的人员签证期为1至5年，还可延期。同时规定有关部门和官员在为外国人办理签证时不得无故拖延和刁难。

老挝法律明确，外国投资者享有投资自主权、业务经营管理权、劳务招聘权和把资金、财产、收益转往国外等基本权利。具体包括：依法有权投资于非禁止的一切领域和所有投资区域；按法律规定选择投资的企业类别、形式和模式；

①《土地法》（老文）（第66条），万象：老挝国会，2003年10月21日，第24页。

②《促进投资法》（老文）（第54条），万象：老挝国会，2009年7月8日，第22页。

※《促进投资法（修正）》2016年草案第52条规定：投资兴建医院、幼儿园、中小学、职业学校、大学、研究—分析中心、劳动技能开发、部分环保业务、创新企业、创新型商品生产与投资服务、创新研究、民族传统工艺加工、用利润来扩大投资或使用新资金扩大投资，除享受本法第49条的利润税优惠外，还将享受附加优惠政策；具体的附加优惠政策将在本法的实施细则/指导意见中予以规定。

向中央或地方政府申请项目特许经营权，向中央政府申请设立经济特区和经济专区，在老挝境内设立代表处或分支机构；因政策法规变化导致无法产生经营效益时有权申请改变投资宗旨或投资业务；对自己的财产拥有所有权，来自投资的正当权利和利益受到老挝政府的保护；从租用或租赁中取得相应权益，如使用权、向个人和金融机构进行抵押担保；土地使用权出租、出售、继承，有权按土地租用或租赁租期使用土地，对所租用或租赁土地上的房屋或建筑具有所有权，有权将这些建筑物转让给老挝人或外国人；有权在老挝境内的银行开设基普账户或外汇账户；当投资受损害时可向有关部门申诉；有权制定自己的投资计划，购置、使用各种物资、机器设备、工具、车辆和技术用于自身投资；产品可进入国内和国际市场；召开会议商讨自身投资事宜；受—让企业或撤资、增资，或授权其他投资者临时代为经营；申请终止、解散企业或变更为其他企业形式；有效管理劳工，有权与技术人员、专家签订用人合同，当所需引进的劳工和人才数量超过《劳动法》规定的人数时有权向中央政府提出申请以便酌情审批；可根据企业需要调整、安排劳工岗位，对劳工平等地执行奖惩措施；在依法缴纳各种税费后有权将资金、财产、收益包括投资利润、现金等所有权归自己或归企业的资产，通过老挝境内的银行转到国外。①※投资经济特区、经济专区开发的外国投资者还可获得老挝荣誉公民的称号。②

老挝政府还决定免除以下项目的办理费用：种子、农药、化肥、用于消费的动物及动物制品的销售许可证、运输许可证的手续费；动物饲料及饲料原料进出口、过境运输许可证的手续费；水利设施建设的机器设备注册登记和水利设施建设质量认证的手续费；钻探车、钻探机、矿石检测分析设备等地质—矿产勘探机器设备注册登记的手续费；宣传材料、印刷机及其材料、零配件进出口许可证办理的手续费。③

---

①《促进投资法》（老文），第64、65、68条，万象：老挝国会，2009年7月8日，第25–27页。

※《促进投资法（修正）》2016年草案第60条除了类似规定外，还增加了：“是所租用土地上房屋、建筑物的所有权人，并有权将该所有权转让给国内或外国人员。”

②《关于经济特区和经济专区的政令》（老文）（第37条），万象：中央政府办公厅，2010年10月26日，第27页。

③详见《关于手续费和服务费的主席令（2008年修改）》（第86–95条），万象：国家主席府，2008年11月19日，第128–131页。

此外，为保证投资人能够及时、全面获得有关投资信息资料，老挝政府要求有关一站式投资服务办公室必须建立投资信息数据中心，以搜集、汇总各类投资信息资料，建立信息网络体系。同时通过网站、手册、宣传图册等方式宣传政府投资鼓励政策，把投资信息提供给目标投资人、老挝驻外使领馆和驻外老挝商务代表处。

2015年9月，长期负责国家经济工作的老挝副总理宋沙瓦在第12届中国—东盟博览会上表示，老挝政府修改相关法律法规，出台各项政策，制定具体、详细的规定，营造更好的经营环境，以实现外国对老挝投资更加便利化，促进外商投资开发老挝经济特区、经济专区。[①]目前老挝已有12个经济特区和经济专区获批建设和经营，而中国则已成为老挝最大的投资国。

①《第12届中国—东盟博览会开幕大会老挝副总理宋沙瓦致辞》，2015年9月18日，http://www.caexpo.org/index.php?m=content&c=index&a=show&catid=119&id=210568。

第六章

投资中的劳工管理制度

外国直接投资中的劳工管理对象包括老挝本国劳工和外籍劳工。老挝2015年全国人口和家庭调查结果显示，截至2015年底，老挝全国劳动力人口约3474582，其中，农林牧从业人员250万，约72%；工业手工业从业人员240028，约6.9%；服务业从业人员 约471915，约13.6%；贸易行业从业人员183539，约5.3%。①老挝劳动力素质总体偏低，劳动力资源不足，尤其是技术劳动力严重缺乏，难以满足外来投资对技术劳动力的需求。因此，如何既保证本国劳动力就业率，又满足外来投资对劳动力的特殊需求，成为老挝调整劳动法及其他劳工政令的目标。老挝政府对本国及外籍劳工有不同的管理，本国劳动力所享有的权利和承担的义务，主要依据《劳动法》，为保证本国公民就业的机会，老挝政府通过立法和出台相关的政策法令，对外籍劳工的引进做出了严格规定。与此同时，为了吸引外来投资，老挝政府也做出了相应的调整，比如在《鼓励和促进外来投资法》中提高管理类和技术类外籍劳工的引进比例。

第一节　劳工法概述

老挝有关劳工管理的法律规包括《劳动法》、《鼓励和促进外来投资法》、《外籍劳工引进和使用管理决定》和《关于外国人以经商和雇佣劳动方式在老挝谋生问题的处理方针和办法的决议》，等等。

一、老挝劳工法的历史

劳动法是调整劳动关系以及与劳动关系密切联系的其他社会关系的法律规范的总称，作为一个独立的法律部门，在法律体系中占有重要地位。老挝人民民主共和国成立后，老挝开始探索建立适合本国的劳动保障制度。为了更好地保护劳动者的合法权益以及广大人民的生存与发展，促进社会稳定和健康发展，老挝制定了《劳动法》，在劳动法的实施过程中，老挝根据国情的变化和国家的发展，于1994

①Lao Statistics Bureau of Minister of Planning and Investment："Result of Population and Housing Census 2015"，Vientiane，2016.

年老挝国会三届三次会议通过了《老挝人民民主共和国劳动法》修正案。修改后的劳动法在体系上分为六个部分：第一部分为总则，内容包括劳动法任务调整对象，主体的基本权力和义务，劳动法的适用范围；第二部分为劳动管理制度，具体内容为劳动者的招聘制度、培训制度、企业对劳动者的内部管理制度、国家对劳动者的管理及工会和劳动者代表的职能；第三部分为劳动合同；第四部分为劳动基准制度，包括工作时间和休息时间、劳动纪律、工资制度、劳动保护、妇女儿童保护等制度；第五部分是社会保障；最后一部分是劳动争议调解和处罚及最后条款。

2006年12月，老挝再次修订《劳动法》，并经国会通过。2006年《劳动法》对工时、加班、工休、年休、解聘、工资及加班费、社保待遇等进行补充修订，对劳动关系进行局部的调整。《劳动法》的修订是老挝社会经济发展的需要，同时也标志着老挝政府对劳动者权益的保护日趋完善，为促进经济发展和社会进步创造更加完善的劳动制度。

2009年8月出台的《促进投资法》明确了外来投资企业拥有雇佣劳动力的权力，外来投资企业在雇佣劳动力时，与技术人员和专业人员签订雇佣合同，如有需要，企业需要雇佣外籍劳动力时，应该严格遵守《劳动法》的规定的配额；投资者也有权向政府提出特殊的申请；投资者可以根据企业的实际情况，分配和安排工作；投资者要向所有工作人员提供平等的待遇；投资者享有劳动法和其他法规所规定的权利。

近30年的革新开放的实施和推进，老挝经济体制改革成效显著，多种形式的经济所有制并存，如何通过立法规制和完善劳动力市场，使劳动力资源在市场经济发展中得到高效率和可持续的利用是老挝劳动立法的一个重要目标。目前老挝人力资源发展水平较低，束缚了经济的发展，如何贯彻、实施和不断完善劳动法成为一个老挝经济发展重要命题，这同样对外商在老挝的投资影响极大。

二、老挝《劳动法》

（一）总则

在总则中，劳动法首先规定了国家应致力于改善劳动关系，调动一切劳动力为国家社会经济发展服务，提高社会工作的效率和产量，使劳动者的生活得到改善。其次，规定了用工者和劳动者之间的互利原则，即不分民族、性别、宗教、政治和社会地位，国家一律实行保护用工者和劳动者之间的的互利原则。劳动者和用工者有权成立和参加合法的群众和社会组织。总则最后规定禁止强迫性使用劳动力，并特备说明对依法征兵、某些紧急情况下使用劳动力等不属于强迫劳动的情况。

老挝劳动法规定了两个基本的权力主体，一个是用工者，即按法律和劳动合同规定的工资、劳动报酬和各种福利，为自己工作的劳动者提供报酬的个人和法人。用工者可以是个人，也可以是法人，但必须具备用人的权力能力和行为能力，也就依法能够享有用人权力和承担用人义务的资格和行为能力。二是劳动者，即在用工者的管理和监督下，为换取法律和劳动合同中规定的工资或劳动报酬、利益和各种福利而从事劳动的个人。

（二）劳动管理制度

老挝劳动法的劳动管理制度包括劳动者的招聘制度和培训制度，用工者对劳动者的管理，国家对劳动者的管理以及工会和劳动者代表的劳动管理制度。从体系看，劳动法对劳动管理采用的是国家宏观指导、企业自主管理、工会协助和监督管理的模式。劳动法规定，在不违反国家法律的情况下，用工者有权根据自身生产经营和工作需要自行制定用工计划，自主决定招工的时间、地点、条件、方式和数量，公开招收，择优录用劳动者。劳动者有权自主决定与谁结成劳动关系，在自愿、平等协商的基础上订立书面劳动合同。

老挝非常重视劳动培训，劳动法第八条规定，每个用工者有直接责任对自己管辖的老挝员工进行培训，提高其专业技术水平和熟练程度，使他们逐步从熟练工人逐渐转变为专业技术工人。各社会经济部门的劳动单位都要拟订计划并规定每年的固定资金，为自己雇佣的老挝员工提供国内外的短、中、长期的培训和提供专业技术提供资金保障。目前，老挝经济的发展需要大量的熟练专业技术工人，因此培养具有专业技术的熟练工人是老挝企业内部专业培训的主要任务之一。

用工者对劳动者的管理主要通过制定并实施企业内部劳动管理规则来实现。老挝劳动法规定用工者必须对自己管辖的各个劳动单位的劳动者的经济、技术和社会保障负直接责任，对劳动者的内部管理，必须制定内部劳动规章。这一规定把制定劳动规则定位为用工单位的义务，但对内部规则的制定权限、程序、内容无任何具体规定，而是授权国家劳动管理机关制定有关管理和使用劳工的规章，对内部劳动规章的效力问题却没有明确规定。

国家对劳动者的管理通过管理机关行使以下职责实现，即正确管理、督促、检查和使用劳工。制定管理和使用劳工的规章，指导和检查执行上述规章的情况，培训和提高劳动技能；为求职者研究和安排就业，进行招工，劳动登记和劳动统计等。

老挝劳动法将工会和劳动者代表的职能放在劳动管理制度中加以规定。根据老挝劳动法，工会有以下几个职能：维护职能，工会在维护全国人民的总体利益的同时，有责任维护职工的合法权益，工会必须密切联系职工、听取和反映职工的意见和要求，关心职工生活、全心全意为职工服务；参与职能，工会通过各种途径和形式参与管理国家事务，巩固工人阶级领导的社会主义国家政权；组织职能，工会组织职工依照宪法和法律规定行使民主权力，参与本单位的民主管理和民主监督，发动和组织职工努力完成生产和生产任务，组织职工开展劳动竞赛，提高劳动生产率和经济效益，发展社会生产力；教育职能，工会动员和教育职工以主人翁的态度对待劳动，爱护国家和企业财产，遵守劳动纪律。

工会用工者的权利主要表现在：代表职工利益和反映职工要求的权利；监督用人单位遵守劳动法的权利；要求提供保障的权利。工会对用人单位的义务包括：帮助、指导职工与单位行政部门签定劳动合同；参加企业的劳动争议调解工作；在企业发生停工、罢工、怠工事件时，会同企业行政和有关方面，协调解决职工提出的合理要求，尽快恢复正常生产秩序；协助单位行政部门办好集体福利事业，做好工资、劳动保护和劳动保险工作；会同单位行政组织开展业余文化、技术学习和职工培训，提高职工的文化、业务素质。

（三）劳动合同

劳动合同是劳动者与用工者或其个人代表的共同约定。老挝将劳动合同按期限分为有期合同和无期合同。有期合同是指明了合同的有效期限并依法可延长的劳动合同，又称固定期限劳动合同。无期合同指没有确定的劳动期限，劳动关系可以在劳动者的法定年龄范围内和企业存在期限内持续存在，只在符合法定的或约定的条件下劳动关系才可中止。劳动合同的形式有口头和书面之分。老挝劳动法原则上采用了劳动合同必须采用书面形式的立法模式，及劳动合同应符合必须是合同的要求，以便更有效地保护劳动者的合法权益。但为了满足客观实际的需要，该法也作了例外规定，如有时根据计日和量小的工作条件和性质，也可是口头合同。

劳动合同的内容包括有关劳动者自己的专业技术水平和熟练程度，用工者按劳动合同的规定给劳动者分配工作和职务，发给劳动者工资或劳动报酬并保障其他的合法权益的相关内容。

（四）劳动基准制度

老挝劳动法关于劳动基准制度包括作息制度、工资和劳动报酬、劳动保护。

作息制度有工作时间和作息时间，老挝劳动法对工作时间的规定分为标准时和非标准时，“劳动者在劳动单位里的工作时间为一星期六天，每天工作不超过8小时，或每星期不超过48小时，且无工资或劳动报酬的等级之分”，这一标准是法定的强制性标准，其法律效力主要表现在：在全国范围内应当普遍遵守最高工时标准，除了具备法定的特殊情况外，用工者不能突破法定工时的限制；企业因生产特点不能实施该标准的，必须符合法定条件且符合法定程序；用工者不遵守该标准的，应当依法追究法律责任。非标准工时则包括特种行业工时标准和加班工时。特殊行业工作，包括辐射性或疾病传染性工作、接触有毒烟雾或气味和危险化学物品的工作、在地下、隧道、水底或空中的作业、冷热不正常的场所工作、振动性作业等，每天工作时间不能超过6小时或每周不超过36小时。用工者在征得工会或劳工代表及本人同意后可以要求工人加班，加班时间每月不超过45小时或每天不超过3小时，非紧急情况下（如灾害或者对劳动单位造成巨大损失等）禁止联系加班。

关于休息时间，劳动法规定的主要有周末休息日和节假日、年度休假和病假的规定。劳动者有权每个星期至少休息一天，时间可协商确定。按工资制度工作的劳动者，在出具医院证明情况下有权申请休病假，但每年不得超过30天，病假期间有权获得正常工资。签订一年以上无期限或有期限劳动合同、并且工作满一年的劳动者，有权申请休年假15天。从事重体力或有害身体健康的工作者，可以申请休年假18天。休假期间可领取正常工资，年假时间与每周休息日、法定休息日不能重叠计算。

老挝劳动法规定了工资或劳动报酬是劳动者得到的与其付出的劳动等价值收入，按不同工作种类制定不同的最低工资标准。由用工者支付。工资或劳动报酬可在月初或月底，也可在工作期间或工作结束之后支付。工资或劳动报酬平等权，即以同等数量、质量和价值进行工作的劳动者均应得到同等的工资或劳动报酬，不得以性别、年龄、国籍和民族为由区别对待。在工资标准方面，法律规定用工者有权按标准给自己的员工制定工资标准。关于加班费，劳动法规定两种情况，正常工作日加班者，白天以日常工资150%计算，晚上以200%计算；法定节假日、公休日加班者，白天以日常工资250%计算，晚上以300%计算；晚上（22：00—次日5：00）轮值班补贴是日常工资的15%。

老挝劳动法以专章的形式对劳动保护做了规定，大致可分为劳动安全和卫生及对女职工和未成年人的劳动保护。

第二节 对外资用工制度的管理

老挝政府对外资用工的管理主要包括三个方面，即外资招聘员工、外国人在老挝的工作权利、在老挝的外国人身份划分和权利等，具体的管理规定和制度以法律和政令的形式确定和实施。老挝政府对外资用工的相关制度和管理规定，主要见于《劳动法》、《老挝人民民主共和国鼓励外国投资法》、《外籍劳工引进和使用管理决定》（老挝劳动社会福利部1999年3月颁布实施）、《关于外国人以经商和雇佣劳动方式在老挝谋生问题的处理方针和办法的决议》（总理府2011〔03〕号文件）等，并根据老挝社会经济发展的变化，针对劳动力市场的需求，调整和进一步规范外资用工的管理。

一、外籍员工的聘用

老挝政府严格控制外籍劳工引进，需要引进外籍劳务的单位和项目必须向老挝社会福利劳动部申请引进外籍劳务指标。体力劳动者不能超过员工人数的10%，脑力劳动者不能超过20%，政府批准的特殊情况除外。外籍劳工的工作期限为2年，可以续签2年，最长不能超过4年。超过4年者不予批准工作证、居住证和工作签证，间隔两年后方可重新申请。老挝政府在对外资企业和项目聘用外籍劳务的名额和时间做出严格限制的同时，还要求企业和项目必须制定详细的针对老挝员工技术培训计划，提高老挝员工的技能，以便在外籍员工结束在老挝工作后有独立完成相应工作。外国和国际组织的援助项目引进外籍工作人员，则需按专门规定执行。

为保证本国劳动力的充分就业，老挝政府设置了专门为老挝公民保留的工作或职业清单，清单中的工作或职业不允许外国人涉足，只有老挝公民可以从事。老挝政府专门为老挝公民保留的职业包括：（1）工业手工业部门：制陶；金、银、铜及其制品的打制；手工织布和编纺刺绣；工厂的织布、缝纫工作；竹篾、藤凉席的编制；佛像、木雕制作；玩具的制作；棉或木棉服装和被褥的制作；铁匠；电焊工。（2）金融部门：金、银、铜及其有价物品的销售。（3）商业部门：流动和固定零售；成品油零售。（4）财政部门：财务监督或提供财务服务工作。（5）教育部门：为外国人教授老挝语。（6）文化部门：老挝传统乐器制作；手工字母排版；各种广告牌的设计和制作；各种场所的装修。（7）旅游部门：导游和导游的分配。（8）交通、运输、邮电和建设部门：各种运输车辆的驾驶；建筑行业的各种载重车（推土机、自卸车等）的驾驶；铲土机、平地机、打夯机、挖土机的操作；各种信件、报纸、文件的发送；密码工作；汽车美容。（9）劳动和社会服务部门：普通工人、清洁工、保安；为外国人提供家政服务；美容、烫发和理发；文书和秘书工作。（10）食品部门：米线制品的生产。

二、关于外国人在老挝的工作权利

1999年3月，老挝劳动与社会福利部根据国会第002号《劳动法》及1995年关于劳动法实施的第98号总理令，制定和颁布了《外籍劳工引进和使用管理决定》。根据该决定，进入老挝务工人员必须身体健康，并具有一定技能；外国劳动者引进与使用的批准权限在劳动和社会福利部，劳动和社会福利部负责研究审批入境老挝的外国劳动者的引进、使用和登记。相关省劳动和社会福利厅必须有劳动和社会福利部的书面授权，才能批准引进外国劳动者。需要引进外籍劳工单位和个人必须向老挝劳动社会福利部劳务司递交引进申请并注明所需数量、专业、时间等；申请获得批准后，用工单位必须持相关材料到劳务司进行劳工登记，所需相关材料包括登记申请、引进批准书、护照、健康证、学历证或技能证明、简历、劳动合同、2张照片。该决议对外国劳动者的来老工作申请、登记、延期、管理和转移、处罚等做出了明确的规定。根据该规定，劳动和社会福利部不直接受理引进外国劳动者的申请，而是由国营就业安置公司或代理分公司代为向劳动和社会福利部劳动局申请。外国劳动者工作期限不得超过12个月，需要延期者可考虑在符合劳动合同的前提下根据工作需要申请延期；将外国劳动者转移给其他用工者使用的，必须事先征得劳动和社会福利部劳动局许可。对于未经劳动和社会福利部劳动局或被授权的省劳动和社会福利厅批准，擅自引进外国劳动者入境为已工作的用工者、个人和法人，使用劳动者与工作许可证规定的点不符的，使用外国劳动者超过工作许可证规定期限等情况，都做出了明确的处罚标准。

近年来，针对合法与非法的外国来老挝经商人员和劳工人员不断增加的状况，老挝政府内阁、首都万象市市长以及各省省长会议研究讨论和决定，老挝政府颁布了《关于外国人以经商和雇佣劳动方式在老挝谋生问题的处理方针和办法的决议》（总理府2011〔03〕号文件）。该决议在保证谋生稳定、社会秩序及对外友好的基础上，严格按老挝法律法规管理外国人以经商和雇佣劳动方式在老挝谋生，使之与老挝党和政府的外交政策相适应，维护国家和人民的正当利益。

在出台具体的法律法规规范对在老挝的外国人工作的管理的同时，老挝政府也不时应对国内劳动力市场发生的新情况、或是遇有国家重大活动时，临时对外国人在老挝的经商、工作进行清理和整治。如为迎接2012年11月举行的第九届亚欧首脑会，根据2011年3月老挝政府《关于外国人以经商和雇佣方式在老挝谋生问题的处理方针和办法的决议》，万象市政府劳动与社会福利厅和老挝政府全国专项治理行动委员会等部门近期将在全市范围内开展针对外籍务工人员的规范和清理整治行动。具体包括：（1）游商小贩、修甲美容师、废品收购者等无正式工作的人员将无法获得工作证，签证到期后将被遣返回国。（2）各企业和项目单位必须在两个月内，为所雇用的外籍人员申请临时工作证和居留证，并在其后另两个月内申办长期工作证和居留证。（3）现无营业执照的零售批发商店、裁缝店、水产禽畜养殖场等，应有10亿基普（12.5万美元）以上资本，并向县级有关部门申领执照。资本不足10亿基普但不少于2.5亿基普（31250美元）的商户可获得两年宽限期，逾期无法达到要求的，将被依法取缔。为此，老挝政府部门向各国驻老挝大使馆发出正式的通知，[①] 此后，老挝政府召开会议评估清理整治非法务工及无照经营阶段性成果并部署下一步工作。目前，首都万象共有6400多名外籍人员，主要来自越南和中国，只有1642人持有工作证。自万象市政府开始清理整治非法务工及无照经营行动以来，已有432名外籍人员获批临时工作证。已获得临时工作证的外籍人员将有2个月的过渡期申请长期工作证，逾期未获批者将不允许继续在老挝工作。

三、关于在老挝的外国人身份和权利

关于外国人在老挝的身份和相应的权利，老挝不同的法律法规也有着不同的界定和范畴，如没有特别的界定，在本研究中的中国大陆新移民入籍者应归入“外籍人”，没有入籍者则应属“外国人”。但是有的法律有专门的概念划分，因此，从政策的角度来看，本研究中的中国大陆新移民又被划为其他的范畴。如在《老挝人民民主共和国外汇和贵重物品管理条例》中，有“在老挝居住者”和“不在老挝居住者”的划分，前者包括了获准在老挝开展经营并依法注册的在老挝居住的老挝或

①中国大使馆驻老挝经济参赞处：《老挝首都万象清理整治非法务工及无照经营》，http://la.mofcom.gov.cn/article/jmxw/201302/20130200019835.shtml。

外国的个人、法人以及上述法人的驻外代表处的法人，在老挝长期居住并谋生的外籍人或无国籍人，在老挝工作超过一年的外国人（不包括使领馆或国际组织机构工作人员）等；“不在老挝居住者”系指来老挝居住不超过一年的外国人，外国法人来老挝设立的代表处，来老挝留学、旅游、访问和治病的外国人等。

《老挝关于老挝公民和外国人出入境的总理令》（1998）：第十一条规定：“短期入境老挝的外国人，需要延长在老挝逗留期的，必须向内政部移民局提出申请。”第十二条：“延长在老挝逗留期限，为延期或故意藏匿而超期逗留的，将受到罚款处理或法律制裁。”延长在老挝逗留时间与注册办理暂住证的区别：暂住证是向外交官、领事馆官员、国际机构长官及其在老挝超过90天的随任家属，这类人员是到外交部注册和领取暂住证，而大使馆、联合国机构，其他国际组织雇佣的专家、技术人员及其家属则是到内务部移民局办理暂住证。

第十四条：“外国人、老挝旅外侨民及无国籍人入境老挝在某地逗留，房主须在24小时内向当地有关部门报告。”第十七条：“临时入境老挝的外国人，无权在老挝就业，劳动社会福利部批准的除外。”第十九条：“老挝人、外国人、无国籍人申请入境老挝永久居留者必须具备的条件，包括在老挝生活多年，且无犯罪记录；有老挝血统、老挝国籍、年龄在60岁以上；有父母夫妻或亲生子女在老挝定居；有老挝需要的某项特殊技能和在老挝有投资的。”

《关于外国人管理的内务部长令》（1997）规定：由移民局和领事部负责外国人出入境检查和境内外国人的管理，明文禁止其他与此无关的单位和个人（包括皴警和村长）在外国人护照上签注盖章或向其出具有关证明文件。未经内务部许可，地方各部门不得给外国人落户和发放身份证。经内务部批准到老挝落户长期定居的外国人，须到警察总局移民办公室登记，领取临时身份证，如果其表现良好满七年，即可转入行政管理大队，办理户籍登记和外侨证。移民局在给持护照的外国人出具居留证、登记并延期后应通知省、直辖市警察局进行管理和检查。获得政府优先权的省际合作项目，如必需从邻国引进技术人员和工人工作3个月以上的，在得到内务部治安总局的批准后，移交给有关的省、直辖市、特区的警察局管理检查，这些技术人员和工人在完成任务后应要求其全部回国。

对于超期逗留、非法打工、长期藏匿老挝并非法经营者，私自与老挝人结婚者，未经内务部批准，私下伪造户口、外侨证或老挝人身份证者，非法越境者做出了具体的处罚和处置措施。

第七章

投资中的外汇管理制度

外汇管理即外汇管制，它是国家通过颁布和执行法律法令对外汇的收、支、存、兑和出入境进行管控的总称，目的是维持本币汇率稳定、平衡国际收支、促进国内商品—货币流通和扩大对外经济合作，最终实现国民经济稳步健康发展。1990年老挝部长会议通过《关于外汇和贵重物品管理的法令》，授权老挝央行（老挝人民民主共和国银行）行使外汇管理职能，对外汇收支、调度、国际结算、汇率确定、外汇业务审批等进行集中统一管理。此后老挝政府对上述法令进行了三次修订。2014年12月22日，老挝七届国会八次会议审议通过首部《外汇管理法》※。这些法律法令，以及老挝央行发布的通知、决定等文件，不仅是老挝开展外汇管理工作的法律依据，其本身也是构成老挝外汇管理制度的一个重要方面。

第一节　老挝金融制度

外汇管理属于金融学范畴，在认识一国外汇管理制度之前对该国金融制度做初步了解是有必要的。金融制度包括构成金融体系的各个组成部分（金融机构），各类金融机构在这一体系中的职能和地位作用及彼此之间的关系，各种资金在体系中的融通及其运行、监管机制等。可以把金融制度分为三个层次：处于最上层的是法律、规章制度和货币政策，即一般意义上的金融活动和金融交易的规则；中间层是金融体系的构成，包括监管机构和中介机构；下层是金融活动和金融交易参与者的行为。[①]本节按照上述三个层次，分银行、保险、证券三大金融机构来简要介绍老挝的金融制度。

一、银行制度

老挝银行的形成与发展是从东洋银行开始的。法属时期，老挝的货币、信用和其他银行业务掌握在西方人手中，主要目的是为法国殖民地政府服务。1954年

※2015年1月30日颁布实施，同年2月15日正式生效。

①张笑玎：《论金融制度与金融体制及经济制度的关系》，载《经济与管理》，2005年第6期，第26页。

以前老挝所有银行均为私人银行，到1958年7月老挝王国政府才成立王国国家银行，开始独立发行本国货币——基普。第二次印度支那战争期间，解放区政府也发行自己的货币基普，两种基普在老挝同时流行。革命胜利后，老挝新政府接管了全国金融系统并实施国有化政策，所有银行的财产全部收归国家所有，原有的两个银行系统合二为一。1975年解放后的较长时间里，老挝实行一级银行体系，全国只有一家银行，即老挝国家银行。该行在18个省（直辖市）设分行，在108个县设支行。老挝实行革新开放路线后，一级银行体系越来越难以满足国家经济发展的需求。1987年8月老挝人革党决定对银行制度进行改革，1988年通过了《关于推动金融体系向社会主义经营制度转变的决议》。同年，老挝部长会议下发《关于加强商品货币流通方针与措施的决定》，其最主要的就是把银行的行政管理与经营分开，强化经营的作用，实行两级银行体系。目前老挝的银行仍维持二级体系，央行是老挝人民民主共和国银行的一级金融机构，央行主管下的商业银行和非银行金融机构为二级金融机构。商业银行包括国有商业银行、合资合作银行、私营商业银行、农村金融和微金融机构和外国银行的分支机构，非银行金融机构有保险公司、证券公司、租赁公司、典当行等。[①]

（一）央行

央行主要起到维持货币稳定、保持银行体系安全的作用。老挝央行是一个具有法人资格的部级政府金融机构，具有以下主要职能：（1）为中央政府对全国范围内的货币和银行信贷进行宏观调控充当参谋；（2）促进和维护基普对内和对外稳定，提高银行系统的结算机制效率和债务清算地位，使老挝货币、信贷体系有效、健康运行；（3）促进货币流通和进行监管，为老挝国民经济社会发展服务。[②]为履行这些职能，老挝政府授权央行：发行本币，管理国内货币流通，管理国内商业银行和金融机构，执行外汇管理和汇率政策，发行债券，与商业银行和金融机构进行债券直接交易，批准成立央行的分行、国内和外国商业银行和金融机构。根据授权，老挝央行对所属商业银行和金融机构实施监管，持有并管理国家外汇储备，搜集掌握国内外货币、金融信息，定期向中央政府提交关于经济、货币、银行方面的报告、建议，同时按照政府方案管理、调节货币流通量，

①康未来：《老挝农村金融研究》，吉林大学博士学位论文，2012年，第34页。

②《老挝人民民主共和国银行法》（老文）（第3条），万象：老挝国会，1995年10月14日，第1-2页。

代表政府开展国际金融活动和签署有关国际金融、货币协定。

根据国内经济形势和投资状况，老挝央行允许基普供应量（M2）以较快速度增长，特别是1997年亚洲金融危机后的几年里，老挝货币供应量大幅增加。其中1999年较1998年增加了78.40%，2000年同比增加45.80%，2002年同比增加27.10%，超过计划的9%。供应量增加的同时余额也在逐年增加，2009年老挝货币量余额151759亿基普，较2008年增加了31.20%；2010年达到211140.3亿基普，同比增加39.12%；2011年为264018亿基普，同比增加25.04%；2012年达到357049.4亿基普，同比增加35.24%。①货币供应量及其余额是否合理主要看物价总指数的变化情况，从实际物价看，近二十年来老挝货币供应量和存量是较为合理的，表明老挝央行在货币发行与流通管理上发挥了应有的作用。

央行的另一项重要任务是制定不同时期的基准利益和汇率。2015年7月21日，老挝央行发出《关于央行基准利率的决定》，规定7日以内基普的存贷款基准利率为4.5%／年，7日至14日为5.625%／年，14日至1年为11.25%／年。各商业银行现行存款基准利率为：活期储蓄最高1.96%，3个月定期3.34%，6个月定期4.22%，1年期6.13%，2年期8.63%，②3年期9.54%，4年期10.56%，5年期11.65%。③商业银行根据央行基准利率，在许可的浮动范围内制定本行利率。这种二元化利率调控模式有利于调动商业银行吸存、放款的积极性。就目前来看，老挝央行在推动基普利率市场化方面还有需要进一步完善的地方：一是央行利率调控能力较弱，风险管理工具较为短缺和落后；二是利率传导机制不畅通；三是金融基础设施不健全。利率的央行决定机制及利率市场化定价的缺失使得老挝商业银行难以根据金融市场实际运行状况和自身经营水平、盈利目标选择适合自己发展的存贷利差水平，从而限制了商业银行的竞争力。④

银行立法是金融制度的重要内容之一。1990年7月10日，老挝最高人民议会※以第04号决议通过首部《老挝人民民主共和国银行法》（央行法）。1992年3月老

①乔庆：《2000−2012年老挝货币政策效应研究》，内蒙古大学硕士学位论文，2015年，第9、11页。

②《关于基普存款利率的通知》（老文），万象：老挝央行，2015年7月21日。

③《关于2年期以上基普存款利率的补充通知》（老文），万象：老挝央行，2015年8月4日。

④帕娣娜：《老挝商业银行存贷利差合理性问题研究》，华侨大学硕士学位论文，2014年，第24页。

※1991年8月14日最高人民议会二届六次会议决定改称“国会”。

挝政府发布关于老挝央行职责和权限范围的第53号政令，1993年6月22日出台《关于老挝央行组织活动的规定》。1995年10月14日，老挝三届国会七次会议以第05号决议通过修订版央行法。修订后的央行法共13章62条，对老挝央行的职能权限、组织机构、监管、与其他金融机构的关系、会计—报告制度，以及老挝货币、外汇等做了规定，该法一直沿用至今。2000年4月6日，老挝政府以第40号总理政令再次发布《关于老挝央行组织活动的规定》，对部分条款进行修改、补充。

老挝央行出台的有关金融管理的规章、决定、通知等法规文件就更多，例如2012年出台了《关于商业银行信息数据技术系统标准的通知》《关于加强金融机构安保措施的通知》《关于使用支票的通知》，2013年出台了《关于真、假钞识别方法介绍的通知》《关于加强反洗钱、打击恐怖主义融资和组织实施相关国际法的通知》（其中特别提到不得向列入联合国黑名单和美国黑名单的个人和法人提供银行服务）《关于废除资金借贷比例的通知》（取消1990年代末规定的资金借贷比率为60%—80%的限制），2014年出台了《关于暂停商业银行成立申请的通知》《关于外汇交易远期合约的决定》《商业银行申请资产管理业务的规程》

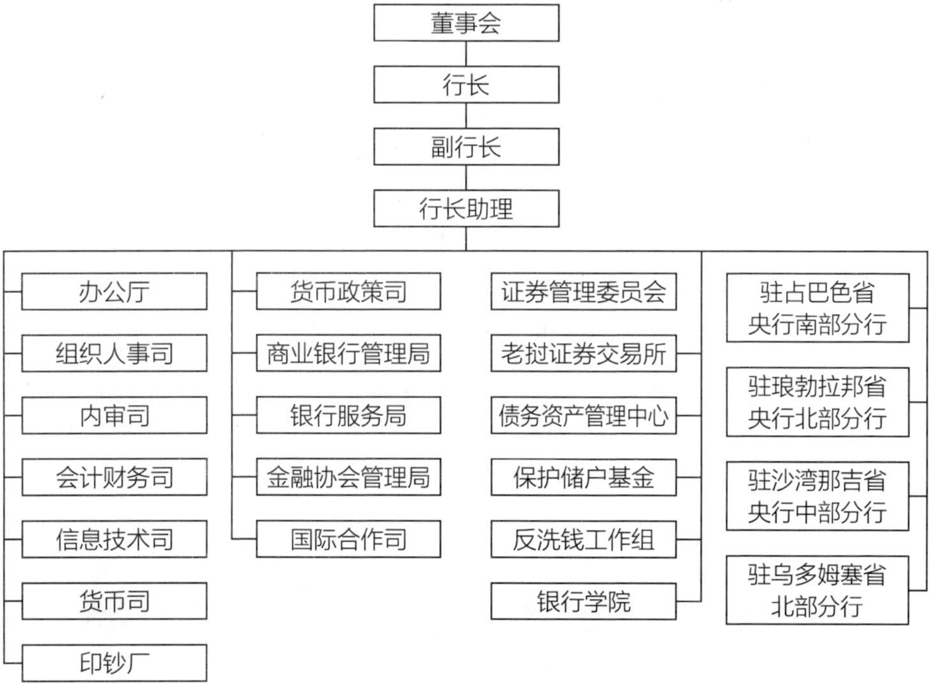

图6-1　老挝央行组织序列

《央行与商业银行及其他金融机构电脑联网管理规定》《存款准备金率规定》《央行印钞厂管理规定》，2015年出台了《储蓄账户在线交易系统管理和使用条例》《关于加入老挝ATM交换系统（Lao ATM Pool Switching）的通知》《关于央行基准利率的决定》《关于使用RTGS全额结算系统进行外汇（美元、泰铢）转账的指导意见》，2016年出台了《关于外汇交易业务经营的决定》《关于与群众买卖外汇的通知》《关于商业银行信贷手续费的决定》《关于实时全额结算系统的决定》《央行开发的金融机构账户程序推广通知》《关于配合开展反洗钱、打击恐怖主义融资工作的通知》，等等。

（二）商业银行

商业银行是老挝二级银行体系的主体，在金融市场中扮演着重要角色。老挝商业银行起步晚、发展滞后，但近几年发展势头迅猛，不仅银行数量增加到30余家，业务规模和覆盖范围也不断扩大。商业银行的主要业务包括存贷款、国内和国际转账、结算与催款、发行和管理支票及其他支付凭证、外汇交易服务、电子银行服务、票据和贵重物品保管服务、证券发行与交易、保函、金融代表、租赁经营、金融咨询服务、投资与资金周转服务、证券发行担保等。

1992年1月23日，老挝颁布关于商业银行活动的第03号总理政令。1997年3月11日，《老挝商业银行条例》由国家主席以第01号令颁布实施。2006年12月26日，老挝国会审议通过第一部《商业银行法》。该法共7个部分89条，对商业银行的成立审批、注册资金、组织序列、经营活动、业务类别、监管、破产、电子银行业务等进行了规定。2009年9月25日，老挝总理府发布《关于组织实施〈商业银行法〉的政令》，进一步规范商业银行管理，并鼓励外国金融机构到老挝设分支机构或成立合资银行。商业银行法颁布实施后，许多外国个人、法人、银行到老挝投资，使老挝商业银行体系发展迅速，商业银行数量从2006年的12家增加到2016年的近40家。但这些商业银行规模小，竞争力有限，与地区和国际接轨的准备不足。老挝央行认为有必要对现有商业银行进行评估，遂决定在2014—2016年期间暂停审批非商业银行的个人、法人申请成立商业银行，而外国商业银行申请在老挝成立分行或外国商业银行集团申请成立私人商业银行则继续依法予以审批。

目前老挝境内商业银行有六种类型：国有商业银行、专门银行、合资国有银行（外商与老挝政府合资）、私人银行、外资银行子公司银行和外资银行分行，另有一家银行代表处即渣打银行代表处。国有商业银行包括老挝发展银行、农业发展银行和老挝外贸银行，老挝政策银行是唯一一家专门银行，合资国有银行有老越银行、老法银行和老中银行，私人银行有合作开发银行、丰沙湾银行、ST

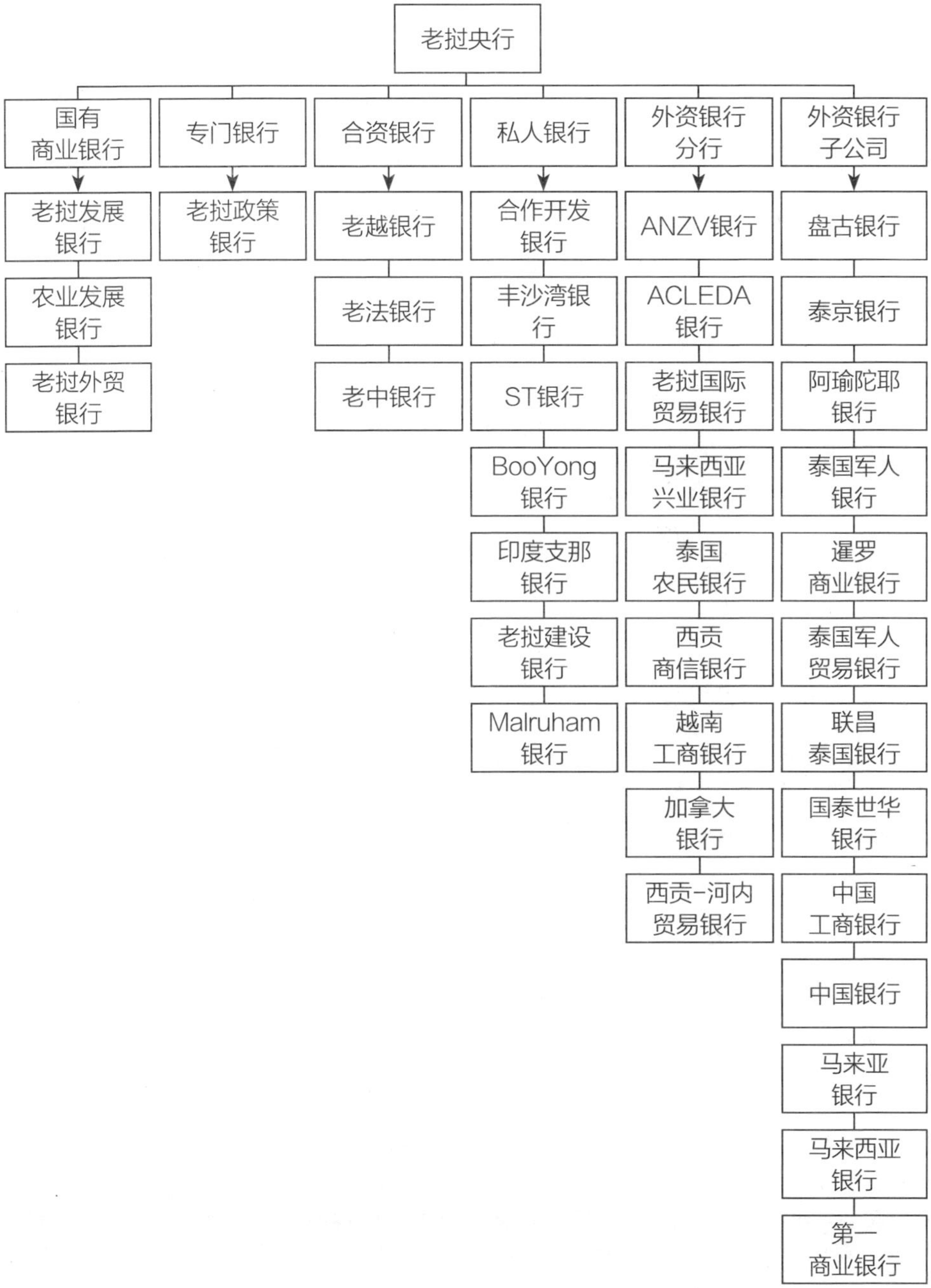

图6-2　老挝现行银行体系

银行、BOOYONG银行、印度支那银行、老挝建设银行、老挝日本Malruhan银行，外资银行子公司银行有ANZV银行（老挝）、ACLEDA老挝银行、老挝国际贸易银行、马来西亚兴业银行（BHB）、泰国农民银行、越南工商银行、西贡商信银行、西贡—河内贸易银行、加拿大银行老挝公司（Canadia Bank Lao Co., LTD），外资银行分行有盘谷银行、泰京银行、阿瑜陀耶银行、泰国军人银行、暹罗商业银行、泰国军人贸易银行、中国工商银行、中国银行、马来西亚大众银行、马来亚银行（Maybank）、联昌泰国银行（CIBM）、国泰世华银行、第一商业银行。[①]其中，中国工商银行万象分行于2011年11月28日挂牌开业，由富滇银行与老挝外贸银行共同发起的老中银行2014年1月22日在万象正式开业，中国银行万象分行2015年3月26日在老挝首都开业。

此外，老挝还有准银行性质的其他微金融机构，典型的有村发展基金、村合作社和村互助基金。村发展基金成立于2002年，是老挝政府拨款成立的、旨在为全国47个贫困县提供扶助的金融组织。一个村发展基金能得到5亿基普初始资金作为发展基金，再分批发放贷款给当地村民。村合作社和村互助基金主要由村民自筹资金设立，地方政府有时也提供财政援助，目的是为亟需资金的农户提供低息贷款，村民闲置的现金可存入合作社和互助基金内并取得一定利息。

2008年，老挝央行完成了微金融机构相关法规的制定，并批准成立了5家信用与储蓄机构、1家典当行、2家非储蓄业务微金融机构、2家信用租赁公司。这些新成立的金融机构和组织旨在为农村贫困地区和国内中小企业提供小额信贷等金融服务。[②]此后老挝微金融机构逐年增加。截止2016年4月，老挝许可开展业务的微金融机构共计143家，其中信用与储蓄合作社32家，可接受存款15家，不办理存款业务41家，租赁公司22家，典当行26家，紧急转账代理5处，其他类型金融机构2所。[③]但老挝微金融机构抗风险能力弱，有的甚至存在违法经营现象。2016年8月老挝证监会发出警告，提醒公民不要到利息高得异常的机构存款以免钱款打水漂，并取缔开办存款业务的Maxkey老挝环球有限公司和PS促进农工业进出口公司。

---

①老挝央行：《2015年经济报告》（老文），2015年，第41页，http://www.bol.gov.la/together_use/AR%202015_LAO.pdf。

②老挝国家经济研究院：《2006年老挝微金融与农村金融统计》，2007年，第12页。转引自：康未来：《浅析老挝微型金融机构的现状及发展方向》，载《时代金融》，2011年第4期下旬刊，第70页。

③老挝央行第308号《通知》（老文），2016年4月19日。

二、证券制度

2011年1月11日老挝证券交易所开始交易，标志着全球最袖珍的证券市场正式诞生。2008年老挝政府决定开设证券市场时可谓从零开始，既没有相应的机构和软硬件设备，也没有具备这方面知识的人才队伍。经过几年发展，老挝建立起了以央行和证监会为主管单位、以证券交易所为平台、以证券公司为中介机构、以上市公司为主要参与者的证券监管—交易制度。

（一）证券立法

2009年5月25日，老挝出台关于任命证券和证券市场管理委员会的第51号总理政令。同年7月，老挝证券和证券市场管理委员会宣告成立，委员会直属总理府，时任副总理宋沙瓦·伦沙瓦担任主席。之后加快了证券立法和证券市场建设工作。2010年5月24日老挝政府出台《关于证券和证券市场的政令》。同年11月10日，证券和证券市场管委会发出《关于〈证券市场管理章程〉的决定》。《决定》对证券交易所开展业务的条件、权限、内部组织机构、人员任职条件及其权利、业务经营范围和证券公司成立的条件及业务范围等做了规定，要求从事证券公司业务的必须为法人、最低注册资金为1500亿基普。《决定》被看作是证券法出台前老挝证券的行业准则。

2012年12月10日，老挝国会以第033号决定通过《证券法》，2013年1月17日该法正式生效。《证券法》共13部分173条，对证券发行公司和上市公司发行证券及其活动，发行证券的目的、方式、流程（公布证券发行获批信息、确定发行时间、通过媒体进行发行宣传、订购和缴纳押金、分配证券、结算或退还押金、开具证券持有证明）、条件、应提交的文件材料，基金的设立、类型、活动原则及其投资，基金产品的发行与交易，基金的合并解散与清算，证券中介机构（证券公司、资产管理公司、资产管理银行、会计师事务所和会计师、信用评级机构、证券行业协会、证券存管中心），相关禁令，纠纷处理，证券工作的监管，奖惩政策，证券案件审理等，做了较详细的规定。该法明确，证券工作的基本原则是：（1）保护投资者权益；（2）公平、公正、透明（公开）；（3）保护和减少金融系统风险；（4）证券交易自愿。[①]

①《证券法》（老文）（第5条），万象：老挝国会，2012年12月10日，第4页。

2013年7月24日，老挝政府颁布关于证券管理委员会组织与活动的第188号政令。规定老挝证券管理委员会英语名称为“Lao Securities Commission”，简称“LSC”（下称“证监会”），其地位作用是作为中央政府对全国范围内的证券工作进行宏观、集中统一管理的参谋机构，直属于老挝央行。证监会由13人组成，由副总理担任主席，央行行长任第一副主席，财政部长任第二副主席；委员9人，分别由国家企业改革领导小组组长、计划与投资部副部长、工业与商务部副部长、央行副行长等人组成；证监会办公室主任担任证监会秘书。[①]

之后，证监会和老挝证券交易所又出台了许多法规规定，例如《证券交易所管理章程》《关于股票发行的规定》《关于证券交易所信息披露的规定》《关于在老挝境内从事证券交易的外国投资者管理规定》《关于证券交易所股票登记的规定》，等等[※]。2014年5月，老挝证券交易所首次要求上市公司按照国际财务报告准则（IFRS）公布公司财务报告。2014年8月，证监会授权泰国盘谷银行万象分行作为老挝境内的资产管理银行。2014年12月8日，证监会批准外国机构（包括证券公司、资产管理公司、公募基金）在老挝开设综合性证券账户（Omnibus Securities Account）以便在老挝证券交易所进行交易。2015年5月11日，老挝证券交易所进行交易系统升级，把交易指令从原来的5位数升为6位数。2015年9月7日，证监会发出通知，降低证券交易费用，各类交易手续费（佣金、印花税等）买入从原来的0.9%降至0.7%，卖出从原来的1.2%降至1.0%；如果是互联网上交易则分别降至0.63%和0.93%。2016年1月11日起，老挝证券交易所要求把股票最低交易数量从原来的1股提高到100股。老挝证监部门对国有上市公司外国持股设有最高限额，其中老挝外资银行为10%，大众发电为25%。而外国个人投资者最多只能够持股大众发电3%的股票，外国机构投资者最多只能持股该公司10%的股票。[②]另外三家上市公司即Lao World、老挝石油贸易公司和苏媪妮家居建材公司外国投资者则可持股100%。

（二）证券交易所

2007年老挝央行和韩国证券交易所着手在老挝成立证券交易所的可行性研究。根据可行性研究结果，双方于2009年7月签署合资成立老挝证券交易所（全

①《关于证券管理委员会组织与活动的政令》（老文），万象：第188号总理政令，2013年7月24日，第3-4页。

※更多详细信息可在老挝证券交易所网站（http://lsx.com.la/）查阅和下载。

②郭勇，等：《老挝金融改革与发展研究》，载《区域金融研究》，2011年第5期，第24页。

称为“老挝证券交易所有限公司”）的协议。协议规定，老韩双方共同出资成立老挝证券交易所，其中老方以土地和证券大楼出资，占股51%；韩方以提供系统软、硬件和人才培训作为出资，占股49%。证券交易所设股东大会、董事会、董事会内设专门委员会；设总经理1人，由老挝央行任命；副总经理1人，由韩国证券交易所任命；内设办公室、信息技术处、业务和市场监管处、登记与信息公开处、结算与证券寄存处等下级机构。2010年10月10日老挝证券交易所举行挂牌仪式，次年1月11日正式交易。交易时间为工作日的8：30—11：30。国家法定节假日、每年的最后三个工作日以及国家经济出现突发状况时暂停证券交易。老挝证券交易所指数（LSX指数）计算方法为：

LSX指数＝计算时点的市场资产÷基期市场资产×1000

目前LSX指数在1000点附近上下波动。

老挝证券交易所的直接主管单位是证监会，同时也受老挝央行的领导，目前仍属于老挝央行的内设机构。除老挝证券交易所外，理论上老挝允许申请成立另外的证券交易所，2015年7月27日老挝证监会出台的《证券交易所管理章程》对证券交易所设立条件、机构设置、经营活动等作了规定。但就实际情况而言，老挝证券交易所一家就足以长时期满足老挝二级资本市场的需求。

（三）证券公司和上市公司

老挝对在境内成立证券公司设有较苛刻的条件，如申请成立证券公司的法人企业必须有至少一家商业银行为股东且持股不低于30%，必须有国内或国外证券业务、金融—银行业或会计业5年以上从业经验，至少与一家资产管理银行签订有合作协议，外国申请者必须是证券公司且必须得到本国证监会的许可。证券公司可开展3项证券业务，即：证券投资咨询、证券经纪和证券承销保荐。目前老挝共有4家证券公司。2010年12月1日，老挝首家证券公司——澜沧证券公司（LXS）获批成立并实际开展业务。该公司由老挝发展银行和越南西贡商信银行合资成立，前者持股49%（含0.5%职工股），后者持股51%（含0.5%职工股）。同年12月20日，外贸银行恭泰证券（BCEL-KT）宣告成立，其中老挝外贸银行持股70%，泰国KT Zmico证券公司持股30%。2013年11月，老挝APM证券公司（APMLAO）和老中证券公司（LCS）获老挝证监会批准在老挝万象市正式挂牌营业。老挝APM证券公司最大的股东为泰国APM证券公司，持股60%；泰国个人和老挝国内个人分别持股20%。老中证券公司是老挝证监会批准设立的首家中资参与的合资证券公司，也是中国证监会批准在境外设立的首家合资证券公司，由中国太平洋证券股份有限公司（持股39%）和老挝农业发展银行（持股41%）、老挝信息产业有限公司（持股20%）共同发起设立。上述4家公司有3家开设公司网站，注册资金均为1000亿基普，只有APM证券没有自己的网站且注册资金仅为500亿基普。此外还有一家外国证券公司办事处。总的来看，老挝证券公司的资产规模较小，仅占全国金融机构总资产的0.46%。①

2010年，共有30家老挝公司在证券市场备案，老挝证监会最终把首批上市的公司锁定在大众发电、老挝航空、外贸银行、老挝电信、老挝啤酒5家企业当中。老挝证券交易所要求公司上市必须符合以下条件：至少经营3年以上；股票份额不少于100万股；公司资本不低于100亿基普，市值不低于200亿基普；中小股东人数不少于100人，持股比例不少于10%；最近一年销售额不低于300亿基普；有3年盈利史，其中连续两年盈利。2011年1月11日开市首日仅有两家公司获批上市，分别是：老挝外贸银行和大众发电。从发行效果看，盘子较小的外贸银行申购量是发行量的170%，大众发电有74%的发售直到最后2个申购日才勉强完成。开市首日市场成交金额21.38亿基普，约合25万美元。其中外贸银行成交16亿基普，收盘价8000基普，溢价45.5%；大众发电成交5.38亿基普，收盘价4700基普，溢价9.3%。②截止目前，老挝证券交易所共有5家上市公司。

外贸银行是老挝目前最大的商业银行，根据1989年11月1日签署的央行第129号成立银行许可证成立，是老挝最大的商业银行。2010年12月23日通过澜沧证券完成股份公开发行，首次IPO向国内投资者发行2049万股，占总股本的15%。目前政府持股70%，国内投资者持股10%，战略伙伴持股10%，外国投资者持股10%。至2016年3月注册资金682888亿基普，现有总资产263600亿基普，存款总额237880亿基普，税前利润2130亿基普。③

大众发电由老挝电力公司把南俄河1电站、南孟河3电站、南勒河电站、色塞河1和色塞河2电站等电站组合而成，于2010年12月15日成立。最初注册资金

①《2016-2025老挝资本市场发展战略》（老文），万象：老挝证监会，2014年10月，第10页。

②《老挝证券市场浅析》，中国商品网，http://ccn.mofcom.gov.cn/spbg/show.php?id=12397，2016年8月20日。

③《老挝外贸银行2016年一季度报告》，2016年5月12日，http://lsxdisclosure.com.la/upload/LA3000010006/0_20160516150326.download。

2605792200000基普，总股本651448050股。后来通过IPO公开发行217149000股，占总股本的30%，国外投资者可申购其中的40%，发行价每股4300基普。2011年1月7日注册资金为3474388200000基普，总股本868597050股。后又经过几次增发使注册资金达到6717214788000基普，总股本1679303697股。2015年8月31日，大众发电把外国投资者的持股限额从20%提高到25%。2016年一季度公司总资产达到171519.87亿基普，营业收入2897.06亿基普，净利润747.22亿基普。①

第3家上市公司是Lao World公司，它由Savan Lao World集团于2013年12月25日在证券交易所挂牌成立。公司以老挝国际会展中心（Lao—ITECC）、沙湾会展中心（Savan—ITECC）和越南会展中心（VN—ITECC）的名义开展业务，主营业务有百货、餐饮、宴会服务、商品展销会、娱乐等。2016年一季度公司总资产723107621393基普，营业收入15815445371基普，净利润6356146779基普，总股本39560909股，每股收益120基普。②

2014年12月9日，第4家上市公司老挝石油贸易公司上市交易。该公司成立于2008年，在万象市、波里坎赛、沙湾拿吉、沙耶武里和占巴赛省设有油库，2014年总资产从原来的3500亿基普增加到4700亿基普。2016年一季度总资产更达到736954711，160基普，营业收入201695920543基普，净利润6073495818基普，每股收益26基普。③

第5家上市公司是苏媪妮家居建材公司（SOUVANNY Home center）。该公司原型是1988年由苏媪妮女士开设的苏媪妮商店，1993年升级为苏媪妮进出口贸易独资有限公司，注册资金1亿基普。2015年变更为苏媪妮进出口贸易有限公司，注册资金5亿基普。2015年7月28日，公司决定把公司股份从5000基普／股降为2000／股，总股本1.4亿股，总资产2800亿基普。2015年9月13日公司性质由有限公司变更为公众公司，同时更名为“苏媪妮家居建材公司”，并增加500亿基普注册资金，增发普通股2500万股、定价2000／股。2015年12月11日，公司首次上市交易日。公司现有职工510人，总股本1.65亿股，注册资本3300亿基普，2016

①《老挝电力生产公司2016年一季度财务报告》，2016年5月12日，http://lsxdisclosure.com.la/index.php?r=site/ViewInfoApprovedByID&id=99。

②《LaoWorld公司2016年一季度财务报告》，2016年5月16日，http://lsxdisclosure.com.la/upload/LA3000030004/3_20160516143055.pdf。

③《老挝石油贸易公司2016年一季度财务报告》，2016年5月14日，http://lsxdisclosure.com.la/upload/LA3000040003/0_20160514113145.pdf。

年一季度实现营业收入10659040005基普，净利润5613651495基普。[①]

三、保险制度

老挝保险业起步早于证券业，但目前保险市场并不成熟，仍处于初步发展阶段。1990年12月24日，老挝颁布实施第一部《保险法》。次年，老挝政府和法国安联国际（AGF）保险集团达成协议，共同出资组建老挝国家保险公司（AGL）。这是老挝首家设立运营的保险公司。1992年1月23日老挝颁布《〈保险法〉实施细则》，对老挝境内设立保险公司作了限制。根据规定，老挝公司制法人企业及外国保险公司分支机构从事保险业务必须从老挝有关部门取得营业和投资许可证。外国投资者申请投资老挝保险业需要提交以下材料：计投部门的普通项目制式投资申请表、制式公司章程、可行性报告、边境通行证、投资者或公司简历、公司经营许可证或执照、合营合同（两个股东或两公司以上时）、股东或公司代表的授权书（代表不是最高职务者时）、金融机构或银行的财务状况证明。

2008年以前老挝仅有一家保险公司，目前已增加到6家，分别是：老挝国家保险公司、老越保险公司、TOKO保险（老挝）公司、三井住友保险（老挝）公司、澜沧保险公司、PCT亚洲保险公司。这些公司均有外资背景，其中前3家公司占据老挝产险市场总份额的97%。[②]老挝国家保险公司是老挝财政部（占股49%）与法国安联国际（占股51%）合作成立的保险公司，在老挝保险市场上占有的份额最大，在全国设有分支销售网点，在边境口岸设有销售服务点。老越保险公司成立于2008年1月8日，由越南投资发展商业银行（BIDB）、越南BIDV保险公司、老挝外贸银行、老越银行四方发起成立，注册资金300万美元，经营期限50年，主要从事人寿和非寿险业务。TOKO保险（老挝）公司由Tokojaya集团（出资80%）和老挝公安部（出资20%）共同发起成立。三井住友保险（老挝）公司由三井住友（MS&AD）保险公司（占股51%）于2009年4月30日与老挝财政部（占股49%）签署合作协议注册成立，主营业务是汽车险和人身意外险。澜沧保

①《苏媪妮家居建材公司2016年一季度财务报告》，2016年5月16日，http://lsxdisclosure.com.la/upload/LA3000050002/0_20160516143643.pdf。

②戴树人：《老挝：保险市场处在底层水平》，中保网，http://xw.sinoins.com/2016-01/07/content_180937.htm，2016年8月23日。

险公司由越南通信与邮政部※下属保险公司和老挝发展银行分别出资51%和49%成立。PCT亚洲保险公司由曼谷保险公司、泰国PCT保险经纪公司和老挝企业共同出资成立。中国诚泰财产保险公司自2014年起开始与老挝财政部就进入老挝市场举行磋商，但目前未在老挝开办业务。反而是华泰财产保险云南分公司携手老挝未来传媒开办了针对老挝华人的保险项目（国内开单）。

2014年，老挝施行新的《保险法》和《〈保险法〉实施细则》。新法对1990年版保险法进行了大幅修订，对保险监管机构的设置、保险公司设立的条件、产寿险的经营范围进行了明确。新法规定，保险监管机构仍为老挝财政部，具体由财政部下属的国有企业财务管理司设立独立的保险管理处进行行业监管；成立保险公司的最低资本金约合200万美元，实缴资本不得低于注册资本，且1／3以上的注册资本必须在申请成立之初存入老挝境内的商业银行；取得许可证90日后需将注册资本的80%存入老挝境内商业银行，剩余20%在一年内存入。新法仍旧允许外资以合资或全资子公司形式经营保险业务，但必须有5年以上保险从业经验，这应该是2011年底成立的诚泰保险至今无法在老挝开业的原因。2013年2月老挝正式加入WTO后，采取产寿分业经营模式，此前获得混业经营许可证的保险公司必须设产、寿险独立的子公司。老挝承诺，入世5年内不限制外资持股比例，5年后新设公司外资持股上限为51%。许可保险公司投资的项目包括银行定期存款和国债等，其中在单一银行的存款不得超过准备金的30%，投资商业银行存款总额不得超过准备金的80%；权益投资不得超过准备金的20%；房地产投资不得超过准备金的30%；投资企业债券不得超过准备金的40%。①由于老挝股票市场只有5家上市公司，同时又缺乏长期国债供给，在实际投资中保险公司主要投资于银行存款和房地产。

第二节 老挝外汇管理制度

外汇即非本国货币，包括可作为国际支付手段的纸币、硬币、支票、现金

※现改称“通信与信息部”。

①戴树人：《老挝：保险市场处在底层水平》，中保网，http://xw.sinoins.com/2016-01/07/content_180937.htm，2016年8月23日。

支票、结算票据、国库券、企业债券、股票、其他有价文件和黄金。外汇管理是一国政府对本国的外汇买卖、国际结算、资本流动和外汇汇率进行管制，它是国家管理和保护国际收支平衡的主要手段。外汇管理包括对外汇资金的收支、汇入与汇出、本国货币与外国货币兑换方式及兑换比价进行限制等。就老挝而言，外汇管理是指对老挝定居者或非定居者的外汇经营和业务活动进行管理，使之符合老挝外汇法律法规，其目的是保障本国货币价值，维护国家货币稳定，促进国内商品—货币流通，扩大对外经济合作，为国家经济社会发展做出贡献。老挝政府通过制定适当的政策、创造便利的条件、为相关部门配备人力财力物力，对全国范围内的外汇管理工作进行集中统一管理，鼓励个人、法人、组织机构参与外汇经营管理，同时采取多样化形式宣传和教育群众，为人们提供货币方面的信息知识，培养社会正确、依法使用基普和外汇的意识。

一、外汇管理制度概述

外汇管理制度是对外汇收支、结算、汇兑、出入境等活动进行规范和限制的法律、法规、制度、政策的总称。老挝外汇管理制度是在实行革新开放路线后才逐渐成型的。1990年9月7日老挝部长会议发布《外汇和贵重物品管理条例》，这是老挝建国后第一部旨在规范外汇和本币使用的较为系统和完整的法规。随后老挝央行又出台了关于在境内使用外汇的公告。亚洲金融危机后，老挝加快了外汇立法工作，一系列外汇管理法律法规不断出台，从而使本国外汇管理制度日臻完善。

（一）外汇管理机构

老挝《外汇管理法》规定，老挝政府对全国范围内的外汇工作进行集中统一管理，授权老挝央行直接负责并作为与财政部、工业与商务部、计划与投资部、公安部、其他有关部门和地方政府进行协调配合的中心。中央政府名义上是全国范围内外汇管理的最高机关，实际上央行才是真正的主管部门，其他有关部委和地方政府也负有管理职责。此外，政府也鼓励、动员个人、法人和组织机构参与到外汇活动和管理中来。

老挝央行在外汇管理工作中具有以下职权：

（1）研究制定外汇管理战略、政策、法律以便提交中央政府审议；

（2）批准、暂停或取消外汇从业单位的外汇业务、在境外开设银行账户、接受或向外国提供贷款和／或商业信贷，并监管上述单位的业务活动；

（3）宣传国家外汇法律法规，培养使用基普的社会意识；

（4）做好本系统人员培养建设工作，为他们提供培训，提高他们的外汇业务管理水平和知识；

（5）搜集、汇总外汇工作方面的信息数据；

（6）协同有关部门，推进外汇法律法规的落实；

（7）开展外汇业务对外联系与合作；

（8）定期向中央政府总结报告外汇工作执行情况；

（9）行使法律赋予的其他权利和义务。①

中央有关部委和地方政府在外汇管理方面则具有以下不同职责：

（1）财政部有权利和义务对政府使用外国贷款、对外担保情况和政府获得的外国无偿援助进行管理、跟踪和检查；根据自身职责受理货币出入境申请，对违反本法及其他有关法律者采取惩罚措施。

（2）工业与商务部根据自身职责对使用基普进行商品、服务定价与宣传进行监管，对违反本法及其他有关法律者采取惩罚措施。

（3）计划与投资部根据自身职责依法对外国投资资金入境老挝和老挝定居者对外投资进行监管。

（4）公安部根据自身职责对非经央行许可的外汇使用与兑换进行监管，对违反本法及其他有关法律者采取惩罚措施。

（5）其他部委和地方政府有权利和义务按照外汇管理法的规定对外汇工作进行监管，为央行及其他管理部门提供信息和给予合作。②

（二）外汇管理立法

老挝外汇管理工作的主要原则是“四确保”，即确保中央政府在全国范围内对外汇管理工作进行集中统一管理，确保国家货币状况的稳定，确保国家货币的独立，确保国际结算的顺利进行。③老挝政府通过信息、经验、技术交流和人力资源开发等，促进和扩大与外国、地区和国际间在外汇管理方面的合作，同时鼓励在老

①《外汇管理法》（老文）（第38条），万象：老挝国会，2014年12月22日，第14页。
②《外汇管理法》（老文）（第39条），万象：老挝国会，2014年12月22日，第14-15页。
③《外汇管理法》（老文）（第5条），万象：老挝国会，2014年12月22日，第3页。

挝开展商业活动和业务经营的国内外个人、法人和组织机构参与、配合老挝外汇管理工作的组织实施。这要求老挝加快外汇立法工作，不断完善外汇管理法律体系。

老挝外汇管理立法分为两个层级：一是老挝国会、中央政府颁布的法律、法令，二是主管部门制定的行业规章、制度、通知要求等。老挝法律明确，为维护外汇稳定，中央政府通过制定灵活的货币政策，为有权限的机构提供便利、配备人员、提供预算和设备等，对全国范围内的外汇进行集中统一管理。总的来看，中央政府直接出台政策法规的情况不多，主要是1990年的《外汇和贵重物品管理条例》及2002年8月9日、2008年3月17日的两次修改版，此外还有2007年5月18日发布的《关于外汇管理和促进基普使用的政令》（第150号总理政令）。《外汇管理法》则是目前老挝国会审议通过的唯一一部关于外汇管理的法律，该法2014年12月在七届国会八次会议获得通过，2015年1月30日正式生效。

相对而言，老挝央行出台的通知、规定等法规文件则较多。每次《外汇和贵重物品管理条例》颁布后央行都会随之出台相应的实施细则。央行出台的其他重要法规还有：2000年12月28日《老挝央行外汇业务管理规定》，2004年8月6日《关于外汇兑换店管理的规定》，2005年10月17日《关于外汇买卖账户价值失衡评估的意见》，2008年3月3日《关于外汇买卖的通知》，2010年10月20日《关于维持商业银行外汇水平的决定》，2011年11月16日《关于货币兑换店管理的规定》，2012年5月11日《关于同央行服务局买卖外汇的通知》，2013年3月26日《关于向大客户出售外汇的通知》，2013年9月11日《关于商业银行提供外汇贷款的规定》，2014年8月14日《关于外汇交易远期合约的决定》，2015年7月24日《关于使用RTGS高额支付系统进行外汇（美元、泰铢）转账的指导意见》，2016年7月1日《关于与公众买卖外汇的通知》和《关于货币兑换业务经营的决定》。

2005年，老挝央行授权北部分行和南部分行审批外汇兑换店经营许可证的申请。为集中管制外汇，2007—2008年老挝政府允许央行修改相关法规，修订了贵重物品进出口公司的设立与管理制度，放宽外汇兑换管理规则，允许每个外国人在边境设立的兑换点每天可买入价值相当于2000万基普的外汇，授权商业银行优先考虑取款超过1万美元的客户。[①]但之后老挝又收紧了外汇管制。2010年4月2日老挝央行出台的《〈外汇和贵重物品管理〉实施细则》第5条规定：商业银行向老

①乔庆：《2000-2012年老挝货币政策效应研究》，内蒙古大学硕士学位论文，2015年，第16页。

挝定居者和非老挝定居者出售外汇用于以下不同目的，须提供相应的文件材料：

（1）以LC信用证方式、TT付款方式、SWIFT付款方式、银行汇票方式向国外进行货款转账结算时，必须提供：①进口商的外汇购买申请书；②由进口商出具的商品订货单；③由商品销售商出具的报价单；④商品买卖合同（没有订货单和报价单时）；⑤企业注册证和进出口营业执照。

（2）转账结算运输服务费、保险服务费、仓储服务费等，必须提供：①服务使用者的外汇购买申请书；②商品运输证（结算运费时）；③保险合同（结算保险服务费时）；④商品入库证明（结算仓储费时）；⑤企业注册登记证和进出口营业执照。

（3）转账结算外国贷款的成本和利息，必须提供：①向外国贷款者的外汇购买申请书；②由老挝央行开具的向外国贷款许可证；③向外国贷款合同及还款计划书；④由老挝央行开具的贷款入境证明；⑤投资许可证；⑥企业注册登记证。

（4）转账外国投资者的利润、分红，必须提供：①外国投资者的外汇购买申请书；②公司董事会或股东大会的利润分成或分红决议；③投资许可证；④企业注册登记证。

（5）外国投资者投资资金转账回国或转往第三国，必须提供：①外国投资者的外汇购买申请书；②公司缩小规模或减少资金的证明（因公司缩小规模而转账时）；③由老挝央行开具的外国投资资金入境证明；④公司董事会或股东大会出具的停业证明、业务出售合同或股份出售证明，或法院的破产证明（终止业务时）。

（6）利息收入或劳动报酬转账回国或转往第三国，必须提供：①外国投资者或外国劳工的外汇购买申请书；②劳动合同或有关收入的合同；③存款或购买债券证明。

（7）转账到外国进行投资，必须提供：①获许可到外国进行投资者的外汇购买申请书；②由老挝政府有关部门开具的赴外国投资许可证；③由投资对象国开具的投资许可证；④由老挝央行开具的资金出境许可证。

（8）赴国外就医，必须提供：①当事人的外汇购买申请书；②公立医院或省级以上私立医院赴国外就医同意书。

（9）赴国外留学，必须提供：①当事人的外汇购买申请书；②老挝教育部的批准书或外国教育机构的入学及费用证明。

（10）赴国外旅游，必须提供：①当事人的外汇购买申请书；②外交部签过证的护照。[①]

该条同时规定，不得购买外汇用于囤积在国内账户中。对于其他需用外汇进行对外结算的业务，商业银行可向客户提供外汇，但要求客户提交买汇申请并参照上述规定提供必要的材料。2013年3月《关于向大客户出售外汇的通知》再次重申，出售价值超过2000万基普的外汇必须按上述规定执行；商业银行向央行申购外汇的，要提供次日向大客户出售外汇的证明并经银行高层（副总经理以上）的签字。

（三）外汇管理对象

外汇管理分为对物和对人两种，因此外汇管理对象也分为物和人。物的对象包括外国货币（纸币、硬币）、外币支付凭证（支票、汇票、本票、银行存款凭证）、外币有价证券（外国股票、国债、国库券、公司债券）及其他在外汇收支中使用的各类支付手段和外汇资产等。人的对象包括在老挝境内从事外汇商业活动或涉汇业务，以及携带外汇出入境、以外汇进行国际结算的国内外的个人、法人和组织机构。从事进出口业务、国际服务业，进行外债、来源于国际投资的资本金和利息的转移和其他类型的外汇资金转移，外汇兑换等的个人、法人和组织机构，均属于外汇管理中人的对象。老挝外汇管理法律又把人的对象分为两种，一是老挝定居者，二是非老挝定居者。同时对定居者和非定居者采取不同的外汇管理政策，对前者实行相对严格的外汇管理，对后者的管理则较为宽松。

老挝《外汇管理法》对定居者和非定居者做了界定。老挝定居者包括：

（1）居住在老挝的老挝公民；

（2）在国外留学、旅游、访问、就医的老挝公民；

（3）在老挝使领馆、驻外国际机构工作的老挝官员和工作人员；

（4）在境外居住不超过1年的老挝公民；

（5）在境内外开展活动的老挝政府组织和社团组织；

（6）经许可在老挝境内开展业务经营和依法注册的老挝或外国的个人、法人，包括上述法人在境外设立的不超过1年的办事处；

（7）在老挝活动超过1年的外国人，不包括外国驻老挝使领馆和国际机构驻老挝办事处的官员和工作人员；

---

①《〈外汇和贵重物品管理条例〉实施细则》（老文）（第5条），万象：老挝央行，2010年4月2日，第3–5页。

（8）在老挝境内长期谋生的侨民和无国籍人士。

非老挝定居者包括：

（1）居住在国外的外国个人和法人；

（2）前来老挝留学、旅游、访问、就医的外国人；

（3）驻老挝的外国使领馆和国际组织机构及其官员、工作人员，外国顾问、专家，及上述人员的家属；

（4）在老挝居住不满1年的外国人；

（5）不满1年的驻老挝的外国法人的代表处；

（6）在境外居住超过1年的非留学、就医的老挝公民。①

二、外汇使用管理

为提高本国货币独立性，使外汇能更好地促进国民经济发展，防止直接使用外汇对社会造成不良后果，老挝政府出台了针对不同时期的外汇使用管理规定。老挝法律允许老挝定居者和非定居者通过持有和/或在老挝境内的商业银行开设账户，对依法取得的外汇进行支配和控制。但在老挝境内使用外汇仅限于以下目的：

（1）结算从外国进口的商品价值；

（2）结算与进出口商品直接相关的服务费，如过境运输费、保险费、仓储费和其他服务费；

（3）结算外国贷款或商业信贷；

（4）根据政府决定向外国提供援助；

（5）外国投资者的利润、分红、本金、利息、其他服务费和外国人的劳务费转回本国或转往第三国；

（6）把资金转账到外国进行投资；

（7）到外国学习、旅游、访问、就医；

（8）老挝央行规定的其他情形。②

除获得中央政府批准外，个人、法人和组织机构在老挝境内只能使用老挝货

①《外汇管理法》（老文）（第3条），万象：老挝国会，2014年12月22日，第2–3页。
②《外汇管理法》（老文）（第10条），万象：老挝国会，2014年12月22日，第5页。

币基普进行买卖、货物和服务费的收付款、偿还债务、支付工资（包括劳务费和奖金）、向政府纳税、确定商品价值、标定商品价格和服务费价格及进行价格宣传。[①]任何未经许可在境内使用外汇进行支付或结算的行为均视为非法。

自行保管或存入商业银行的外汇持有者，需要在老挝境内进行商品、服务费结算时，须通过具有资质的银行、银行代理处或外汇兑换店兑换成基普后再行结算。对出国旅行和须用外汇结算国际贷款和服务费的，应出具齐全的证明文件方可使用自己存入商业银行账户内的外汇。[②]

尽管老挝法律明确禁止任何个人、法人非经允许在境内流通领域直接使用外币进行买卖或结算，原则上对外汇使用、兑换作了严格的规范，但在实际执行过程中却相当松弛。泰铢在老泰边境老挝境内使用和流通曾经是司空见惯的事，其受欢迎程度在90年代以前一度超过老挝本货，而人民币在万象市三江市场的使用也相当广泛。2011年6月9日，中国—老挝本币跨境结算在云南昆明正式启动，这使得中老两国间的企业、银行和个人可以使用本币或对方国家的货币开展贸易、金融结算。而这并不能成为人民币在老挝境内市面上流通、使用的理由。从法律上讲，外汇在老挝市场上流通使用是非法的。随着老挝外汇管制法律法规的日臻完善、执法检查力度的加强和人们依法使用货币意识的提高，近几年外汇在老挝境内的使用也变得越来越规范。

三、外汇经营管理

（一）外汇经营申请

老挝央行、国有商业银行和获授权的其他商业银行是官方的外汇经营机构，除此之外也允许个人、法人申请外汇经营权。有意从事外汇经营业务的个人、法人须向老挝工商部门提交从业申请和相关材料，并须经得老挝央行的批准。老挝央行可亲自审批外汇经营权，也可授权商业银行代为审批。在收到工商部门转来的外汇经营申请材料后，申请从事外汇兑换业务的，老挝央行将在15个工作日内进行审批；从事作为国际结算工具的黄金进出口业务的，将在30个工作日内完成

①《外汇管理法》（老文）（第10条），万象：老挝国会，2014年12月22日，第4-5页。

②米良主编：《老挝人民民主共和国经济贸易法律指南》，北京：中国法制出版社，2006，第252页。

审批。[①]申请从事外汇经营（兑换）业务应符合以下条件：

（1）在老挝从事相关业务的老挝籍公民（23岁以上）或法人；

（2）具有金融或某方面业务知识或经验；

（3）注册资本达到10亿基普且必须为流动资本并存入商业银行中；

（4）具有用于外汇兑换服务的适当场所；

（5）有购置外汇兑换设备的计划或已拥有这些设备，如：电脑和因特网、货币交易报告系统、与老挝央行货币交易监控系统相连接的读卡机和摄像头、传真机、复印机、验钞机、点钞机、计算器、外汇牌价板及其他服务设备；

（6）无法院犯罪判决记录或因违法行为正处于案件审理中；

（7）无被吊销货币兑换许可证的记录。[②]

有意从事外汇兑换业务的老挝个人、法人或从事相关业务的法人，通过工商部门的一站式服务办公室提交申请材料，间接向老挝央行申请批准从业。申请所需材料包括：

（1）老挝央行印制的制式外汇兑换店申请书；

（2）申请人简历；

（3）住址证明；

（4）无犯罪记录证明（90天之内）；

（5）身份证复印件；

（6）户口簿复印件；

（7）90天以内的银行资金状况证明和财务报表副本；

（8）企业注册登记证复印件（针对法人）；

（9）税务登记证复印件（针对法人）；

（10）员工构成方案；

（11）服务设备方案；

（12）村级政府[※]出具的店面地址证明和略图；

（13）负责与老挝央行联络的代表的授权书（申请人无法亲自前来时）；

---

①《外汇管理法》（老文）（第20条），万象：老挝国会，2014年12月22日，第8页。

②《关于货币兑换业务经营的决定》（老文），万象：老挝央行，2016年7月1日，第2页。

※老挝宪法规定，地方政府分为省、县、村三级。现实中还有介于县和村之间的“村集”，相当于乡镇。

（14）申请人3×4规格近照3张（90天之内）。[②]

收到齐全的申请材料后，老挝央行在15个工作日内作出是否批准的决定并给予答复。如果不批准，将书面回复申请人，告知原由并退还申请材料。如果批准，将发放外汇兑换许可证。许可证有效期1年，自当年的1月1日起至12月31日止。许可证到期后可向老挝央行申请换证，换证所需材料比首次申请略少，包括：外汇兑换业务申请书； 外汇兑换许可证复印件；年度纳税证明复印件；企业注册登记证复印件；年度财务报告或年度会计报告；1年内提交银行的会计报表副本；负责与老挝央行联络的代表的授权书（申请人无法亲自前来时）；申请人3×4规格近照2张（90天之内）。如果申请人依法经营且当年经营亏损不超过注册资本的10%，将会在5个工作日内获得换证许可。

外汇经营者可以申请暂停外汇兑换业务，但暂停期不得超过90天且须有充分理由，超过90天再不营业将被吊销许可证。以下情形也将被吊销许可证：（1）取得外汇兑换许可证后90天内不进行企业注册和／或税务登记；（2）连续90天无故不开展外汇兑换业务；（3）外汇兑换许可证逾期超过90天仍在从业；（4）无法满足许可证到期后的换证条件；（5）受处罚后仍继续违反相关法律法规；（6）从业者自愿申请吊销。[②]

从前述外汇兑换从业条件看，老挝外汇经营准入门槛并不高，而随着外国赴老投资、旅游人数的快速上升，外汇兑换业务市场不断扩大，外汇兑换机构数量也在增多。2010年老挝共批准成立了22家外汇兑换机构，当年年底全国各地共有85家外汇兑换机构。2011年又有39家私人外汇兑换店和46家分支机构取得从业许可证，2012年又新批准成立了25家。目前老挝共有169个外汇兑换机构和23家分支机构。[③]

（二）汇率定价机制

汇率是指某种货币的价值与其他货币的价值之比。汇率通常由央行确定，但央行不会对本币与其他一切外币之间的汇率都做出规定，而只对本币与一种或少数几种外币的汇率进行规定，是为基准汇率。基准汇率是本币与对外经济交往中

②《关于货币兑换业务经营的决定》（老文），万象：老挝央行，2016年7月1日，第2-3页。
②《关于货币兑换业务经营的决定》（老文），万象：老挝央行，2016年7月1日，第4页。
③乔庆：《2000-2012年老挝货币政策效应研究》，内蒙古大学硕士学位论文，2015年，第17-18页。

最常用的基本外币之间的汇率，目前各国一般都以美元为基本外币来确定基准汇率。老挝法律规定，基准汇率是指由老挝人民民主共和国银行规定的、各商业银行和外汇兑换店作为基准的兑换率。[①]老挝央行运用政府调控下的市场机制规定每日的基准汇率，以便让各商业银行和外汇兑换店据此确定自己的挂牌汇率。

2002年，老挝央行规定基准汇率和市场汇率之间的差价不得高于2%。2003年又把差价幅度降至1%。为促进商业银行间外币买卖，老挝央行一直给商业银行制定引证日报汇率，2016年7月1日老挝央行的通知指出：各外汇兑换店（含商业银行外汇兑换点）根据央行货币政策司每天公布的基准汇率自行制定基普和美元的兑换率，上下浮动不得超过±0.25%，买卖之间的差价不得超过0.5%；兑换店自行确定基普与其他外币的兑换率，但基普与欧元的买卖差价不得超过0.5%，与泰铢的买卖差价不得超过0.75%，与其他外币的买卖差价不得超过2%。[②]这种汇率政策使外汇经营从业者具有较大的定价空间，不仅有利于调动他们的从业热情，还可以保持某一时间段内汇率的稳定。在保持汇率稳定的前提下，老挝央行也鼓励商业银行之间互相买卖外汇，商业银行间买卖外汇参照上述规定执行。

对于远期合约汇率，老挝央行与公开市场或银行间市场成员签署外汇交易远期合约的，合约汇率由央行确定。公开市场或银行间市场成员之间签署外汇交易远期合约的，合约汇率由公开市场成员和买方银行或卖方银行自行商定。商业银行和经营单位的外汇交易远期合约，汇率由商业银行确定并定期向经营单位报价。[③]

（三）外汇交易管理

老挝法律规定，在老挝境内从事商业活动和／或开展业务的国内外个人、法人和组织机构，想要把某种货币兑换成另一种货币，只能同老挝人民民主共和国银行许可的商业银行或外汇兑换店进行兑换。老挝允许外汇兑换业务申请者在取得央行发放的外汇兑换许可证后，将注册资金从账户内取出，用于且仅限用于外汇兑换业务。商业银行在进行外汇交易时必须遵守有关政策法规，如：向社会（个人）出售外汇最高不得超过价值相当于2000万基普，由商业银行酌情审批并复印客户身份证留作证据；出售外汇价值超过相当于2000万基普的，必须严格

①《外汇管理法》（老文）（第2条），万象：老挝国会，2014年12月22日，第1页。
②《关于与公众买卖外汇的通知》（老文），万象：老挝央行，2016年7月1日，第1页。
③《关于外汇交易远期合约的决定》（老文）（第5条），万象：老挝央行，2014年8月14日，第2页。

遵照2010年4月2日出台的《〈外汇和贵重物品管理条例〉实施细则》第5条规定执行；商业银行向央行申请购买外汇的，必须提供次日向客户出售外汇价值超过相当于2000万基普的证明文件且须有商业银行副总经理级以上领导的签名。[①]同时，商业银行必须在营业日当天结束营业时保持一定比例的外汇头寸，具体是：某种外汇的多头（Overbought Position）或空头（Oversold Position）不得超过一类资金[※]的20%，各种外汇总和的多头或空头不得超过一类资金的25%。如果超出上述比例范围，必须在银行间的外汇市场购买或出售不足或超出部分的外汇。[①]

对于外汇兑换店，与公众买卖外汇时要求其向公众出售外汇不得超过价值2000万基普，向公众购买外汇应复印身份证（针对老挝公民）或护照（针对外国人）[②]；与央行买卖外汇时，位于首都万象市的外汇兑换店及其全国各地的分店每天每店可与央行服务局交易最高20000美元、10万泰铢，外汇兑换店通过基普从一种外币兑换成另一种外币时，金额不得超过其注册资金且每次交易需提交申请并附上外汇兑换店设立许可证和央行外汇兑换会员资格证。[③]

老挝央行还要求外汇兑换店安装外汇买卖报告系统并按规定进行报告，其中万象市的外汇兑换店要求在2016年内完成该系统的安装并承担相关费用，其他省的外汇兑换店暂时按央行制定的表格通过传真或E-Mail进行报告；要求营业日的每天10:00前向央行货币政策司报告各货币挂牌价，每天16:00前按央行规定的方式总结报告当日外汇交易情况。对大宗交易或发现疑似洗钱、为恐怖主义提供资金的，要向央行反洗钱信息办及时报告。[④]

另外，外汇兑换店每次与客户买卖外汇时应记录交易日期、客户姓名和地址、货币数量、币种、面额种类、汇兑率。如果客户以旅行支票交易，要复印支票和护照或贴有持有人照片的边境通行证。而每次交易必须通过基普进行并开具交易发票，其中交给客户1张，外汇兑换店存根1张。外汇交易发票必须写明店名、地址和联系电话。外汇兑换店可自行设计自己的外汇交易发票，但须经得央

①《关于向社会出售外汇的通知》（老文），万象：老挝央行，2013年8月5日。

※一类资金是指老挝央行各时期规定的维持商业银行资金充足率的资金。

①《关于维持商业银行外汇水平的决定》（老文），万象：老挝央行，2010年10月20日，第2页。

②《关于与公众买卖外汇的通知》（老文），万象：老挝央行，2016年7月1日，第1页。

③《关于同央行服务局买卖外汇的通知》（老文），万象：央行政策司，2012年5月11日。

④《关于货币兑换业务经营的决定》（老文），万象：老挝央行，2016年7月1日，第6页。

行货币政策司的认可和财政部税务总局的同意。

2016年7月，老挝央行出台《关于货币兑换业务经营的决定》，进一步明确了外汇兑换从业者的权利义务。外汇兑换从业者享有的权利有：

（1）根据各时期央行的规定确定各币种的汇兑率；

（2）根据各时期央行的规定与公众进行现金和转账方式的货币买卖；

（3）与老挝境内商业银行进行现金和转账方式的货币买卖；

（4）在正常向央行报告日常外汇买卖情况和遵守央行各时期规定前提下，与老挝央行进行现金和转账方式的货币买卖；

（5）申请搬迁自己的外汇兑换店；

（6）执行法律授予的其他权利。

外汇兑换从业者须履行的义务包括：

（1）按规定张挂外汇兑换店牌匾；

（2）在显眼处张挂外汇兑换许可证；

（3）确定汇兑率时要符合各时期央行的规定；

（4）在显眼处张挂各货币的挂牌价；

（5）按照外汇兑换发票正确、详细记录当日外汇交易情况；

（6）以外汇兑换店之名在商业银行开设汇兑专用的基普和外汇账户；

（7）建立用于汇兑业务的专门会计账簿；

（8）按规定纳税；

（9）承担安装配套货币交易报告系统的费用；

（10）收到假币或疑似假币时报告有关部门并保存假币作为证据；

（11）正常向央行汇报业务经营情况；

（12）正常向央行总结汇报当日外汇交易情况；

（13）履行法律规定的其他义务。①

外汇兑换从业者还应正确持有流水账簿和营业收支账簿，并禁止以下行为：

（1）在兑换点以外的地方提供外汇买卖服务或从事所属权利之外的服务；

（2）违反央行规定进行外汇买卖；

（3）在境外开设账户；

（4）外汇兑换许可证逾期30天后仍从事货币兑换活动；

①《关于货币兑换业务经营的决定》（老文），万象：老挝央行，2016年7月1日，第5-6页。

（5）进行外汇单方买卖；

（6）确定、挂牌和执行汇率时违反央行的规定；

（7）连续超过1个工作日不报告外汇交易情况；

（8）不经允许擅自搬迁货币兑换店；

（9）将自己的外汇兑换许可证借给他人用于某种目的；

（10）违反相关法律法规的其他行为。

违反上述规定者，经教育后仍继续发生违反行动的，将视情予以处罚。如在规定场所以外进行外汇买卖或提供其他服务的，每次罚款1000万基普；违反央行规定进行外汇买卖的，每次罚款1500万基普；未经央行批准在国外开设账户的，罚款2000万基普；外汇兑换许可证逾期60天仍进行外汇兑换业务的，罚款3000万基普/次；进行单方面外汇买卖的，罚款500万基普；违反央行规定确定、挂牌和执行汇率的，每次罚款500万基普；连续3个工作日不报告外汇交易情况的，罚款100万基普；未经许可擅自搬迁外汇兑换店的，每次罚款500万基普；将自己的外汇兑换许可证借给他人用于某种目的的，每次罚款2000万基普。①

外商投资企业向老挝境内商业银行购买外汇，必须满足以下条件之一：（1）将外国投资者的投资成本、利润、利息、服务费等及外国员工的劳务费转移回本国或第三国；（2）投资全部到位后，为了在老挝国内开展正常经营和生产；（3）有关进出口商品服务费、运费、保险费、过境仓储费的结算和各种进出口、国际服务的结算。②上述购汇还必须符合老挝央行各时期制定的具体规定并须出具齐备的文件材料。

《关于外汇交易远期合约的决定》则规定：老挝央行与商业银行之间的交易行为，可用美元和泰铢进行，但每次交易必须通过基普进行；商业银行之间或商业银行与经营单位之间的交易行为，可用多种外汇（欧元、日元、人民币、澳元及其他货币）并根据银行自身情况酌情进行，每次交易也必须通过基普进行。③

①《关于货币兑换业务经营的决定》（老文），万象：老挝央行，2016年7月1日，第7页。

②夏梦雅：《老挝民众使用外币消费与国家外汇管理研究》，广西民族大学硕士学位论文，2013年，第25页。

③《关于外汇交易远期合约的决定》（老文）（第4条），万象：老挝央行，2014年8月14日，第2页。

四、外汇账户管理

（一）外汇开户管理

老挝定居者和非定居者均可在境内商业银行开设外汇存款账户并取得利息。个人开立外汇存款账户需要提供身份证或护照原件，请人代办还需要开户授权书和经办人身份证；个人开户金额超过1万美元的，要提供资金来源证明。此外，个人还可以申请开设其他外汇账户，但必须有证明其职业和固定外汇收入的相关文件，或具有接收外汇的充分理由。无资金来源证明的，只能先存入外汇存款账户内。持有外汇的老挝非定居者也可通过外汇兑换在商业银行开设基普账户，并有权取出基普和取得利息或使用账户中的基普兑换成外汇。

法人开立外汇账户需要提交外汇开户申请书和营业执照／企业注册登记证、税务登记证；如果属于外国资金来源，还要有老挝计划与投资部门出具的投资许可证。老挝境内外的法人因经营活动需要进出口、境外投资或贷款的，只准许开立支票账户，开户申请需要提交外汇开户申请书、营业执照／企业注册登记证、税务登记证、计投部门的投资许可证、老挝央行或财政部的境外贷款申请书、公司董事会或公司主业的委托证明及其他必要文件。[①]

经央行批准，老挝定居者可在境外开设账户用于以下目的：（1）从事跨境业务，如陆路、航空、水路运输，邮政，旅游，劳务输出和境外承包工程；（2）与外国进行包括商业信贷在内的放贷和还贷结算；（3）根据有关部门的批准在境外设立分支机构或代表处；（4）对外投资；（5）老挝央行规定的其他目的。留学人员、外交人员或公派出国人员可在境外开设账户而无需老挝央行批准。[②]例如，获批准的商业银行有权在境外开设存款账户，以便为境外客户提供外汇结算业务。

（二）外汇账户管理

个人外汇存款账户主要用于接收客户合法的现金、转账收入。如果客户存入金额巨大或该笔外汇收入与商业活动无关，商业银行在给予入账后必须报告老挝央行反洗钱信息办公室。法人外汇存款账户用于接收客户从商业经营中取得的合法的现金收入、转账收入、投资资金、经批准获得的外国贷款，以及外国投资取

---

①石长胜编译：《老挝经济法规选编》，昆明：云南人民出版社，2005年，第256页。

②《外汇管理法》（老文）（第16条），万象：老挝国会，2014年12月22日，第7页。

得的分红或利润。无论个人还是法人存款账户，账户中的外汇均可取现或转入其他账户；如果要在老挝境内使用，则只能在免税商店进行支付使用，其他情况下的使用须经得老挝央行的批准。①

其他外汇账户的使用，按照2010年《〈外汇和贵重物品管理〉实施细则》第5条的规定执行。如：可用于接受境外汇款、境内合法购汇的外汇款、有海关证明的携带入境的外汇现金的存入，接受合法的经营转账、现金收入，接受境外投资、贷款、分红、利润以及包括工资、奖金、差旅费、遗产继承、亲属援助等其他合法外汇收入来源，汇款、转账至境内外，在老挝境内银行兑换成基普、旅行支票、银行保函等支付工作，等等。

老挝法律规定，每个外汇账户每天取现不得超过价值10 000美元，超过的必须经央行批准方可提取。同时要求开户行要加强对个人和法人外汇账户的管理，主动检查账户外汇来源是否合法、使用是否符合规定，遇有来源不明巨额外汇须向央行及时报告；要妥善保存客户信息资料，客户文件资料须保存10年以上，保存电子资料的硬盘和光／软盘要分开放置。

五、外汇出入境管理

（一）外汇入境管理

老挝对携带本币出入境有限额规定，即可携带不超过2000万基普的现金出入境。但对携带外汇及贵重物品入境却不作限制，只是要求携带价值超过1亿基普的必须向海关申报，以便海关官员出具外汇和／或贵重物品入境证明。商业银行有义务为上述入境外汇提供存款、兑换、转账等服务并支付相应的利息。

境外投资资金入境老挝则必须通过银行系统进行。《外汇管理法》第24条规定：有意到老挝从事投资活动的外国个人、法人和组织机构必须通过银行系统把资金转入老挝并在老挝境内的商业银行开设存款账户，以外汇和物质形式进入老挝的资金必须取得老挝央行的证明。②物资形式的入境资金是指投资者在国外购买并完成结算的，按照老挝法律正确进口老挝、直接用于经营的物资设备。动用

①《〈外汇和贵重物品管理条例〉实施细则》（老文）（第7条），万象：老挝央行，2010年4月2日，第6页。

②《外汇管理法》（老文）（第24条），万象：老挝国会，2014年12月22日，第9页。

了老挝国内资金进行结算的进口物资将不视为物资形式的入境投资资金。申报物资形式的入境资金时还必须有相关部门出具的物资进口证明文件，现金形式的入境投资资金则必须有海关部门的现金入境申报证明及其他相关文件。

外国投资者将投资许可证上许可的投资资金转入老挝后，应将这些资金存入老挝境内的商业银行里。投资者每年均应向老挝央行报告当年投资资金（含外汇和物资）入境情况直至许可的投资金额全部入境完毕，以便老挝央行出具资金入境证明。如果以现金形式入境，需要提供海关部门出具的现金入境证明和境内商业银行有关该笔现金的存款账户的复印件。如果没有上述证明材料，老挝央行将不予开具现金形式的资金入境证明，最后可能导致该笔投资资金无法出境。

（二）外汇出境管理

老挝虽然对携带外汇入境管理宽松乃至不作数额限制，但对携带外汇出境却相对严格。《外汇管理法》第14条规定：老挝定居者或非定居者可按老挝央行规定的数额携带外汇出境，超出规定数额需要向老挝央行申请；如果有入境携款证明，可向海关申报以便把这些外汇携带出境。①目前老挝法定许可携带出境的外汇现金数额是价值1亿基普※。携带价值超过1亿基普的外汇或／和贵重物品出境，须有老挝海关出具的外汇和／或贵重物品入境证明，或老挝央行及其授权的商业银行的许可方能离境。

如果是老挝境内商业银行和金融机构携带外汇或基普现金出境或入境，必须经得老挝央行批准，并提交申请及原因说明书、用央行印制的制式月报表填写的该货币现金收支情况总结报告。在实地进行现金出入境时，必须向海关申报并由海关官员在（央行的）批准书上签字，同时在第二个工作日将有海关官员签字的批准书送交央行。②商业银行和金融机构携带外汇或基普现金出入境，可由老挝央行总部或其分支机构开具批准书。

将外汇从老挝转出境外的，遵照《外汇管理法》第10条有关规定执行，即必须是用于老挝央行许可的事项，如用于进口商品、与进出口商品直接相关的服务费（过境运输费、保险费、仓储费等）、境外贷款或商业信贷的结算，根据政府

①《外汇管理法》（老文）（第14条），万象：老挝国会，2014年12月22日，第6页。

※按2016年9月7日老挝官方汇率计算，约合12500美元。

②《〈外汇和贵重物品管理条例〉实施细则》（老文）（第16条），万象：老挝央行，2010年4月2日，第10页。

决定向外国提供援助，转账到外国进行投资，把投资本金、利润、劳务费及利息转回本国或转往第三国等。具体来讲，可向境外转移的外汇资金主要包括以下几类：一是来源于生产经营活动的利润，二是来源于向他人出让、出租、出售财产或提供工艺及技术服务的收入，三是提供贷款或购买股份的本金和利息，四是投资合同期满或者投资项目完结、清算后的资金，五是外国劳工扣除其开支后的劳务报酬。③

对于在老挝从事投资活动的个人和法人，在向境外转账外汇时需根据以下两种不同情形提供相应的文件材料：

（1）转账利润、分红、贷款本金和利息回国或至第三国的，需提交：

◇转账申请书；

◇转账人在商业银行开设存款账户（存折）的复印件；

◇老挝央行出具的资金入境证明；

◇老挝央行出具的贷款许可证（针对转账结算贷款本金和利息）；

◇公司董事会或股东大会的利润分成或分红决议。

（2）因投资到期、暂停部分或全部投资活动而把投资资金转出境外的，需提交：

◇转账回国或转至第三国的申请书；

◇老挝央行出具的资金入境证明；

◇计划与投资部出具的关于不允许延长投资期限或暂停部分／全部投资活动的《决定》或《通知》。

当收到齐全的文件材料后，商业银行有义务立即考虑给予转账出境。②

对于在老挝定居的个人或法人，需要到境外进行直接或间接投资的，须向老挝央行提交以下文件材料以便申请转账到国外投资：

◇转账至境外的申请书；

◇由计划与投资部开具的境外投资许可证；

◇由投资对象国开具的投资许可证；

◇由开户行出具的拟赴外投资者的存款账户复印件。

---

③山磨里：《中老外国投资法比较研究》，厦门大学硕士学位论文，2006年，第10页。

②《〈外汇和贵重物品管理条例〉实施细则》（老文）（第23条），万象：老挝央行，2010年4月2日，第14页。

（三）国际收支平衡

国际收支平衡是指某一时期内老挝定居者与非定居者之间进行的经济业务方面的交易，如商品与服务的买卖和交换、援助款的转账、资产和债权转让、贷款与还债、资金的流入流出等。维持外汇方面的国际收支平衡对促进对外贸易、吸引外国投资和实现国民经济稳健增长具有重要意义。老挝央行负有统计外汇国际收支平衡情况和制定平衡计划的责任，而取得外汇收入的老挝定居者和非定居者有义务配合央行的工作，总结报告自己的外汇收支数据。

对外借贷和国际无偿援助是外汇国际收支平衡的重要事项，该两事项由老挝财政部负责。财政部代表老挝中央政府签署对外借贷协议或出具对外借贷担保书，跟踪监管借贷协议执行情况——包括在境外开设老挝政府账户、政府对外借款的使用，并向老挝央行书面通报上述对外借贷。中央政府的对外借款必须统一纳入到在老挝央行开设的财政部存款账户或中央政府项目账户中。这些政府贷款可直接用于进行对外结算，也可在央行兑换成基普后在境内使用。同时，在有关部门协助下，财政部负责对外国提供的无偿援助包括国际非政府组织的援助进行集中统一管理，统计和汇总援助金额。外国无偿援助包括货币援助和物资援助，作为无偿援助的货币也必须统一纳入财政部在老挝央行开设的储蓄账户中。财政部还负责跟踪、检查、统计老挝政府、法人、组织机构（包括社会团体）对外提供无偿援助情况。此外，财政部可使用存在央行的外汇存款同外国进行还贷结算，也可在境内的银行系统进行外汇兑换后再进行结算。

银行在外汇国际收支平衡中能够起到监管暨介质的作用。老挝法律规定，央行有义务通过财政部在本行开设的账户为政府办理对外借贷和国际无偿援助结算业务、提供服务和便利，监督贷款使用人是否按照财政部的债务偿还计划进行债务清偿。商业银行可向客户出售外汇，以便其用于直接向外国供应商转账支付商品货款和服务费，或让其分期存入到专门账户里以便今后用于同国外进行结算，但不允许客户从上述账户里提取外汇现金。向客户出售外汇时，商业银行必须按照2010年《〈外汇和贵重物品管理〉实施细则》第5条规定要求客户提供齐全的文件资料。商业银行有责任对客户的外汇账户进行严格管理，以确保其每次购买的存储外汇仅用于向国外供应商进行结算的目的。①此外，商业银行有义务为客

①《关于向进口商出售外汇和提供服务的通知》（老文），万象：老挝央行，2013年10月14日。

户使用存在专门账户里的外汇直接向国外供应商进行货款、服务费的转账结算提供服务。如果客户要把账户里的外汇重新售卖给银行，银行不得拒绝。

六、外汇工作监管

（一）外汇工作禁令

老挝《外汇管理法》制定了针对公职人员、外汇从业者和普通商人的外汇禁令。该法第30条规定，禁止外汇主管部门的官员和工作人员：（1）从事与自身职权相关的业务，在外汇经营企业中担任顾问、专业技术人员；（2）非经许可公开属于个人、法人、组织机构秘密的信息；（3）索要、收受贿赂，在外汇工作中有偏袒、妨碍、相互勾结、伪造文件等行为；（4）利用职务之便谋取涉及外汇方面的个人私利或集团利益，包括从事相关经营活动；（5）玩忽职守，对外汇经营从业者的错误行为视而不见；（6）其他违法违规行为。①第29条规定，禁止外汇经营从业者违反法律法规或不在许可范围内经营外汇业务，禁止向政府官员或工作人员行贿，禁止隐瞒外汇业务方面的数据或报告错误数据、伪造外汇业务文件及其他违法违规行为。②

《外汇管理法》第28条规定，在老挝境内开展商务活动和业务经营的个人、法人、组织机构禁止有以下行为：

（1）非经允许在老挝境内以外汇形式收取结算款，偿还债务，支付货款、服务费、工资，纳税，确定合同价值，进行定价和价格宣传等；

（2）未经允许经营外汇业务；

（3）与未依法取得外汇兑换业务许可的个人、法人和／或经营单位兑换货币；

（4）非经央行许可擅自规定、宣布汇率；

（5）扰乱汇率，对国民经济体系造成损失；

（6）携带超过规定数额的现金入境而不向有关官员申报，或未经许可携带出境；

① 《外汇管理法》（老文）（第30条），万象：老挝国会，2014年12月22日，第11-12页。
② 《外汇管理法》（老文）（第29条），万象：老挝国会，2014年12月22日，第11页。

（7）违反本法第16条第一至五款之规定在境外开设存款账户；

（8）非经央行许可，接受或提供对外贷款和商业信贷；

（9）隐瞒货币方面的错误行为或给予配合；

（10）阻挠、拒绝配合有关官员开展外汇管理工作；

（11）其他违法违规行为。[①]

（二）外汇工作检查

老挝外汇工作检查机关分为内部检查机关和外部检查机关两类。内部检查机关包括中央政府、央行、财政部、工业与商务部、计划与投资部、公安部和地方政府。“老挝中央政府对全国范围内的外汇工作进行集中统一管理，授权央行直接负责并作为与财政部、工业与商务部、计划与投资部、公安部和地方政府进行协调配合的中心。”[②]外部检查机关包括国会、政府监察与反贪机关、审计机关、建国阵线、群众团体、社会团体、媒体和普通公民。

外汇工作检查的内容主要有：（1）外汇管理法律及其他有关法律法规执行情况；（2）外汇管理机关履行职责情况，包括依法惩处违法者的情况；（3）外汇业务经营活动情况。外汇检查机关的职责和权利就是在地方政府和有关部门的协作下检查上述三项内容。检查分为正常检查、事先打招呼检查和突击检查三种方式。[③]在检查时，检查人员有权进行询问，必要时可要求查看与外汇业务活动有关的材料。央行则有权搜集掌握其他金融机构、各部委、地方政府组织执行外汇业务检查情况以便报告中央政府，同时要求各商业银行、其他金融机构、外汇经营单位定期向其报告各自业务情况。

（三）惩处措施

对违反外汇管理规定者的处罚，分为批评教育、纪律处分、罚款、民事赔偿和承担刑事责任。对于首次违反且情节轻的，予以批评教育、警告并进行书面记录；纪律处分包括警告并记录在案、暂停职务和工资晋升、暂停评优、降职、撤职、开除公职，受到纪律处分者必须全部上缴非法所得；民事赔偿方面，违反

①《外汇管理法》（老文）（第28条），万象：老挝国会，2014年12月22日，第10–11页。
②《外汇管理法》（老文）（第37条），万象：老挝国会，2014年12月22日，第13页。
③《外汇管理法》（老文）（第41条），万象：老挝国会，2014年12月22日，第16页。

《外汇管理法》，对老挝经济、金融、货币造成影响的，须对因此造成的损失进行照价赔偿；对触犯刑法和对老挝经济、金融、货币造成不良影响的，将被依法追究刑事责任。

罚款则按以下不同情形处以不同的罚金：

（1）在老挝境内使用外汇进行标价和价格宣传，每次罚款100万基普；

（2）未经许可，以外汇形式接收或支付货款和服务费、偿还债务、开付工资、向政府缴纳税费，每次罚款300万基普；

（3）未经许可，从事外汇经营或兑换业务，每次罚款3000万基普；

（4）商业银行、外汇兑换店或其他服务机构违规设定、挂牌或执行汇率，每次罚款500万基普；

（5）未经央行许可，在境外开设银行账户，罚款2000万基普；

（6）不按规定进行报告或报告不实，罚款500万基普；

（7）首次未经许可接受或提供对外贷款和商业信贷，处以贷款或商业信贷额0.1%的罚款；

（8）首次携带超过限额的外汇或基普出入境老挝而不向海关申报或未得到央行许可的，处以超额部分50%的罚款。①

此外，《外汇管理法》特别规定：对习惯性受到上述罚款的个人，其行为视为刑事违法行为，将被判处6个月至2年有期徒刑并处300—1000万基普的罚金。②

①《外汇管理法》（老文）（第49条），万象：老挝国会，2014年12月22日，第18页。

②《外汇管理法》（老文）（第52条），万象：老挝国会，2014年12月22日，第19页。

第八章

对外资的监管和保护制度

老挝实施革新开放30年来，通过制定鼓励政策吸引外国投资，为经济发展注入了必需的资金和技术，因此，解决资金缺口是老挝引进外商直接投资的中心目标。2016年老挝开始实施第八个五年计划，吸引外资仍然是其经济建设的重中之重。在这种情况下，对外资的监管目标比较简单，即主要集中于社会环境保护和人文环境保护方面。

第一节　对外资的监管制度

老挝对外资监管的目标是社会性监管，包括自然环境保护监管，人文环境保护监。2013年12月，老挝自然资源与环境部同时发布了《关于投资项目和投资活动对环境和社会影响评估的部长令》（第3080号）、《关于投资项目和投资活动对环境和社会影响评估的部长令》（第3029号）。这两份文件的制定依据是国会2012年12月18日签署的《环境保护法（修订案）》（国会第29号）第21款，总理府2011年11月28日签署的《设立自然资源与环境部的政府令》（总理府第435号），明确对外资监管的目标、原则、程序等。《关于投资项目和投资活动对环境和社会影响评估的部长令》（第3029号）包括了三个部分，即环境影响评估的目标和原则、环境评估的过程和最后条款。

一、监管的目标和原则

这个环境评估政令实际上是对2012年12月18日出台的《环境保护法》（修订案）的实施和补充。环境评估部长令的目的是保证对在老挝境内进行生产经营的投资项目产生或可能产生的环境和社会影响做出标准统一的评估，不论是国内投资还是外商投资。投资项目和活动应该进行有效的环境评估，以保证老挝国家社会经济的可持续发展与减轻和加强全球变暖适应。

投资项目和活动环境评估是必须遵循以下原则：

项目业主应该严格遵守和执行投资项目和活动环境评估规定。省（或首都）的自然资源和环境厅负责评审项目业主提交的initial 环境评估报告，并向评审结果合格的项目颁发环境承诺证书，项目业主取得环境承诺证书后方可提出投资项目和活动建设施工。

无论是国内还是国外的投资项目的环境评估工作，均由国内外有资质的环境评估机构承担，并按照《环境保护法》（修订案）第44款和45款等相关法律条文成立和运作。

在初期环境评估中，项目业要严格遵守本政令、公众参与的技术指导与其他相关法律和规定，确保充分吸纳和考虑公众的严格监督及当地行政部门的咨询意见、受项目影响者和其他相关利益相关者的意见。

对投资项目和活动的整个建设和运作阶段所产生的环境和社会影响，项目业主应当确保采取环境和社会管理和监察计划中明确了的环境和社会影响缓解措施，并承担全部责任。

对于项目业主在投资项目和活动中有意聘用任何承包商的情况，项目业主应当在合同中详细陈述有关环境和社会管理和监管措施，以确保承包商充分了解和实施。无论如何，项目业主要承担投资项目和活动中承包商对环境和社会造成影响的所有行为和过失的责任。

在投资项目和活动的建设和运作阶段，如果省（或首都）自然资源和环境厅、与环境和社会管理以及监管计划中对环境的相关考量中，没有囊括环境和社会影响的缓解和补救措施，没有确切的匹配环节，或是没能达到预期目标的，省自然资源和环境厅必须书面通知项目业主做出整改计划及其期限。项目业主在接到通知后，应该向自然资源和候机厅提交修改完成的环境社会管理和监管计划，重新申请批准。

项目业主（项目原业主）计划向他人（项目新业主）转让其投资项目和活动时，必须详细告知转让合同中已经通过评估的《投资项目和活动的环境社会管理和监督计划》中的环境和社会管理措施，以便项目新业主继续实施该计划。

投资周期结束前6个月，项目业主必须请省（或首都）自然资源和环境厅监测和评估项目业主所采取的减少环境和社会影响措施的效果。对于项目建设中措施实施完全、没有遗留任何环境和社会影响的，省（或首都）自然资源和环境厅将向项目业主颁发许可证。相反，如果有遗留的环境和社会影响问题，省（或首都）自然资源和环境厅将责成项目业主继续采取消解遗留影响的措施。当项目业主完成了减少所有遗留影响时，项目业主对消解环境和社会影响的责任也相应取消。

项目业主需要扩大投资项目和活动时，投资项目和活动的新增建设部分，或是投资项目和活动领域及规模的扩大，如果该扩大项目属于第一类投资，则该项目业主有责任做出该扩大投资项目和活动的环境影响初评。项目业主应该遵守这一条令，在申请该扩大投资和活动前必须取得通过环境影响初评的环境承诺书。

二、环境影响初评的程序

投资项目和很多的环境影响初评包括项目筛查：

1. 投资项目和很多的筛查是环境影响初评的第一步，也是决定需要环境影响评估的投资项目和活动是否通过的关键环节

筛查的具体程序如下：

项目业主应该根据筛查参考数据认定环境影响评估的等级，填报投资项目和活动申请表。

投资项目和活动列表中没有提及的投资项目和活动，由省（首都）自然资源和环境厅提供单独的评估标准，参照特殊专业的投资申请，进一步筛查以确定环境影响评估等级，或者不要求环境影响评估。

对于不要求进行环境影响评估的投资项目和活动，省（或首都）自然资源和环境厅将设置一定的条件或要求项目业主执行环境和社会管理与监管计划。

2. 投资项目和活动清单

项目投资和活动清单分为投资项目和商业两类：

第一类：预计环境和社会影响不显著或微小的投资项目和活动；这类投资，要进行环境影响初评；

第二类：预期产生严重或巨大环境和社会影响的投资项目和活动；这类投资项目和活动要执行环境和社会影响评估。

这两种类型的投资项目和活动的清单要在自然资源和环境部的决议中分别列出。

3. 环境初评报告（IEE 报告）

筛查之后，如果提出申请的投第一类资项目和活动，项目业主应该按照以下标准格式准备环境初评报告：

项目业主应该确保环境和社会管理和监管计划作为环境初评报告的附件；

项目业主应该严格按照本政令制定的环境初评程序、技术指导方针和相关的法律和法规提交环境初评报告，同时根据本政令第二条第5款的规定和相关的技术指导方针，提交环境和社会管理和监管计划。

项目业主应该提交老挝语版本的环境初评报告，以便相关部门评审和颁发环境承诺书。

4. 环境初评报告的评审

环境初评报告的评审过程：

项目业主应该提交1套环境初评报告申请和最终报告，环境初评最终报告要包括环境和社会管理和监管计划，要包含有相关省（或首都）自然资源和环境厅的村（县）咨询会议的意见，要附上每次咨询会议的会议记录，会议记录必须有项目业主参会代表、相关省（或首都）自然资源和环境厅参会代表的签字。

在10个工作日内，省（或首都）自然资源和环境厅应当进行行政评议，书面通知项目业主评审结果，通知包括以下内容：

（1）在环境初评报告的准确和完整性方面，要求项目业主向相关省（或首都）自然资源和环境厅提交15份以上的手写和电子版的环境初评报告，以供评审。

（2）对于不准确和不完整的环境初评报告，责成项目业主修改后，再次提交相关省（或首都）自然资源和环境厅评审。

省（或首都）自然资源和环境厅应在项目业主提交完整申请资料后40个工作日内进行评审，这个时间限期不包括需要重新提交评审资料的时间。评审程序包括：

（1）相关的省（或首都）自然资源和环境厅要在5个工作日内把收到的环境影响初评送达省（或首都）相关机构、县（或市）自然资源和环境办公室以及其他利益相关者，请他们提出各自的意见。

（2）在收到资料后的20日工作日内，省级的相关机构、县（市）自然资源和环境办公室、以及其他利益相关者应该各自完成对环境影响初评的评审，并向省（或首都）提交各自的意见。如果没有在规定时间内提交意见的部门，则视为其同意了提交评审的环境影响初评。

（3）在等待相关部门反馈意见的期间，省（首都）自然资源和环境厅与项目业主相协作，一起举行县（省）级咨询会。项目业主必须在咨询会上阐述和解释环境影响初评报告。自然资源和环境部、省（首都）相关部门、县（市）自然资源和环境办公室、受项目影响者以及利益相关者均应派代表出席咨询会并提出评估意见。此外，根据需要，还应安排其他技术会议和相应的检查工作。

（4）省（首都）自然资源和环境厅要在技术会议和咨询会的书面评价基础上，在15个工作日内完成对该项目的评审，评审内容包括：

颁发环境符合证书，批准经省（首都）领导同意的环境影响初评报告以及环境和社会管理和监测计划，特别是省（首都）环境委员会主席的批准。

对项目业主提出项目产品报告修改意见，重新向省（首都）自然资源环境厅提交修订的初评报告以供评审。

针对复杂或有潜在持续影响的投资项目和活动，建议项目业主继续准备环境和社会影响评价。

如果所建议的投资项目和活动存在大量严重的环境和社会影响、且其影响不可避免和缓解、或是没有达到国家环境政策或国家自然资源和环境署战略计划要求，省（首都）自然资源和环境厅拒绝其环境初评报告。

省（首都）自然资源和环境厅应将上述（4）条中对环境初评报告的相应处理结果通知项目业主，并向自然资源和环境部、相关级别的投资管理机构备案。

5. 环境和社会管理监测计划（ESMMP）

项目业主要按照以下步骤制定环境和社会管理监测计划：

单独制定与环境初评报告配套的环境社会监测计划。环境和社会管理监测计划应该准确实施和反映本政令第二部分第2.5款和其他相关技术指南的标准；制定老挝文版的环境和社会管理和监测计划，以便提供评审和颁发环境符合证书；项目业主在投资项目和活动启动之前6个月，应该评估其在建设阶段的环境和社会管理和监测计划。随后，在开始任何阶段的施工前，项目业主应该严格遵循施工阶段的情况修订环境和社会管理监测计划，向省（首都）自然资源和环境厅提交与施工阶段对应的环境和社会管理和监测计划，申请批准。

6. 环境承诺证书

环境承诺证书是由省（首都）自然资源和环境厅审查和颁发，用于证明环境初评报告以及环境和社会管理监测计划通过评审。

环境承诺证书的有效性和条件包括：

环境承诺证书从签发日起正式生效。然而，如果项目业主不能按照项目发展计划开始施工，以及省（首都）自然资源环境厅评估项目在获得环境承诺证书后2年内没有任何进展，则该项目的环境承诺证书失效。

环境承诺证书持有人如果坚持继续其投资项目和活动，则证书持有人需要向省（首都）自然资源和环境厅重新申请环境承诺证书，但只有一次重新申请的机会。重新申请环境承诺证书的环境初评材料要修订，特别是在向项目业主颁发环境承诺证书之前，提交的各类材料要与实际情况一致。

通过环境初评而颁发的环境承诺证书在投资项目和活动的整个投资阶段都有效；当环境承诺证书通过的环境和社会管理和监测计划结束或不再更新时，环境承诺证书的有效性也就结束。

环境承诺证书批准的环境和社会管理和监测计划的有效期间是2—5年，相关省（首都）自然资源和环境厅根据每类投资项目和活动的影响程度确定证书的有效时间。该环境承诺证书将在投资项目和活动的全过程中进行阶段性的更新。

项目业主评估和修订环境和社会管理和监测计划要跟踪投资项目和活动每一个阶段的具体情况，向省（首都）自然资源和环境厅提交修订的环境和社会管理和监测计划，征得同意和更换新的环境承诺证书。环境承诺证书的更新要在15个工作日内完成，但不包括项目开发人用于修订文件的时间。

环境承诺证书应包括项目业主应当严格履行的职责。

当项目业主没能履行环境承诺证书所规定的职责、导致重大社会和环境影响的，相关省（首都）自然资源和环境厅有权在投资项目和活动的任何阶段撤销和暂停环境承诺证明的有效性，或者对造成重大和危险的社会和经济影响的投资项目和很多，省（首都）自然资源和环境厅有权建议投资主管机关撤销其许可注册证或企业注册证。

废止和暂停环境承诺证书的有效性，要按照以下程序操作：

（1）签发环境承诺书的省（首都）自然资源和环境厅要向项目业主发出警告，要求其接到警告通知后90天内解决和改进所有没有达到承诺标准的情况，包括准备项目业主记录；

（2）当项目业主不能在上述时间限期内解决和改善其过失造成的后果是，省（首都）自然资源和环境厅将发出第二次警告，要求项目业主在接到警告后60天内解决和改进其未履行责任之处；

（3）如果这类未履行责任的行为仍然没有在上述限期内改进（补救／纠正），省（首都）自然资源和环境厅将通知撤销或暂缓其环境承诺书的有效期，且有权与投资主管机关一起停止引起严重社会和环境影响的投资活动。

7. 现有投资项目和活动的环境承诺证书的签发

对于正在建设或运作中的投资项目和活动，但在本政令生效前没有取得环境承诺证书的，要按照如下程序办理：

省（首都）自然资源和环境厅应在本政令生效后90天内，要收集正在建设和运作中的投资项目和活动名单，按类型一和类型二分类照理，提交自然资源和环境部；自然资源和环境部将按如下要求进行评估：

对于没有造成任何社会和环境影响的投资项目和活动，自然资源和环境部将通知项目业主继续开展其经营和运作，并为项目业主提供环境和社会管理的指导，并按规定将通知副本送达投资主管部门、省（首都）自然资源和环境厅。

对于引起任何社会和环境影响的投资项目和活动，自然资源和环境部将命令项目业主在120个工作日内准备和完成环境和社会管理和监测计划。

如果项目业主不能在指定时间内完成环境和社会管理和监测计划，项目业主将受到2012年12月18日颁布的《环境保护法（修订案）》中第92、93、94、95、96和97条的处罚。

自然资源和环境部，协同中央和当地相关机构，评审项目业主之前提交的环境和社会管理和监测计划。然后，评审结果将书面通知项目业主，通知副本同时要送达相关投资主管部门和相关省（首都）自然资源和环境厅。

8. 环境初评程序中项目业主的职责和责任

在环境初评阶段，项目业主要承担以下职责和责任：

全面调查自然的、生物的和社会—经济等方面情况，通过从中央到地方的相关部门、当地行政主管部门和其他资源获得信息，包括实地调研和咨询受项目影响者和其他利益相关者，预测投资项目和活动中可能产生的社会和环境影响。

与省（首都）自然资源和环境厅中环境初评报告评审负责人协作，严格按照第二部分第10款和11款，确保没有威胁、强制、武力、暴力、贿赂或欺诈。

与省（首都）自然资源和环境厅的环境初评报告评审负责人协作，按照相关省（首都）自然资源和环境厅的建议，在中央和地方组织安排项目推介会，解释投资项目和活动的开发计划、预期收益、社会和环境影响，总结和记录来自项目影响者的意见，并吸收到环境初评报告中。

环境初评报告要包括环境社会管理和监测计划，要明确保护社会和环境以及减轻影响的所有措施。

与省（首都）自然资源和环境厅中环境初评报告评审负责人配合，组织村（县）、县（省）各个层面的咨询会，以及必要的技术咨询会，邀请中央和地方各相关方面参加，包括中央和地方的自然资源和环境机构、当地政府、受项目影响着以及其他必要的利益相关者。

在开始实施任何投资项目和活动前，修订和提交最终的环境初评报告给省（首都）自然资源和环境厅，由具体负责投资项目和活动环境初评报告评审的工作人员进行具体的评审、考量和批准，在投资项目和活动的整个过程中严格执行其环境和社会管理监测计划中明确的具体管理和监测措施。

对环境和社会管理监测计划定期进行修订，特别是在项目业主准备向省（首都）自然资源和环境厅申请更新环境承诺证书时。

9. 环境初评过程中政府机构的职责和责任

环境初评过程涉及到的政府机构包括自然资源和环境局以及其他相关机构必须承担如下职责和责任：

（1）自然资源和环境部的职责和责任：

制定法规、技术指南、和与环境初评程序相关的指南；

增强地方自然资源和环境机构工作人员环境初评专业技能；

为项目业主准备环境影响初评提供技术指导；

建立拟作环境影响测评的投资项目和活动名单，制定筛查投资项目和活动的社会和环境影响比较标准；

不时向政府总结和报告全国与环境初评相关的活动进展情况；

当环境影响初评涉及的地域跨越两个以上的省，由哪个省主导评估和签发环境承诺证书时，要负责协调和安排；

参加县（省）级环境初评报告评审咨询会；

为地方自然资源和环境机构准备环境初评报告和社会环境管理监管计划提供协作和其他支持。

（2）省（首都）自然资源和环境厅的职责和责任：

为项目业主的环境初评报告的准备和评估工作提供技术指导；

发挥中心协调作用，在环境初评阶段，为项目业主在省（首都）管辖范围内进行调查和数据收集、联系项目影响者和其他利益相关者提供支持；

配合项目业主，做好面向项目影响者的宣传和解释工作，使得受影响者了解投资项目和目的、预期收益及潜在的社会和环境影响；

主持环境承诺书的测评和签发，以环境初评报告与环境和社会管理监测计划书；

参与实地调查和主持安排与环境初评报告与环境和社会管理监测计划相关的技术会议和其他咨询会议；

根据需要，建议上级建立省（首都）技术委员会或专门委员会，如环境监测工作组、公众参与工作组、监测工作组等；

受理在环境初评报告准备和评估阶段项目受影响者和其他利益相关者的投

诉，负责任地解决争议；

向省（首都）行政首长与自然资源和环境部汇报环境初评过程进展情况。

（3）县（市）自然资源和环境办公室的职责和责任：

在项目业主准备环境影响初评报告和联系受项目影响者和利益相关者的公众时，在该县（市）辖区内调查和收集资料提供中心协调和支持；

配合项目业主，做好面向项目影响者的宣传和解释工作，使得受影响者了解投资项目和目的、预期收益及潜在的社会和环境影响；

主持环境承诺书的测评和签发，以环境初评报告和社会环境管理监测计划书；

参与实地调查，考量环境初评报告与环境和社会管理监管计划并做出评价，与省（首都）自然资源和环境厅共同主持安排与项目业主、县（市）行政机关和相关村民参加的咨询会，以提供第一版和修订版的环境初评报告与环境和社会管理监测计划相关的技术会议及其他咨询会议；

根据需要，建议上级建立县级技术委员会或专门委员会，如环境监测工作组、公众参与工作组、监测工作组等；

受理在环境初评报告准备和评估阶段项目受影响者和其他利益相关者的投诉，负责任地解决争议；

不时向县（市）行政领导和省（首都）行政首长及自然资源和环境厅汇报环境初评过程进展情况。

（4）村级自然资源和环境工作组的职责和责任：

在项目业主准备环境影响初评报告和联系受项目影响者和利益相关者的公众时，在该村调查和收集资料提供中心协调和支持；

配合项目业主，做好面向项目影响者的宣传和解释工作，使得受影响者了解投资项目和目的、预期收益和潜在的社会和环境影响；

参与实地调查和对环境初评报告做出评价，参与各个级别的咨询会；

根据需要，建议上级建立村一级的技术委员会或专门委员会；

受理在环境初评报告准备和评估阶段项目受影响者和其他利益相关者的投诉，在其职责范围内地解决争议；

不时向村行政领导和县（市）自然资源和环境办公室汇报环境初评过程进展情况。

（5）其他同级相关机构的职责和责任：

参与实地调查和评估环境初评报告与环境和社会管理监测计划，参与各个级别的技术会议和咨询会；

根据要求，为技术或专业委员会提供技术人员；

根据各相关机构的职责参与申诉委员会，解决与环境初评过程中产生的争议。

10. 受项目影响者和利益相关者的公共参与

项目影响者和利益相关者在环境初评过程中的职责：

了解投资项目和活动的开发计划、预期收益、可能产生的社会和环境影响；

配合项目业主，提供相关信息，以便其准备投资项目和活动的环境初评报告与环境和社会管理监管计划中涉及对当地及附近地区的社会和环境影响的资料；

了解和掌握环境初评报告和社会环境管理和监管计划中移民措施的实施进度报告；

参与实地调查，以主要成员身份参加各个级别的咨询会，并对环境初评报告和社会环境管理监管计划的准备和修订提出意见；

向各级行政部门提交书面申诉，以解决投资项目和活动引发的社会环境影响问题；

参与监测活动，确保及时掌握环境和社会影响的发生并报告当地的自然资源和环境机构，以防社会和环境影响的发生。

11. 公众参与过程

省（首都）自然资源和环境厅直接负责评估和签发通过评估的环境初评报告与社会环境管理监测计划的项目环境承诺证书，与各个级别的行政部门合作，负责组织项目影响者和利益相关者等公众参与过程，按照如下步骤：

在准备环境初评报告与环境和社会管理监测计划时收集资料，要针对项目影响者和环境举行形式多样的发布会，包括用老挝语和当地语言，向他们解释项目开发计划、预期收益和可能产生的社会和环境影响；收集项目影响者和其他利益相关者的意见。

在环境初评报告与环境和社会管理监测计划的准备和评估阶段，要举行村（县）和县（省）级的咨询会，让项目影响者和利益相关者对环境初评和社会环境管理和监管计划的评估全程提出意见。

在项目的运作初期，项目业主要告知项目影响者和其他利益相关者有关可能因项目投资和活动的产生社会和环境影响的活动。此外，项目业主要创造条件，让项目影响者和其他利益相关者获得有关投资项目和活动的一般信息。

在投资项目和活动结束的准备中，项目业主要告知项目影响者和其他利益相关者有关项目结束及投资项目和活动重新启动时，他们有权对项目业主在整个投资过程中实施环境与环境和社会管理监测计划的成效及遗留问题提出意见。这一环节是省（首都）自然资源和环境厅签发投资项目和活动结束认定书的必需程序。

12. 项目业主的出资责任

项目业有责任为以下预算提供充足的资金：

项目业主、环境服务提供商和国家组织进行环境初评的成本，包括在村（县）、县（省）级层面的实地调查、发布会、咨询会，技术会议和其他有公众参与的活动。

为签发环境承诺证书所包含的认证费和服务费；一旦获得环境承诺证书项目业主要支付这些费用。此外，项目业主要支付签发给通过的环境和社会管理监测计划的环境承诺证书的服务费用。

按照环境和社会管理监测计划及环境承诺证书的规定，因环境和社会影响导致移民措施包括项目业主和政府组织的义务，所需费用。

对移民措施的实施的监测所产生的费用，包括由项目业主和政府组织执行本政令第二部分第18条和19条所规定的行动所产生的费用，包括为当地政府组织的监管活动提供能力建设、购买汽车等设备的费用。

13. 费用和服务费的管理

省（首都）自然资源和环境厅签发和批准更新环境承诺证书，有权向项目业主按照《老挝人民民主共和国关于行政事业单位收取费用和服务费主席令》所规定的费率收取费用和服务费。

收取的所有费用和服务费要上交国库。省（首都）自然资源和环境厅需要收取的技术服务费时，必须事先向上级部门提交预算使用计划，审批通过后方可实施。

14. 信息提供

项目业主必须熟悉、整理、更新项目初评所涉及的所有信息，并提交给负责评审项目初评报告与社会环境管理和监管的省（首都）自然资源和环境厅初评机构，包括纸质和电子两种版本。

项目业主对提交的投资项目的初评报告评审过程的相关信息的准确、清晰、全面和可靠性负全责。

15. 报告职责

在投资项目和活动的整个投资期间，项目业主要履行如下报告职责：

项目业主要准备和提交阶段性的报告，包括《环境承诺证书》中规定的月报告、季度报告和年度报告。这些报告要包括以下主要内容：

进度、破坏或疏忽，包括环境和社会管理监测计划与环境承诺书以及其他相关合同中规定的对环境和社会影响下迁移措施实施的自我检测结果；

项目业主张环境社会措施实施中遇到的困难，以及其他必需的条件。

准备与环境初评报告相关报告，一式三份或按照省（首都）自然资源和环境厅的要求提交更多。

对产生严重社会和环境影响的事故、突发事件和事件或任何环境方面的纰漏，项目业主要在24小时内向省（首都）自然资源和环境厅报告。

16. 信息公开

项目业主必须公开有关项目业主、社会环境影响、环境和社会影响移民措施、环境初评报告与环境和社会管理监测计划、提交政府机构的其他报告、措施实施的监测报告、提交环境初评的预算报告、事故责任报告、项目业主的所有措施报告、以及政府组织要求公开的其他信息。

项目业主要尽可能以老挝语和当地语言公开信息。

相关省（首都）自然资源和环境厅有权保护任何个人的隐私、有关项目业主财产或商业秘密的信息。

项目业主不愿意公布以上要求公布的信息，则需要向省（首都）自然资源和环境厅提交书面申请，附上不愿意公开发表的信息，征求自然资源和环境厅的审核。如果得到允许，就由自然资源和环境厅与业主共同保密。

17. 监管组织

监管组织应该包括如下组织：

项目业主；政府组织：当地自然资源和环境厅为主导直接监督项目业主实施移民措施；其他相关机构。

18. 项目业主的自我监测

项目业主可义务在任何机构监测之前主动监测，将监测结果和报告、移民措施的实施不定期向自然资源和环境厅报告。

如果环境初评报告需要，项目业主要设立环境管理办公室和公众参与办公室，确保移民措施、管理和监管的有效实施，并在管理方的指派基础上进行有效的沟通。

19. 政府监管机构

政府监管机构有责任监管移民措施的实施，具体责任包括：

（1）省（首都）自然资源和环境厅的监管职责：

牵头监管移民措施的具体实施，包括实地检查、自我监测、对项目业主的自我检测进度报告提出意见；代表监测的操作，向县（市）自然资源和环境办公室与村级自然资源和环境小组分配经费，分配办法遵照社会环境管理和监管计划的相关规定；如果环境管理、监管和沟通交流需要，则考虑和建议上级在省（首都）层面设立项目环境监测工作组和省级公众参与工作组；不定期总结并向向省（首都）行政首长报告监测情况；以及对上级部门负责，承担监测任务。

（2）县（市）自然资源和环境办公室的监管职责：

在县的职权范围内，发挥中心作用，监测移民措施实施；考虑和建议上级设立县（市）级的项目环境监管工作组，有必要时还承担环境管理的作用；总结投资项目监管的情况，并向县（市）行政部门与省（首都）自然资源和环境厅报告；代表上级承担监管职能。

（3）村级自然资源和环境工作组的职责：

在村的管辖范围内负责移民措施的实施；代表上一级行政部门承担监管任务。

（4）当地相关机构的监管职责：

参与相关自然资源和环境机构主持的监管工作组的监管工作；

考虑和为上述不同级别的环境监管工作组提供技术人员；

不定期总结其监测情况，并向他们的机构报告；

对于主要的投资项目和活动竞争者，除了参与自然资源和环境机构主持的监督工作组外，有权根据自己的法律义务直接进行检测。

20. 政府监督机构的职权范围

政府监督机构的职权范围：

随时派其工作人员或顾问到投资项目和活动或项目业主办公室，向项目业主提出建议，特别是在发生严重的社会环境影响的紧急情况下，监管小组有权不经过上级批准而参与项目的管理；

拍照、录音、取样、检查计算机和项目业主的其他设备、审阅所有文件、访问员工和采取任何其他合适的行动；

如果项目业主没有投诉，相关政府监督机构有权警告其，通知其严格遵守警告内容。如果项目业主不遵守这些警告，其环境承诺书将依据本法令第二部分第

6条被取消或暂停。

自然资源和环境部授权省（首都）自然资源和环境厅代表中央协调与地方相关机构的关系，确保本法令的有效传达和实施。相关自然人、法人和组织，包括私人和公关部门，都要认真学习和严格执行本法令。国家投资项目的机构要保证环境初评、环境社会管理和监督的经费。

三、投资监管的分类

明确规定了需要提交环境初评和环境社会影响评价的投资类型和领域。投资项目分为两类，一类是需要提交环境初评的项目，一类是需要提交环境社会影响评价的项目。在老挝，投资项目和活动分为五大领域：能源、农林业、工业、基础设施和服务业和矿业。

表7–1

投资项目和活动		类型1 提交环境初评报告	类型2 提交环境社会影响评价
一、能源领域的投资项目和活动			
1. 电力开发			
（1）	水电	（a）1–15兆瓦，或 （b）库容量小于200万立方米 （c）库区面积 < 1500公顷	（a）≥15兆瓦，或 （b）库容量≥200万立方米，或 （c）库区面积≥1500公顷
（2）	核电站、核废料管理和存放		全部
（3）	天然气或生物发电厂项目	5–50兆瓦	>50兆瓦
（4）	风力发电	风电机组2–10 台	风电机组>10台
（5）	煤、石油或生物发电	≤10兆瓦	>10兆瓦
2. 石油和天然气发电开发			
（6）	天然气和石油输送管道		全部
（7）	石油和天然气提起		全部
（8）	炼油厂		全部
（9）	石油储存设施	5000–50000立方米	>50000立方米
3. 高压输电线建设			
（10a）	高压输电线 ≥230千伏	≤ 15公里	> 15公里

（续上表）

投资项目和活动		类型1 提交环境初评报告	类型2 提交环境社会影响评价
（10b）	高压输电线＜230千伏	全部	
（11）	高压配电站	＜ 10 公顷	≥ 10公顷
二、农业和林业领域投资项目和活动			
1．植树和农作物栽培			
（1）	工业树的种植和加工	20–200公顷	＞200公顷
（2）	工业原料作物种植	20–400公顷	＞400公顷
2．畜牧业和渔业			
（3）	畜牧业：黄牛、水牛、马和其他养殖	＞500头	
（4）	家禽养殖	≥5000只	
（5）	养猪	≥500头	
（6）	工业水池养殖鱼和水产	≥10公顷	
（7）	河流网箱养殖鱼和水池养殖	≥300平方米	
（8）	养殖鳄鱼	≥100只	
三、加工业			
1．食品加工业			
（1）	食品生产加工和储存（肉、鱼、水果、食用油、动物和动物饲料）	≤1吨/天	＞1吨/天
（2）	牛奶加工厂	≤40吨/天	＞40吨/天
（3）	木薯和木薯产品加工厂	40–80吨/天	＞80吨/天
（4）	食糖加工厂	≤30吨/天	＞30吨/天
（5）	酒精加工厂	≤500000公升/天	＞500000公升/天
（6）	饮用水加工厂	全部	
（7）	香烟生产	全部	
纺织品，木浆纸，木材制品			
（8）	纺织品、织物和服装制作和印染	全部	
（9）	皮革浸渍和鞣制	全部	
（10）	皮革加工厂	≤100万块/年	＞100万块/年
（11）	藤制品和竹制品编织厂	全部	
（12）	胶合板加工厂	≤100000平方米/年	＞100000平方米/年
（13）	造纸厂	≤30吨/天	＞30吨/天

（续上表）

投资项目和活动		类型1 提交环境初评报告	类型2 提交环境社会影响评价
（14）	印刷厂	全部	
3．化工产品和医疗器械			
（15）	石油和油气厂		全部
（16）	化工产品加工厂		全部
（17）	医疗器械和使用化学反应和生物化学制药厂		全部
（18）	清洁用品、抛光和设备制造厂	≤10吨/天	>10吨/天
（19）	橡胶制品加工厂	50–200吨/天	>200吨/天
（20）	塑料制品加工厂	<400吨/天	>400吨/天
4．非重金属矿产品生产厂			
（21）	玻璃和玻璃制品厂	全部	
（22）	非重金属矿产品加工厂	全部	
（23）	水泥、石灰、石膏制造厂	≤20吨/天	>20吨/天
5．冶炼厂			
（24）	钢铁冶炼厂	≤5000吨/天	>5000吨/天
（25）	金属和有色金属加工		全部
（26）	金属加工厂	≤50吨/天	>50吨/天
（27）	有色金属加工厂	全部	
（28）	钢材、罐和铁缸加工厂	全部	
（29）	备用电池生产厂	全部	
6．其他工业			
（30）	居家生活用品、办公用品、电动工具等制造工厂	全部	
（31）	汽车电池、碱性电池厂	≤70吨/天	>70吨/天
（32）	零件、汽车配件、相关机器生产厂	≤1000吨/天	>1000吨/天
（33）	自行车和轮椅生产厂	≤10000套/年	>10000套/年
（34）	家居用品	≤10000套/年	>10000套/年
（35）	水厂	全部	
7．垃圾处理			
（36）	非危险废物的处置	≤5000吨/天	>5000吨/天
（37）	危险废物处置		全部

（续上表）

投资项目和活动		类型1 提交环境初评报告	类型2 提交环境社会影响评价
（38）	危险废物最小化处置		全部
（39）	其他废物处理和管理		全部
（40）	回收厂建设		全部
（41）	废物焚烧炉和处理工厂建设		全部
（42）	城市污水处理厂	≤5000人	>5000人
（43）	工业污水处理厂		全部
（44）	污水和下水道系统建设	全部	
四、基础设施和公共产品投资项目和活动			
（1）	影响公众的湖泊、河流和沟渠填土		全部
（2）	宿舍和安置村建设	>50间	
（3）	高尔夫球场建设		全部
（4）	综合体育馆建设		全部
（5）	酒店和休闲区建设	≤80间	>80间
（6）	综合酒店的建设	≤50公顷	>50公顷
（7）	对社会和环境影响较大的旅游和休闲开发		全部
（8）	经济特区和专属经济区建设和开发		全部
（9）	医院建设	≤80个床位	>80个床位
（10）	铁路建设		全部
（11）	（国家、省、县、乡村和特殊道路）新建道路		全部
（12）	国家、省、县、乡村和特殊道路修复	全部	
（13）	机场建设		全部
（14）	电信网建设	全部	
（15）	航道清理（河流航道）	≤200吨	>200吨
（16）	港口建设		
（16a）	公共运输港口建设	≤500吨（不含船自重）	>500吨（不含船自重）
（16b）	普通货运港口	≤500吨（不含船自重）	>500吨（不含船自重）
（16c）	危险品运输港口		全部
（17）	路堤修筑	≤1公里	>1公里

（续上表）

投资项目和活动		类型1 提交环境初评报告	类型2 提交环境社会影响评价
五、矿产投资项目和活动			
1. 矿物提取加工			
（1）	沙砾、河沙的开采	1000–5000立方米/天	＞5000立方米/天
（2）	岩石的开采和运输	≤50吨/天	＞50吨/天
（3）	建筑材料的开采（土、沙砾、沙）	≤100000立方米/年或开采面积≤20公顷	＞100000立方米/年或开采面积＞20公顷
（4）	固体矿物的开采（不使用化学手段）		全部
（5）	使用化学危险品开采矿物		全部
（6）	固体矿物加工	≤50000吨/年	＞50000吨/年
2. 水的管理和规治			
（7）	工业、农业和城市生活用地下水	500–5000立方米/天	＞5000立方米/天
（8）	水库和大坝	1–200百万立方米或大坝低于10米	＞200百万立方米或大坝高于10米

备注：
（1）如果投资项目和活动包括多个子项目，所有子项目均处于同一地区则项目业主要提供包括所有子项目的环境社会影响报告的汇总报告。如水电项目包括了大坝建设和道路连通，制糖厂包括了甘蔗种植和蔗糖加工厂，橡胶项目包括了橡胶种植和橡胶加工及其他。
（2）对于涉及多地的同一个投资项目和活动，如道路建设、高压输变线建设、工业林种植等，项目业主需准备独立的环境初评或环境社会影响评价

《促进投资法》（2009）明确了计划投资和工业商业部门是外来投资主管机构，对全国范围内的外来投资采取集中和统一的方式管理，投资主管部门具体包括三类，即计划投资部门、工业商业部门以及经济特区和经济专区。这些机构与其他相关部门和当地政府机构相配合，一起履行管理职能，与此同时，也承担着检查的职能。所有外来投资都必须接受投资主管机构管理、监督和检查。

投资主管机构对外来投资的检查包括以下几个方面：投资协议的执行情况；投资可行性研究中的投资程序的执行情况；根据环境影响评价，检查项目的环境保护情况，包括个人、国家和投资者的资产；检查相关法律和法规的执行情况；检查劳动者的工作安全措施。

投资主管部门对投资项目的检查包括两类：一是内部检查，由投资主管和检

查机构管理和检查。二是外部检查，由国会、国家监察局和国家审计署根据法律法规中规定的职责和权限，检查投资进展和管理情况。

检查的方式有三种，即例行检查、预先安排检查和突击检查。例行检查是按计划实施的常规检查，每年至少两次。预先安排检查是没有计划、而是根据实际需要实施的检查。检查通知要提前24小时告知投资项目。突击检查是不提前告知的情况下，应急需而安排的临时性检查。检查的形式可以是检查档案文件和检查工作场所的实际工作。

第二节　对外资的保护政策

老挝政府在制定鼓励和促进外国投资的同时，也出台了相应的对外资的保护政策，具体包括鼓励和促进《外来投资法》。

一、外来投资法的保护

在老挝《外来投资法》中明确了老挝政府对外来投资的保护责任和义务。具体包括以下几个方面：

第一，明确了外来投资者拥有平等的投资权利，他们的利益受老挝法律和法规、老挝签署的国际协议的保护。

第二，老挝政府完全认可和保护投资者的投资，杜绝政府将其投资扣押、征收和国有化。对于政府出于公共利益而必须征收的设施，给予投资者的补偿，应等于宣布征收前一刻被征收的投资财产的价值，并以双方协商一致的方式支付补偿。

第三，老挝政府保护知识产权，政府认可和保护投资者依据老挝《知识产权法》或是老挝缔约的国际条约注册的知识产权。

老挝《外商投资法》及《外来投资促进法》中都对争端的解决方式和途径都有明确的规定，争端的解决方式包括友好协商，行政争议解决，经济纠纷解决委员会解决、提出索赔和诉讼。协商解决是最优的方式，提起诉讼则是最后的选择。当某投资项目的运作中发生纠纷时，相关方应该尽量通过磋商、相互妥协的方式解决，折中处理，维护彼此的利益。当某投资项目所产生的纠纷不能通过友好解决或协商时，当事方有权向计划投资部门或者工业商业部门提出行政裁决。当友好协商、行政裁决都无法解决纠纷时，当事方有权向经济纠纷解决委员会提出申请，由该委员会在维护各方利益的基础上，依据相关的法律法规提出解决办法。当纠纷其中一方认为相关主管机构的裁决不公平、或是其投资受损时，他有权依据法律法规向人民法院提起诉讼。如果纠纷产生的根源在于投资者与政府签订的投资协议，则应该依据协议中明确的途径和方式进行解决。

二、中老投资协定的保护

中老两国签订的《中华人民共和国和老挝人民民主共和国政府关于鼓励和相互保护投资协定》明确了中老双方投资合作中的保护政策。主要包括以下几个方面：

（一）待遇方面

（1）中国投资者在老挝领土内的投资和与投资有关的活动应受到公正与公平的待遇和保护。

（2）上述的待遇和保护，应不低于给予任何第三国投资者的投资和与投资有关的活动的待遇和保护。

（3）以上待遇和保护，不应包括缔约国另一方依照关税同盟、自由贸易区、经济联盟、避免双重征税协定和为了方便边境贸易而给予第三国投资者的任何优惠待遇。

（二）征收和补偿方面

老挝对中国投资者在其领土内的投资采取征收、国有化或其他类似措施（以下称“征收”），除非符合下列条件：（1）为了公共利益；（2）依照国内法律程序；（3）所采取的措施是非歧视性的；（4）给予适当和有效的补偿。

关于补偿，应等于宣布征收前一刻被征收的投资财产的价值，应是可以兑换的和自由转移的。补偿的支付不应无故迟延。中国投资者在老挝领土内的投资，如果由于战争、全国紧急状态、暴乱、骚乱或其他类似事件而遭受损失，若老挝采取有关措施时，其给予该投资者的待遇不应低于给予第三国投资者的待遇。

（三）争端解决

中国投资者与老挝之间就在老挝领土内的投资产生的争议应尽量由当事方友好协商解决。如争议在六个月内未能协商解决，当事任何一方有权将争议提交接受投资的缔约国一方有管辖权的法院。如涉及征收补偿款额的争议，在诉诸本条第一款的程序后六个月内仍未能解决，可应任何一方的要求，将争议提交专设仲裁庭。该仲裁庭应按下列方式逐案设立：争议双方应各任命一名仲裁员，该两名仲裁员推选一名与缔约国双方均有外交关系的第三国国民为首席仲裁员。头两名仲裁员应在争议任何一方书面通知另一方提出仲裁后的两个月内任命，首席仲裁员应在四个月内推选。如在上述规定的期限内，仲裁庭尚未组成，争议任何一方可提请解决投资争端国际中心秘书长作出必要的委任。仲裁庭应自行制定其程序。但仲裁庭在制定程序时可以参照解决投资争端国际中心仲裁规则。仲裁庭的裁决以多数票作出。裁决是终局的，对争议双方具有约束力。缔约国双方根据各自的法律应对强制执行上述裁决承担义务。仲裁庭应根据接受投资缔约国一方的法律（包括其冲突法规则）、本协定的规定以及缔约国双方均接受的普遍承认的国际法原则作出裁决。

第九章

中国和老挝的投资协议

狭义上的中国和老挝的投资协议是指双边的投资协议，广义上的中国和老挝的投资协议，不仅包括双边投资协议，还包括区域性的投资协议，以及对双边都有约束的国际性投资协议。

双边投资协议，或双边投资条约，是指资本输出国与资本输入国之间签订的，以促进、鼓励、保护或保证国际私人投资为目的，并约定双方权利与义务关系的书面协议。是目前各国间保护外国私人投资普遍行之有效的重要手段，是评价有关国家投资环境的指标之一。

中国和老挝关系正常化以来，双边的经济技术合作逐步恢复并快速发展。中国与老挝签定了双边的投资协议，1993年，中国与老挝签订了第一份双边投资协议，为两国间的投资合作提供了法律保护。经济的全球化以及区域一体化的加速，中国和老挝之间的投资活动构成了区域乃至全球化的一部分，两国均参与了区域和全球经济的互动，中老双边的投资活动也受到和区域投资协议的约束和保护。

第一节　双边投资协议

双边投资协议既是两国双边投资的需要，也是双边投资状况的反映之一。1989年，中国和老挝实现关系正常化，两国的传统友谊和友好合作关系逐渐恢复和发展，双边的经济技术交往日趋频繁，合作日益密切。为此，中老两国于1993年1月签署了第一份双边投资协议，该协定的目的是在相互尊重主权和平等互利的基础上，通过鼓励和保护对方的投资者在本国领土内的投资，并为之创造良好的条件。此后，双边投资合作迅速发展，特别是2000年以来，中老投资合作出现快速增长趋势，尤其是中国对老挝的投资在规模和领域上增长明显，为促进和保护双边投资合作，两国签署了多个投资合作协议。

一、双边投资协议简况

20世纪80年代中期以来，中老双边经贸往来蓬勃发展，经济技术合作成为两国关系发展的成果，也是两国关系发展的推动要素。投资是双边经济技术合作的主要方式。为促进和保护两国间的投资合作，中国和老挝于1993年签署了第一份投资协议，即《中华人民共和国和老挝人民民主共和国关于鼓励和相互保护投资协定》，这一协议为中老两国投资合作提供了基本的保障和法律依据，成为此后中老两国加强投资合作、扩大投资领域的基本依据。随着两国在投资规模和投资领域的合作不断扩大，中老两国政府就进一步促进双边的投资合作签署一系列协议，包括为推动两国经济技术合作而成立的专门的联络机构《中老关于成立两国经贸技术合作委员会协定》（1997年5月）。加强和规范双边税收管理、鼓励企业合作的《中老避免双重征税协定》（1999年1月）等协定。

从1988年老挝实施革新开放政策以来，中国在老挝的投资逐年增长，截至2012年，在老挝的中国独资企业和中老合资项目达到318个，合同总额达到35.7亿美元。老挝计划投资部统计资料显示，截至2010年12月，中国在老挝的投资总额已经达到42.74亿美元，投资总额居37个国家和地区对老挝投资排行榜首位，投资涵盖12个行业，其中，大型项目投资额为38.70亿美元，中型项目投资额为3.2亿美元。截至2016年底，中国投资者在老投资约764个项目，涵盖领域广泛，包括矿产、农业、电力、手工艺品、旅游业等多个行业，其中552个项目为100%中国独资，212个项目为中老合资，中国已成为老挝最大外资来源国。

中国与老挝投资合作的不断扩大和深化，这一良好的发展态势不仅体现在具体合作项目、金额、领域等具体的数字上，同时也反映在双边投资协议中。从1993年《中老关于鼓励和相互保护投资协定》签订以来，中老双边投资协议的类型日益丰富，主要包括促进投资和投资保护两个方面。

为了进一步加强两国间传统的友好合作关系，促进两国在平等互利基础上的经济、贸易和技术合作的发展，中老两国达成共识，于1997年6月签署《中华人民共和国政府和老挝人民民主共和国政府关于成立经济贸易和技术合作委员会的协定》。根据该协定，合作委员会的主要任务是包括探讨两国在经济、贸易和技术合作领域进行多种形式合作的可能性、确定两国在上述领域合作的项目、互派代表团交流经验和信息；检查、监督两国政府在经济、贸易和技术合作方面签订的有关协议的执行情况；根据两国政府签订的各项协议，共同检查两国间合作项目的执行情况。中老、老中合作委员会成立以来，在双边投资合作中发挥着积极作用。

在设立合作委员会的同时，为保护和鼓励双边投资合作，中老两国还签订了多个协定，如《中华人民共和国政府和老挝人民民主共和国政府关于对所得避免双重征税和防止偷漏税的协定》（1999年）、《中华人民共和国与老挝人民民主共和国关于双边合作的联合声明》（2000年）、《中老经济、贸易和技术合作委员会首次会议纪要》（2000年）、《中华人民共和国政府与老挝人民民主共和国政府关于中国向老挝提供优惠贷款的框架协议》、《中华人民共和国政府和老挝人民民主共和国政府关于免除老挝人民民主共和国政府部分债务的议定书》（2003年）《中华人民共和国政府和老挝人民民主共和国政府关于边境口岸及其管理制度的协定》（2011年）；《中华人民共和国政府和老挝人民民主共和国政府经济技术合作协定》（2011年）。

中老双边投资合作领域不断扩大，签署了多个领域的合作协议，如《中国国土资源部和老挝工业手工业部合作开发万象钾盐矿的原则协议》（2000年）；《中国农业部和老挝农林部关于行业合作的谅解备忘录》（2000年）；2001年1月《中华人民共和国政府和老挝人民民主共和国政府关于加强禁毒合作的谅解备忘录》（2002年）；《中华人民共和国政府和老挝人民民主共和国政府经济技术合作协定》；《中国人民银行与老挝人民民主共和国政府银行双边合作协议》和《中华人民共和国教育部与老挝人民民主共和国教育部2002—2005年教育合作计划》；《中华人民共和国政府和老挝人民民主共和国政府经济技术合作协定》（2006年）；《关于援老挝国际会议中心项目立项换文》（2011年）；《加强互联互通伙伴关系对话会联合新闻公报》（2014年）；《中华人民共和国和老挝人民民主共和国联合公报》（2016年）；《关于确认并共同推动产能与投资合作重点项目的协议》（2016年）、《关于共同编制老挝电力、中老铁路沿线综合开发、旅游等重点领域经济发展专项规划合作框架协议》（2016年）、《经济和技术合作规划补充协议》（2016年）、《关于通关便利化合作的安排》（2016年），等等。

二、《中老关于鼓励和相互保护投资协定》

1993年，中老双边签署《中华人民共和国政府和老挝人民民主共和国政府关于鼓励和相互保护投资协定》，成为双边投资合作的基础性文件。该协议的主要内容包括：投资的形式与内容、对投资活动的待遇和保护。

该协定首先明确了双边投资的内涵和范围。根据该协定，“投资”一词系指缔约国一方投资者依照缔约国另一方的法律和法规在后者领土内投资的各种财产，主要是：动产和不动产的所有权及其他财产权利；公司的股份或该公司中其他形式的权益；金钱请求权和具有经济价值的行为请求权；著作权，工业产权，专有技术和工艺流程；依照法律授予的特许权，包括勘探和开发自然资源的特许权。“投资者”一词对缔约国双方，系指具有缔约国任何一方国籍的自然人；依照缔约国任何一方法律、法规设立的经济组织。“收益”指由投资所产生的款项，如利润、股息、利息、提成费和其他合法收入。

明晰了待遇和保护，即缔约国一方应鼓励缔约国另一方的投资者在其领土内投资，并依照其法律和法规接受此种投资。缔约国一方应为在其领土内从事与投资有关活动的缔约国另一方国民获得签证和工作许可提供帮助和便利。缔约国一方的投资者在缔约国另一方领土内的投资和与投资有关的活动应受到公正与公平的待遇和保护，而且应不低于给予任何第三国投资者的投资和与投资有关的活动的待遇和保护，双边的相互的待遇和保护不应包括缔约国另一方依照关税同盟、自由贸易区、经济联盟、避免双重征税协定和为了方便边境贸易而给予第三国投资者的任何优惠待遇。

缔约国任何一方不应对缔约国另一方投资者在其领土内的投资采取征收、国有化或其他类似措施（以下称“征收”），除非符合下列条件：为了公共利益；依照国内法律程序；所采取的措施是非歧视性的；给予适当和有效的补偿。补偿应等于宣布征收前一刻被征收的投资财产的价值，应是可以兑换的和自由转移的。补偿的支付不应无故迟延。缔约国一方的投资者在缔约国另一方领土内的投资，如果由于战争、全国紧急状态、暴乱、骚乱或其他类似事件而遭受损失，若缔约国后者一方采取有关措施时，其给予该投资者的待遇不应低于给予第三国投资者的待遇。

中老双方任何一方应在其法律和法规的管辖下，保证缔约国另一方投资者转移在其领土内的投资和收益，包括：利润、股息、利息及其他合法收入；投资的全部或部分清算款项；与投资有关的贷款协议的偿还款项；本协定第一条产生的提成费；技术援助或技术服务费，管理费；有关承包工程的支付；在缔约国一方领土内从事与投资有关活动的缔约国另一方国民的收入。上述转移，应依照转移之日接受投资缔约国一方通行的汇率进行。

如果中老一方或其代表机构对其投资者在缔约国另一方领土内的某项投资做了担保，并据此向投资者作了支付，缔约国另一方应承认该投资者的权利或请求权转让给了缔约国一方或其代表机构，并承认缔约国一方对上述权利或请求权的代位。代位的权利或请求权不得超过原投资者的原有权利或请求权。

协定明确了争议的解决途径。中老双方对本协定的解释或适用所产生的争端应尽可能通过外交途径协商解决。如在六个月内通过协商不能解决争端，根据缔约国任何一方的要求，可将争端提交专设仲裁庭。专设仲裁庭由三名仲裁员组成。缔约国双方应在缔约国一方收到缔约国另一方要求仲裁的书面通知之日起的两个月内各委派一名仲裁员。该两名仲裁员应在其后的两个月内共同推举一名与缔约国双方均有外交关系的第三国国民为第三名仲裁员，并由缔约国双方任命为首席仲裁员。如果在收到要求仲裁的书面通知后四个月内专设仲裁庭尚未组成，缔约国双方间又无其他约定，缔约国任何一方可以提请国际法院院长任命尚未委派的仲裁员。如果国际法院院长是缔约国任何一方的国民，或由于其他原因不能履行此项任命，应请国际法院中非缔约国任何一方国民的资深法官履行此项任命。专设仲裁庭应自行制定其程序规则。仲裁庭应依据本协定的规定和缔约国双方均承认的国际法原则作出裁决。仲裁庭的裁决以多数票作出。裁决是终局的，对缔约国双方具有拘束力。应缔约国任何一方的请求，专设仲裁庭应说明其作出裁决的理由。缔约国双方应负担各自委派的仲裁员和出席仲裁程序的有关费用。首席仲裁员和专设仲裁庭的有关费用由缔约国双方平均负担。但是，仲裁庭可以裁决缔约国一方承担较多的费用。

关于该协定的适用范围，明确了如果缔约国一方根据其法律和法规给予缔约国另一方投资者的投资或与投资有关的活动的待遇较本协定的规定更为优惠，应从优适用。本协定适用于在其生效之前或之后缔约国任何一方投资者的投资，该投资应依照缔约国另一方的法律和法规获得批准。

协定还明确了双方的会谈的目的。审查本协定的执行情况；交换法律情报和投资机会；解决因投资引起的争议；提出促进投资的建议；研究与投资有关的其他事宜。若缔约国任何一方提出就本条第一款所列的任何事宜进行磋商，缔约国另一方应及时作出反应。磋商可轮流在北京和万象举行。

该协定的有效期为十年，如果中老双方任何一方未在规定的有效期期满前一年书面通知缔约国另一方终止该协定，该协定将继续有效。该协定第一个十年有效期满后，中老两国任何一方可随时终止该协定，但至少应提前一年书面通知缔约国另一方。对于该协定终止之日前进行的投资，协定中的规定适用期是十年。

第二节　区域性投资协议

一、中国—东盟自由贸易区与《中国—东盟投资协议》

2009年8月15日，中国与东盟10国在泰国曼谷正式签署了《中国—东盟投资协议》。该协议于2010年1月15日开始在中国与文莱、马来西亚、菲律宾等东盟成员国之间正式生效。2010年1月，中国—东盟自贸区全面建成。中国成为东盟第一大贸易伙伴，东盟是中国第三大贸易伙伴。2016年，双方贸易额达4522.1亿美元。2014年8月，双方宣布启动中国—东盟自贸区升级谈判。2015年11月，双方签署《中国与东盟关于修订<中国—东盟全面经济合作框架协议>及项下部分协议的议定书》，其中包括投资协议，这标志着中国—东盟自贸区升级谈判正式结束。

《中国—东盟投资协议》的主要内容包括27个条款，通过双方相互给予投资者国民待遇、最惠国待遇和投资公平公正待遇，提高投资相关法律法规透明度，为双方投资者创造自由、便利、透明及公平的投资环境，并为双方的投资者提供充分的法律保护。[①]

1. 相关概念的界定

“AEM”是指东盟经济部长会议；“可自由兑换货币”是指国际货币基金组织在其协议相关条款及任何修正案中指定为可自由兑换货币的任何货币；“GATS”是指世界贸易组织协定附件1B《服务贸易总协定》；“投资”是指一方投资者根据另一缔约方相关法律、法规和政策在后者境内投入的各种资产，包括但不限于：动产、不动产及抵押、留置、质押等其他财产权利；股份、股票、法人债券及此类法人财产的利息；知识产权，包括关于版权、专利权和实用模型、工业设计、商标和服务商标、地理标识、集成电路设计、商名、贸易秘密、工艺流程、专有技术及商誉等权利；法律或依合同授予的商业特许经营权包括自然资源的勘探、培育、开采或开发的特许权；和金钱请求权或任何具有财务价值行为的给付请求权。就本目中的投资定义而言，投资收益应被认作投资，投入或再投入资产发生任何形式上的变化，不影响其作为投资的性质。

---

①《中华人民共和国与东南亚国家联盟成员国政府全面经济合作框架协议投资协议》，http://www.cn-asean.org/uploadfile/2016/0522/20160522102623478.pdf。

“一缔约方的投资者”是指正在或已在其他缔约方境内进行投资的一缔约方自然人或一缔约方法人；“一缔约方的法人”是指根据一缔约方适用法律适当组建或组织的任何法人实体，无论是否以营利为目的，无论属私营还是政府所有，并在该缔约方境内具有实质经营，包括任何公司、信托、合伙企业、合资企业、个人独资企业或协会。

“措施”是指一缔约方所采取的，影响投资者和／或投资的，任何普遍适用的法律、法规、规则、程序、行政决定或行政行为，包括：中央、地区或地方政府和主管机关所采取的措施；和由中央、地区或地方政府和主管机关授权行使权力的非政府机构所采取的措施。

“MOFCOM”指中华人民共和国商务部；“一缔约方的自然人”是指根据一缔约方法律法规拥有该缔约方国籍、公民身份或永久居民权的任何自然人；“收益”是指获利于或源自一项投资的总金额，特别是指但不限于利润、利息、资本所得、红利、版税或酬金；“SEOM”是指东盟经济高官会议；“WTO 协定”是指1994年4月15日于摩洛哥马拉喀什订立的《马拉喀什建立世界贸易组织协定》。

上述每一术语的定义应适用于本协议，除非文中另有规定，或者一缔约方对任何上述术语对其承诺或保留的适用另有特殊定义。除非文中另有规定，本协议中单数形式的定义措辞应包括复数形式，及所有复数形式的定义措辞应包括单数形式。

2. 目标

协议的目标是旨在通过下列途径，促进东盟与中国之间投资流动，建立自由、便利、透明和竞争的投资体制：逐步实现东盟与中国的投资体制自由化；为一缔约方的投资者在另一缔约方境内投资创造有利条件；促进一缔约方和在其境内投资的投资者之间的互利合作； 鼓励和促进缔约方之间的投资流动和缔约方之间投资相关事务的合作；提高投资规则的透明度以促进缔约方之间投资流动；以及为中国和东盟之间的投资提供保护。

3. 适用范围

本协议应适用于一缔约方对下列相关情形采取或保留的措施：另一缔约方的投资者；和另一缔约方投资者在其领土内的投资：对于中国“领土”的表述是指根据2001年12月11日中国加入世界贸易组织时世界贸易组织定义的全部关税领土；对于东盟成员国，其各自的领土。

除非协议另有规定，协议应适用于一缔约方投资者在另一缔约方境内的所有投资，无论其设立于协议生效前或生效后。协议的规定不对任何缔约方，涉及在协议生效之前发生的任何行动或事实或已终止的任何状态，具有约束力。就泰国而言，协议仅适用于在泰国境内被确认并依据泰国适用的国内法律、法规和政策，获得其主管机构明确书面批准保护的另一方投资者的投资。

协议不适用于：任何税收措施。本项不应损害缔约方关于下列税收措施的权利和义务：依据WTO的权利和义务准予或征收的； 第八条（征收）和第十条（转移和利润汇回）的规定； 第十四条（投资者与国家之间的争端解决）的规定，若争端源自第八条；以及关于避免双重征税的任何税收协定的规定。规范政府机构为政府目的进行货物或服务采购（政府采购）的法律、法规、政策或普遍适用的程序，只要该采购不以商业转售或为商业销售生产货物或提供服务为目的；一缔约方提供的补贴或补助，及接受或持续接受此类补贴或补助所附带的任何条件，无论此类补贴或补助是否仅提供给国内投资者和投资；一缔约方相关机构或主管机关行使政府职权时提供的服务。就本协议而言，行使政府职权时提供的服务包括既不以商业为基础，也不与一个或多个服务提供者竞争的任何服务；一缔约方采取或维持的影响服务贸易的措施。

投资待遇、征收、转移和利润汇回、损失的补偿、代位和缔约方与投资者间争端解决，经必要修改后，应适用于影响一缔约方服务提供者在另一缔约方境内通过商业存在的方式提供服务的任何措施，但仅限于此类措施与本协议相关的投资和义务。

4. 国民待遇

各方在其境内，应当给予另一方投资者及其投资，在管理、经营、运营、维护、使用、销售、清算或此类投资其他形式的处置方面，不低于其在同等条件下给予其本国投资者及其投资的待遇。

5. 最惠国待遇

最惠国待遇包括了各缔约方在准入、设立、获得、扩大、管理、经营、运营、维护、使用、清算、出售或对投资其他形式的处置方面，应当给予另一缔约方投资者及其相关投资，不低于其在同等条件下给予任何其他缔约方或第三国投资者及/或其投资的待遇。尽管有第一款的规定，如果一缔约方依据任何其为成员的将来的协定或安排，给予另一缔约方或第三国投资者及其投资更优惠的待遇，其没有义务将此待遇给予另一缔约方的投资者及其投资。但是，经另一缔约方要求，该缔约方应给予另一缔约方充分的机会，商谈其间的优惠待遇。

本协议最惠国待遇不包括：在任何现存与非缔约方的双边、地区及国际协定或任何形式的经济或区域合作中，给予投资者及其投资的任何优惠待遇；和在东盟成员国之间及一缔约方同其单独关税区之间的任何协定或安排中，给予投资者及其投资的任何现有或未来优惠待遇。为进一步明确，本条规定的义务不包含要求给予另一方投资者除本章规定内容以外的争端解决程序。

“国民待遇”和“最惠国待遇”不适用于任何在其境内现存的或新增的不符措施；任何不符措施的延续或修改。各方应当尽力逐步消除不符措施。各方应根据（审议）展开讨论，以推进协议的目标。在根据（机构安排）设立的机构监督下，各方应尽力实现上述目标。

6. 投资待遇

各缔约方应给予另一方投资者的投资公平和公正待遇，提供全面保护和安全。为进一步明确：公平和公正待遇是指各方在任何法定或行政程序中有义务不拒绝给予公正待遇；全面保护与安全要求各方采取合理的必要措施确保另一缔约方投资者投资的保护与安全。违反本协议其它规定或单独的国际协定的决定，并不构成对本条的违反。

7. 征收规定

任何一缔约方不得对另一缔约方投资者的投资实施征收、国有化或采取其他等同措施，除符合下列条件：为公共目的；符合可适用的国内法包括法律程序；以非歧视的方式实施；以及按照第二款规定给予补偿。

8. 补偿赔款

补偿应以征收公布时或征收发生时被征收投资的公平市场价值计算，孰为先者作准。补偿应允许以可自由兑换货币从东道国自由转移。补偿的偿清和支付不应有不合理的拖延。公平市场价值不应因征收事先被公众所知而发生任何价值上的变化。一旦发生拖延，补偿应包括按主要商业利率计算的从征收发生日起到支付日之间的利息。包括应付利息在内的补偿，应当以原投资货币或应投资者请求以可自由兑换货币支付。

尽管有上述规定，任何相关土地征收的措施，应由各缔约方各自现有的国内法律、法规及任何修正案进行解释，对于补偿金额也应依据上述法律、法规解释。对于一缔约方所征收的法人财产，若该法人为根据其法律、法规以股份形式组成或建立，且另一缔约方的投资者拥有其中股份，本条前述几款的规定应适用，以保证支付给此投资者的补偿符合其所征收财产的利益。以上规定不适用于根据WTO协定附件1C《与贸易有关的知识产权协定》给予的与知识产权相关的强制许可。

关于损失补偿，一缔约方投资者在另一缔约方境内的投资，如果因另一方境内战争或其他武装冲突、革命、国家紧急状态、叛乱、起义或骚乱而遭受损失，则另一缔约方在恢复原状、赔偿、补偿和其他解决措施方面，在同等条件下，给予该投资者的待遇不应低于其给予任何第三国投资者或本国国民的待遇，并从优适用。

9. 转移和利润汇回

任一缔约方应允许任何其他方投资者在该缔约方境内的投资的所有转移，能以转移当日外汇市场现行汇率兑换为可自由兑换货币，允许此类转移不延误地自由汇入或汇出该方领土。此类转移包括：初始投资，及任何用于保持或扩大投资的追加资本；任何其他缔约方投资者的任何投资所产生的净利润、资本所得、分红、专利使用费、许可费、技术支持、技术及管理费、利息及其他现金收入；任何其他缔约方投资者的任何投资的全部或部分销售或清算所得款项，或减少投资资本所得款项；一缔约方投资者偿付任何其他方投资者的借款或贷款，只要各缔约方已认定其为投资；任何其他缔约方自然人的净收入和其他补偿，该自然人受雇佣并允许从事与在该方境内投资相关的工作；依据任何其他缔约方投资者或其投资所订立合同进行的支付，包括依据贷款业务进行的支付；以及依据第八条（征收）和第九条（损失补偿）进行的支付。各方给予第一款所述转移的待遇，在同等条件下，应等同于任何其他缔约方或第三国投资所产生的转移。

尽管有上述规定，一缔约方在公平、非歧视和善意实施其与下列内容相关的法律法规基础上，可以阻止或延迟某一项转移，包括：破产，丧失偿付能力或保护债权人权利；未履行东道方的关于证券、期货、期权或衍生产品交易的转移要求；未履行税收义务；刑事犯罪和犯罪所得的追缴；社会安全、公共退休或强制储蓄计划；依据司法判决或行政决定；与外商投资项目停业的劳动补偿相关的工人遣散费；以及必要时用于协助执法或金融管理机构的财务报告或转移备案记录。

前述各款所指的转移应遵守各自外汇管理国内法律和法规所规定的相关程序，只要此类法律和法规不被用做规避缔约方本协议义务的手段。

本协议的任何规定不得影响各方作为国际货币基金组织成员在《国际货币基金协定》项下的权利和义务，包括采取符合《国际货币基金协定》的汇兑行动，但是一方不得对任何资本交易设置与其在本协议中具体承诺不一致的限制，但以下情形除外：依据第十一条国际收支平衡保障措施；应国际货币基金组织的要求；在特殊情形下，资本的流动导致相关缔约方严重的经济或金融动荡，或存在导致上述情况的威胁。根据第五款第（三）项所采取的措施：应与《国际货币基金组织协定》条款相一致；不得超过处理第五款第（三）项所指情况所必需的程度；应是暂时的，并在其设立和维持不再具有合理性时予以取消；应尽早通知其他缔约方；应使任何一方所获待遇不低于任何其他方或非缔约方所获待遇；应在国民待遇的基础上实施，且应避免对其他缔约方的投资者、所涉投资和商业、经济和财政利益造成不必要的损害。

10. 国际收支平衡

若发生国际收支严重不平衡、外部金融困难或威胁，一缔约方可采取或保留投资限制措施，包括与此类投资相关的支付和转移。认识到缔约方在经济发展过程中面临的保持国际收支平衡的特别压力，可在必要时采取限制措施或其它方式，确保维持适当的外汇储备水平以实施其经济发展计划。限制措施包括：与国际货币基金组织协议的条款相一致；在缔约方之间没有歧视；避免对任何其它缔约方的商业、经济和金融利益造成不必要的损害；不超越处理第一段所描述情形的必要限度；属临时性的，并在第一段所述情形改善时逐步取消；以及给予任一其他缔约方的待遇不低于任何第三国。一缔约方依据第一款采取或保留的任何限制措施，或对这些措施的任何修改，应及时通知所有其他缔约方。

11. 代位

如果任何一方或其指定的任何代理、机构、法定机构或公司，依照保险向其本国投资者就相关投资或其中任何一部分依据本协议形成的要求权进行了支付，其他相关方应当承认前述缔约方或其指定的任何代理、机构、法定机构或公司有资格代位履行其投资者的权利和要求权。代位权利或要求权不应超过投资者的原始权利或要求权。如一方或其指定的任何代理、机构、法定机构或公司已向其投资者进行了支付，并已接管该投资者的权利及请求，则该投资者不得向另一方主张这些权利或请求，除非其得到授权，代表该方或进行支付的代理机构采取行动。

12. 争端解决

2004年11月29日于老挝万象签订的《中国—东盟全面经济合作框架协议争端解决机制协议》的规定，适用于本协议缔约方间争端解决。

缔约方与投资者间争端解决 本条适用于一缔约方与另一缔约方的投资者之

间产生的，涉及因前一缔约方违反本协议国民待遇、最惠国待遇、投资待遇、征收、损失补偿、转移和利润汇回，通过对某一投资的管理、经营、运营、销售或其他处置等行为给投资者造成损失或损害的投资争端。

本条不适用于：在本协议生效前，已发生的事件引发的投资争端、已解决的投资争端或者已进入司法或仲裁程序的投资争端；争端所涉投资者拥有争端所涉缔约方的国籍或公民身份的情况。

争端所涉方应尽可能通过磋商解决争端。如果按第三款规定提出磋商和谈判的书面请求后6个月内，争端仍未解决，除非争端所涉方另行同意，则应当根据投资者的选择，将争端提交有管辖权的争端缔约方法院或行政法庭；或如果争端所涉缔约方和非争端所涉缔约方均为国际投资争端解决中心公约的成员，则可根据《国际投资争端解决中心公约》及《国际投资争端解决中心仲裁程序规则》提交仲裁；或如果争端所涉缔约方和非争端所涉缔约方其中之一为国际投资争端解决中心公约的成员，则可根据国际投资争端解决中心附加便利规则提交仲裁；或根据《联合国国际贸易法委员会的规则》提交仲裁；或由争端所涉方同意的任何其他仲裁机构或根据任何其他仲裁规则进行仲裁。在一争端已被提交给适格的国内法院的情况下，所涉投资者如果在最终裁决下达前从国内法院撤回申请，可将其提交给国际争端解决机构。对于印尼、菲律宾、泰国和越南，一旦投资者将争端提交给其适格的法院和行政法庭，或根据上述规定的仲裁程序之一，则选定的程序是终局性的。

与本条内容保持一致，根据如上规定将争端提交调解或仲裁，应取决于：将争端提交调解或仲裁发生在争端所涉投资者知道，或者在合理情况下应当知道对本协议义务的违反对其或其投资造成损失或损害之后的3年内；以及争端所涉投资者在提交请求90日前以书面方式将他（或她）欲将此争端提交调解或仲裁的意愿通知争端所涉缔约方。争端所涉缔约方收到通知后，可要求争端所涉投资者在提交争端前根据第四款第（二）项、第（三）项、第（四）项或第（五）项完成其国内法规规定的国内行政复议程序。通知应：指定第四款第（二）项、第（三）项、第（四）项或第（五）项之一作为争端解决法庭，在第四款第（二）项的情况下，指明是寻求调解或是仲裁；在第四款所指的任何争端所涉法庭上，放弃其发起或进行任何程序（不包括第七款所指的中期保护措施的程序）的权利；并且简要总结本协议（包括被认为所违反的条款）项下争端所涉缔约方被认为违反规定的情况，以及对投资者或其投资造成的损失或损害。

任何缔约方不得阻止争端所涉投资者，在第四款所指任何争端解决机制的程序之前，寻求过渡性保护措施，以保护其权利和利益，只要该措施不涉及需争端缔约方法院判决和行政裁决的伤害补偿和争端实质问题的解决。任何缔约方不得对其投资者和任一其他缔约方依照本条应同意提交或已提交调解或仲裁的相关争端，提供外交保护或国际要求，除非此缔约方对此争端未能遵守所做出的裁定。对于本款，外交保护不包括为便利一项争端解决的单一目的进行的非正式外交交涉。当一投资者提出争端缔约方采取或执行税收措施已违背第八条（征收），应争端缔约方请求，争端缔约方和非争端缔约方应举行磋商，以决定争议中的税收措施是否等效于征收或国有化。任何依照本协议设立的仲裁庭应根据本款认真考虑缔约双方的决定。如缔约双方未能启动此类磋商，也未能在自收到第四款所指的磋商请求的180天内，决定此类税收措施是否等效于征收或国有化，则不应阻止争端所涉投资者根据本条款将其要求提交仲裁。

13. 利益的拒绝

经事先通知及磋商，一方可拒绝将本协议的利益给予：另一方投资者，如果该投资是由非缔约方的人拥有或控制的法人进行的，且该法人在另一方境内未从事实质性商业经营；或者另一方投资者，如果该投资是由拒绝给予利益一方的人拥有或控制的法人进行的。

尽管有以上规定，对于泰国，根据其适用的法律和／或法规，可以拒绝将与投资准入、设立、收购和扩大相关的本协议利益给予作为另一方法人的投资者或此类投资者的投资，如果泰国确定该法人被一非缔约方或拒绝给予利益方的自然人或法人所控制或拥有。

在不影响第一款的前提下，菲律宾可拒绝将本协议利益给予另一方的投资者和该投资者的投资，如果其确定该投资者所设投资违反了名为“惩治规避某些权利、特权或优先权的国有化法行为的法案”的《第108号联邦法案》，该法案由第715号总统令修订，并可经修订称作《反欺诈法》。

14. 一般例外

在此类措施的实施不在情形类似的缔约方、缔约方的投资者或投资者的投资之间构成任意或不合理歧视的手段，或构成对任何一方的投资者或其设立的投资的变相限制的前提下，本协议的任何规定不得解释为阻止任何成员采取或实施以下措施：

（1）为保护公共道德或维护公共秩序所必需的措施。

（2）为保护人类、动物或植物的生命或健康所必需的措施。

（3）为使与本协议的规定不相抵触的法律或法规得到遵守所必需的措施。包括与下列内容有关的法律或法规：防止欺骗和欺诈行为或处理服务合同违约而产生的影响；保护与个人信息处理和传播有关的个人隐私及保护个人记录和账户的机密性；以及安全。

（4）旨在保证对任何一方的投资或投资者公平或有效地课征或收取直接税。

（5）为保护具有艺术、历史或考古价值的国宝所采取的措施。

（6）与保护不可再生自然资源相关的措施，如这些措施与限制国内生产或消费一同实施。

对于影响提供金融服务的措施而言，WTO协议附件1B GATS关于金融服务的附件第二款国内规制，经必要调整后并入本协议，构成协议的一部分。

15. 安全例外

本协议的任何规定不得解释为：

（1）要求任何一方提供其认为如披露会违背其基本安全利益的任何信息。

（2）阻止任何一方采取其认为对保护基本安全利益所必需的任何行动，包括但不限于：与裂变和聚变物质或衍生这些物质的物质有关的行动；与武器、弹药和作战物资的贸易有关的行动，及与此类贸易所运输的直接或间接供应军事机关的其他货物和物资有关的行动；为保护关键的公共基础设施免受使其丧失或降低功能的故意袭击行动；战时或国内或国际关系中其他紧急情况下采取的行动。

（3）阻止一方为履行其在《联合国宪章》项下的维护国际和平与安全的义务而采取的任何行动。

16. 其他义务

若任何一方在协议实施之时或此之后的法律或缔约方之间的国际义务使得另一方投资者的投资所获地位优于本协议下所获地位，则此优惠地位不应受本协议影响。

各方应遵守其对另一方投资者的投资业已做出的任何承诺。

17. 透明度

（1）为实现本协议的目标，各方应：

发布在其境内关于或影响投资的所有相关法律、法规、政策和普遍使用的行政指南；及时并至少每年向其他方通报显著影响其境内投资或本协议下承诺的任何新的法律或现有法律、法规、政策或行政指南的任何变化；建立或指定一个咨询点，其他方的任何自然人、法人或任何人可要求并及时获取第（1）项和第（2）项下要求公布的与措施相关的所有信息；至少每年一次通过东盟秘书处向其他方通报该方作为缔约方的任何未来的给予任何优惠待遇的投资相关协议或安排。

（2）本协议的任何规定不得要求一方提供或允许接触机密信息，披露此类信息会阻碍法律实施、违背公共利益或损害特定法人、公众或私人的合法商业利益。

（3）根据第一款的所有通报和通信应使用英文。

18. 投资促进和投资便利化

在其他方面，缔约方应合作采取以下措施加强中国—东盟投资地区意识：

增加中国—东盟地区投资；组织投资促进活动；组织并支持机构举行形式多样的关于投资机遇和投资法律、法规和政策的发布会和研讨会；并就与投资促进和便利化相关的互相关心的其他问题开展信息交流。

在投资便利化方面，缔约方应按照其法律法规，在中国和东盟间开展以下投资便利化合作：

为各类投资创造必要环境；简化投资适用和批准的手续；促进包括投资规则、法规、政策和程序的投资信息的发布；并在各个东道方建立一站式投资中心，为商界提供包括便利营业执照和许可发放的支持与咨询服务。

19. 其他规定

机制安排方面，鉴于常设机构尚未建立，由中国—东盟经济高官会支持与协助的中国—东盟经济部长会应监督、指导、协调并审议本协议的实施。东盟秘书处应监控并向中国—东盟经济高官会报告协议的实施情况。所有缔约方应在履行东盟秘书处职责方面与秘书处进行合作。各方应指定一个联系点，促进缔约方间就本协议涵盖的任何事务开展交流。应一方要求，被要求方的联系点应指明某事务的办事机构或负责人员，便利与要求方的交流。

与其他协议的关系方面，本协议不得减损一方作为任何其他国际协议缔约方的现有权利和义务。

一般审议、修订方面，中国—东盟经济部长会或其指定代表应在协议实施之日起一年内召开会议，之后应每两年或在其他适当时候召开会议，审议本协议，以推进第二条（目标）所设定的目标。缔约方可书面修订本协议，此类修订应在缔约方同意的日期生效。

二、澜沧江—湄公河合作机制下的投资合作协议

自亚洲开发银行1992年启动大湄公河次区域经济合作机制以来，大湄公河次区域各国在交通、能源、电信、贸易、环境、人力资源、农业等领域开展了卓有成效的合作。GMS力图在东南亚中心区域创造一个更为有力、活跃的经济区。

2005年7月大湄公河次区域合作第二次领导人会议通过的《领导人宣言》，批准了《大湄公河次区域（GMS）贸易投资便利化战略行动框架》，确定了海关制度、检验检疫措施、贸易物流和商务人员流动四个优先合作领域。GMS贸易便利化的主要目标是：（1）提高行政效率，简化、规范和协调贸易制度，以大幅降低交易成本和节约时间。（2）鼓励货物和商务人员的自由流动。（3）提高法律、法规、贸易制度和文件的透明度，并实现相关贸易信息的共享。

四个有限领域：

1. *海关制度*

贸易便利化的有效性取决于实施有效的海关措施，海关文件和制度的进一步标准化有助于提高贸易统计数据（对潜在投资者而言是很重要的指标）收集的准确性和完整性。主要行动为：（1）参照主要国际标准（如修改后的《京都公约》、《WTO估价协议》和东盟协调税则归类制度等），简化GMS各国的海关制度和法律规章，并发展一种在GMS各成员国间进行协调的途径——特别是与制度和文件相关的方面。（2）通过向贸易经营者和公众提供适当的英文出版物（类似于CBTA附件4第31条款的要求）等，提高所有GMS海关法律、规章、制度和文件的透明度。（3）GMS各国在有效的风险管理系统和制度基础上，建立海关后续缉查制度，减少海关的边境控制。（4）通过协调海关与其它边境管理部门的监管减轻合法贸易和旅行者的负担。

2. *检验检疫措施*

作为WTO成员国，受到WTO的《贸易技术壁垒协议》（TBT）和《卫生和植物卫生措施协定》（SPS）的约束；这两个协定旨在确保政府实施的措施符合TBT和SPS的下列条款：（1）禁止施加不公正的技术法规、合格评定程序及卫生和植物卫生措施措施；（2）非歧视性。上述两个协定都鼓励各国的国内标准与国际公认标准相接轨。

在这个背景下，GMS各国承诺遵守一系列国际检验检疫标准（世界卫生组织、粮农组织、国际标准化组织、国际电工委员会、国际植物保护公约、国际食品法典委员会、国际动物卫生组织等）。为促进贸易投资便利化，GMS各国在进一步简化边境检验检疫要求的同时，应与其国际义务相平衡（依据CBTA第4条）；一方面使与具体技术法规、合格评定程序及卫生和植物卫生措施相关的要求更透明，另一方面在GMS内协调标准。

为实现上述目标，做好这些要求较高的工作，GMS各国应具备下列能力：对各有关部门、机构和组织进行协调，发展相关法律、规章和管理规定。这可以通过建立国内"协调部门"（目前尚未建立一个）或加强在WTO/TBT和SPS协定规定的咨询机构和国家级通报机构来实现。"协调部门"的一个主要职责是与WTO的SPS 和TBT委员会相互合作并执行WTO秘书处传达的WTO任务。因此，这些升级的"协调部门/咨询机构"比SPS 和TBT协定规定的咨询机构和国家级通报机构具有更多的义务和责任。

主要行动包括：（1）加强各国对WTO的TBT和SPS协定的遵守，确保其技术法规、标准、合格评定程序以及卫生与植物卫生措施与各国现有或将来的WTO承诺相一致；加强"协调部门"、咨询机构或国家级通报机构（由各国指定）之间的合作和信息交换。（2）必要时、使GMS国家的检验检疫法律、法规和程序与国际公认标准相符，并在各国建立一套统一方法——特别是与程序和表格相关的方面。（3）面向贸易经营者和公众，提高所有GMS检验检疫法律、规章、程序和形式的透明度，比如通过适当的英文出版物（CBTA附件4第31条款的要求）。（4）在单个国家和次区域层面上，发展各国机构间的进一步合作，加强风险评估、控制、检查和批准程序、合格评定程序方面的信息/数据共享和交换，目标是建立共同工作程序。（5）尽量使检验检疫机构和其它边境控制机构实施同步查验（CBTA第4条提出的"单一窗口检验"），减轻合法贸易和旅行者的负担。（6）促进区域内合格评定的相互承认协议的缔结，并旨在达成特定卫生或植物检疫措施等效承认的双边或多边协议。（7）促进区域内贸易便利化；通过建立流行病检测和报告的区域网络，加强人类、动植物健康领域的合作。

3. 贸易物流

简化协调GMS跨境交通规章/手续、促进贸易物流及相关设施的发展，从而提高经济走廊的货物运输效率并减少贸易交易成本。主要行动：（1）通过加速完成CBTA及其剩余附件和议定书的签署，并在经济走廊的试点口岸试行，实施、审查、简化和协调GMS跨境交通规章／手续。（2）通过GMS经济走廊贸易交易成本的评估和文件，提高GMS跨境贸易物流的透明度。（3）改善和发展相关设施（如多式联运、内陆货运站和货物配送中心等），支持建立有效完整的GMS贸易物流网络。（4）通过人力资源开发实现物流／货运物流产业的能力建设和升级。

4. 商务人员流动

加强从事商务活动的GMS成员国公民在次区域内的流动。主要行动：（1）简化从事商业活动的GMS公民在次区域内申请签证、延期和临时居留的手续。（2）考虑并发展允许GMS公民在次区域内多次入境的GMS商务签证政策。（3）通过向商务旅行者提供适当的英文出版物等，提高相关法律和规则的透明度。（4）探讨将GMS商务签证政策扩展到第三方国家的可行性。

第十章

涉外民商事争端解决机制与途径

老挝过去是一个封闭落后的农业国家，对外经济交往不多。自1986年推行革新开放路线30年来，老挝国家经济社会格局发生了深刻变化。在经济全球化和区域经济一体化浪潮中，该国与国际和地区间的经济联系日益密切。随着老挝“变陆锁国为陆联国”战略构想的提出和东盟经济共同体的建成，域内外资本越来越多地进入老挝，在该国发生涉外民商事争端的现象也日见增多。目前老挝尚未有处理涉外民商事争端的专项法律法规，而主要以本国法律中对纠纷处理的规定条款为依据来解决涉外民商事争端，这也是世界各国的普遍做法，其解决方式包括协商、调解、仲裁和诉讼等。2005年5月19日老挝国会通过首部《经济纠纷处理法》※，2010年12月17日又进行了修改和补充完善，该法成为处理民商事争端的重要法律依据。2013年2月老挝正式成为WTO成员国后，WTO争端解决机制和《联合国国际贸易法委员会仲裁规则》、《承认及执行外国仲裁裁决公约》等国际仲裁机制也被广泛运用到处理涉外民商事争端之中。

第一节　涉外民商事争端的类型

民商事争端包括民事争端和商事争端两个方面。民事争端又称民事纠纷，是指平等主体之间发生的、以民事权利义务为内容的社会纠纷。商事争端是基于商业活动而引起的纠纷，如贸易纠纷、债务纠纷等。法律界一般把民商事争端分为合同纠纷、婚姻家庭继承纠纷、权属纠纷等类型，国际上对涉外民商事争端即国际民商事争端的分类则没有统一的分类标准。在老挝，除国际贸易争端外，其他涉外民商事争端几乎都是由于国际投资（外国对老挝投资）直接引起或衍生出来的，总体上我们可以把老挝涉外民商事争端分为投资争端和非投资争端两大类。

一、投资争端

涉外前提下的投资争端指国际投资争端，国际投资争端有广义和狭义之分。广义上是指因各种国际投资在各种主体之间发生的争端，狭义的国际投资争端是

※也有译为“《经济纠纷仲裁法》”的。

指国家同外国私人投资者之间因私人直接投资问题而发生的争端。在广义上，根据争端主体组合情况的不同，国际投资争端主要分为国内外私人投资者之间的争端、外国私人投资者与东道国政府之间的争端、资本输出国与输入国即投资者所属国与东道国之间的投资争端。①

就老挝而言，国内外私人投资者之间的争端是指在股份制企业和公司企业里，外国投资者和老挝投资者之间由于对合作合同的解释和履行所产生的争端，它属于合同纠纷范畴，解决此类争端通常根据老挝国内法规定加以进行。老挝政府对外商投资合同的样式及内容作了规定，计划与投资部门监制的合同范本中预设有“纠纷解决”的条目，发生纠纷时按合同规定的纠纷处理办法进行基本就能解决问题，通常不走调解、仲裁或诉讼途径。

外国私人投资者与老挝政府之间的争端，问题往往出在政府一方。老挝政府出于公共利益或战略利益需要，有时需要终止与外国私人投资者已签署的项目合同。一些新法律法规的施行也可能导致外国私人投资者此前的合法经营变成非法，而法律又缺乏相应的弥补、补偿措施，从而引发外国投资者与政府之间的纠纷。典型案例是2016年5月13日老挝政府签发关于加强木材开采、运输及其经营检查管理的第15号总理政令，要求停止出口一切从天然林中开采的原木、方料、板材、碎木、树根、树桩、木瘤、树枝、活树和景观树，必须按工业与商务部2015年9月28日出台的规定加工成成品后方可出口。②政令出台后，以越南、中国投资者居多的众多老挝境内家具厂表示了不满和担忧。在私人投资者与政府间争端中，外国私人投资者明显处于弱势一方。这种契约以外的原因引起的国际投资争端一般以重新签订合同、解除合同和给予投资者减免税优惠而告终。

投资者所属国与东道国之间的投资争端这种案例在老挝较为少见。出现这种争端时，理论上可运用国际争端解决机制如提交国际仲裁加以解决，但在实践中基本上都是老挝与投资者所属国的商务部门或外交部门通过友好协商、互利互让便能得到妥善处理。

---

①肖冰：《论国际投资争端的解决方式与法律适用问题》，载《国际贸易问题》，1997年第4期，第42页。可参阅徐海兰：《国际投资争端调解机制研究》，安徽大学硕士学位论文，2010年，第1页。

②《总理签发关于加强木材开采、运输、经营检查管理的政令》，《人民报》（老挝），2016年5月13日，第3版。

二、非投资争端

在非投资争端中，国际贸易纠纷是常见的涉外民商事争端之一。但老挝的对外贸易业并不发达，发生国与国之间的国际贸易摩擦、本国与外国商人之间的贸易争端并不多见，老挝商人与外国商人（包括自然人和法人）之间发生贸易争端的现象则相对较多。除此之外，由于外国投资者赴老投资活动更加频繁，涉外非投资争端如劳动纠纷、经济纠纷、婚姻纠纷也随之增加。

根据纠纷对象不同，老挝《劳动法》把劳动纠纷分为两种类型：一是法律制度方面的纠纷，即对执行《劳动法》、劳动单位内部规章、劳动合同和其他劳动法规而产生的纠纷；二是利益方面的纠纷，即涉及劳动者向用工者提出的新的权利、利益而产生的纠纷。[①]2016年3月在琅勃拉邦省发生的中国工地遭袭一事即是劳资双方在法律制度方面纠纷导致的恶性事件[※]，而外企中的老挝劳工要求提高工资待遇引起的利益纠纷也在增加。处理劳动纠纷的方式有五种：妥协让步、行政解决、劳动纠纷仲裁委员会仲裁、法院裁决和以国际方式解决。[②]以国际方式解决是指当事人（主要是外国投资者）可以提请老挝或国际劳动监管部门、劳动纠纷仲裁委员会进行调解仲裁，或根据老挝已加入的国际公约、国际法的有关规定加以解决。以这种方式处理涉外劳动纠纷的案例在老挝十分罕见，但它毕竟增加了可供选择的余地。

近20年来老挝经济保持了多年高速增长，这主要得益于外国投资的大力推动。与此同时，因投资带来的涉外经济纠纷也在不断增加。老挝《经济纠纷处理法》指出，经济纠纷是指国内和外国法人之间、法人与个人、个人与个人之间因违反合同或在生产经营过程中发生的利益上的争议。[③]从定义上看，经济纠纷其实也包含了投资纠纷，以及劳动纠纷中利益方面的纠纷。这方面的纠纷还包括外国投资者与老挝公民之间的土地权益争议、农产品收购价格争议、借贷纠纷，等等。

随着越来越多外国投资者、商人、技术人员、劳工来到老挝，老挝公民与外

---

①《劳动法》（老文）（第147条），万象：老挝国会，2013年12月24日，第52页。

※2016年3月1日晚，位于琅勃拉邦省普昆县的一家中资公司的营地遭到不明武装袭击，造成中国工人1死3伤。经查，此事件系被开除的老挝员工不满受到处分而采取的报复行为。

②《劳动法》（老文）（第148条），万象：老挝国会，2013年12月24日，第52页。

③《经济纠纷处理法》（老文）（第2条），万象：老挝国会，2010年12月17日，第1页。

国人通婚的现象十分普遍。老挝官方公布的数据显示，目前共有47个国家的公民与老挝公民通婚，其中大多数来自泰国、韩国和中国，仅2012—2015年期间老挝就有1600例涉外婚姻。[①]这对一个只有649万人口、并不算开放的国家来说比例还是高的。笔者对中国人和老挝公民通婚数量增多也有着切实体会，最近3年时间里笔者共为云南省普洱市一家律师事务所翻译过14份当地公民申请与老挝公民结婚的材料。需要指出的是，老挝涉外婚姻中有相当一部分属于非法通婚。老挝法律规定，欲同老挝公民结婚的外国人首先需要从老挝政府部门购买一份结婚申请表格，拿回本国填写上得到本国地方政府认可的详细信息，然后再返回万象市申请结婚登记。但一些涉外婚姻仅在村长的见证下举行一个小型栓线仪式便以夫妻名义同居，最后因外国人配偶返回本国或出生地而导致非法婚姻关系终结。更有甚者，一些外国商人、员工刻意隐瞒在国内已婚的事实而与老挝妇女非法通婚，返国后便将老挝“妻子”抛弃不理。非法跨国婚姻引起的涉外纠纷困扰着老挝社会治安的稳定，同时也对外商投资管理工作提出了新问题，因为一些涉外婚姻纠纷的当事人包括了外国投资项目中的管理者、专家或技术人员，他们身陷涉外婚姻纠纷牵制了自身的精力并受到当地社会舆论的指责，从而影响了项目业务的开展。

总的看来，近年来在老挝发生涉外民商事争端的案例呈上升的趋势。对这一现象进行深入系统的研究具有较强的现实价值，但老挝官方很少有这方面数据资料的披露、报道，这就给本研究带来了极大困难，甚至仅仅是对其作简单的分类都很难做到。因此，上述对老挝涉外民商事争端类型的归纳显然难以做到科学而全面。

第二节　涉外民商事争端解决途径

处理涉外民商事争端可通过司法途径、非司法途径以及处于司法和非司法之间的仲裁途径加以解决。司法途径即通过法院诉讼解决涉外民商事争端，包括以国内司法方式和通过国际诉讼方式解决。非司法途径包括磋商（Negotiation）、

① “Officials express concern about illegal marriages”，http://www.vientianetimes.org.la/FreeContent/FreeConten_Officials.htm，2016-06-28.

斡旋与调停（Good offices and Mediation）、调解（Conciliation）等。仲裁（Arbitration）也称准司法解决方式，它同时兼具合约和司法的特性。在提交仲裁之前当事各方必须达成一致，同意将争端交由仲裁机构裁决并同意执行仲裁结果，这是仲裁的合约性；仲裁的司法性表现在仲裁裁决对当事各方均具有法律约束力。对于涉外民商事争端，老挝法律只对调解、仲裁、诉讼三种解决途径进行了规范，而目前老挝通过国际诉讼解决涉外民商事争端的情况并不多见。解决老挝涉外民商事争端所依据的国内法主要有《经济纠纷处理法》、《合同法》、《民事诉讼法》、《劳动法》和《物权法》，最常见的方法是解调和仲裁，诉讼往往是当事人最后的选择。以前的法律规定，选择仲裁须以解调失败为前提，选择诉讼须以仲裁无果为前提。现在则取消了这样的规定，争端发生后当事人有权自行选择其中任一种争端处理方式加以解决。

一、调解途径解决

（一）调解的法律适用

所谓调解是指在第三方主持下，通过第三方对争端各方采取说明、劝导方式，促使当事双方在相互谅解的基础上自愿达成协议，从而使争端得到解决的一种方式。调解可分为民间调解、行政调解、仲裁调解和法院调解四种。

在老挝，许多民商事争端在诉诸法律之前都倡导通过协商让步和调解加以解决。如老挝《企业法》规定，企业破产后应在债权人与债务人之间进行调解。《土地法》规定，有关土地民事性质的纠纷，如已开发土地的继承问题、土地使用权及其他有关该土地的民事合同纠纷，应当由土地所在地的村级行政机构事先进行调解，调解不成再提交县/区政府解决（行政调解），仍无法解决的最后再向人民法院提起诉讼。《促进投资法》规定，解决投资争端的方式有协商解决、行政手段解决（行政调解）、通过经济纠纷处理委员会解决（仲裁调解）和起诉，发生投资纠纷时应尽量通过协商让步和调解加以解决；双方无法协商解决的，当事人有权请求计划与投资部门或工商部门或其他有关部门根据自身职能以行政手段加以解决；当协商或行政手段无法解决时，当事人有权提请经济纠纷处理委员会在达成一致的基础上依法解决；当某一方认为在处理争端时自己受到不公对待或因某项投资而受损时，有权向人民法院起诉以便依法审理和判决。对于与政府签订有合同的投资争端，则按合同规定的纠纷处理方法进行。[①]《关于老挝经济特区和经济专区的政令》（第443号总理政令）也规定：发生在经济特区／专区内的纠纷，应以内部解决或外部解决的方式进行。内部解决是双方当事人通过相互协商加以解决，无法达成一致时应提交经济特区／专区管委会进行调解，调解无果再通过外部解决；外部解决先由经济特区／专区顾问委员会进行处理，仍无法处理的，当事人有权提请经济纠纷处理机关或人民法院通过司法程序进行。[②]

由上可以看出，调解是老挝处理民商事争端不可或缺的重要手段。尽管老挝许多法律中均对以调解方式解决争端作了规定，但大都是点到为止，唯有《经济纠纷处理法》对调解作了详细规定。该法明确，“调解是经一名或多名调解员作为中间人，由当事人通过妥协让步、谈判、协商自行解决纠纷。”[③]虽然该法中“调解”针对的是经济纠纷，但把它的运作机制运用到其他争端的调解中，包括运用于处理涉外民商事争端同样是适用的。

（二）调解机构及调解员

老挝民商事争端调解机构设在拥有相应管辖权的行政机关内。就经济纠纷而言，调解机构设在司法系统内，分为中央和省（直辖市）两级。2011年以前中央级的经济纠纷调解机构是隶属于司法部的经济纠纷处理署，为司局级单位，现改称“经济纠纷处理中心”。省一级调解机构称为“经济纠纷处理办公室”，隶属于省（直辖市）司法厅，其办公室主任享受副厅级待遇。[④]老挝法律指出，经济纠纷处理中心和经济纠纷处理办公室是在司法部门管理之下的具有社会、法律专业性质的机构，赋有为当事人、调解员、仲裁员处理经济方面的纠纷提供条件和便利的职责。

经济纠纷处理中心具有以下权利和义务：

（1）研究并向上级提出制定、修改经济纠纷处理法规方面的建议以便审议通过；

（2）研究并向司法部长提交任免调解员、仲裁员的名单；

（3）宣传、培训关于经济纠纷处理方面的法律法规；

①《促进投资法》（老文）（第78–82条），万象：老挝国会，2009年7月8日，第30–31页。

②《关于老挝经济特区和经济专区的政令》（老文）（57–59条），万象：中央政府办公厅，2010年10月26日，第85页。

③《经济纠纷处理法》（老文）（第22条），万象：老挝国会，2010年12月17日，第6页。

④《经济纠纷处理法》（老文）（第40条），万象：老挝国会，2010年12月17日，第11页。

（4）审议并依法任免、撤换每一次纠纷处理的调解员和仲裁员；

（5）管理权限范围内的经济纠纷处理和为之提供便利；

（6）受理当事人的申请、材料、证据；

（7）建设、培养本中心和经济纠纷处理办公室人员、调解员、仲裁员，提高他们的专业技术水平；

（8）联系纠纷当事人，配合有关部门，为经济纠纷处理提供便利；

（9）根据上级授权，同外国、区域和国际展开经济纠纷处理方面的合作；

（10）向司法部总结、评价、汇报自身活动情况；

（11）依法履行其他权利和义务。[①]

省（直辖市）经济纠纷处理办公室的权利义务与经济纠纷处理中心基本一致，只是无权任免调解员和仲裁员，而是负责遴选工作并将调解员、仲裁员入选名册报经济纠纷处理中心审批。

调解员在争端调解中扮演着重要角色。调解员是指在处理某一经济纠纷时由争议双方或经济纠纷处理中心／办公室从调解员名册中挑选的，用以为调解提供便利、帮助和咨询的中间人。[②]调解员分为常务人员和非常务人员，常务人员必须是经济纠纷处理中心／办公室的职员，非常务人员可以是来自国有或私营经济单位的人员，也可以是外国、外侨志愿者。老挝法律允许外国人在老挝担任调解员和仲裁员，处理经济纠纷时当事人有权从调解员和仲裁员名册中选择外国调解员或仲裁员。调解员的权利和义务如下：

（1）受理或拒绝纠纷处理；

（2）在处理纠纷时享有独立；

（3）保证公正、快速、透明地处理纠纷；

（4）遵守职业道德标准；

（5）赴现场搜集资料证据；

（6）根据当事人的决定取得劳务费；

（7）为纠纷保密，依法向有关部门提供资料的除外；

（8）依法纳税；

①《经济纠纷处理法》（老文）（第41条），万象：老挝国会，2010年12月17日，第12页。

②《经济纠纷处理法》（老文）（第3条），万象：老挝国会，2010年12月17日，第2页。

（9）履行法律规定的其他权利和义务。①

老挝政府鼓励个人、商业机构通过调解或仲裁方式和平解决经济纠纷，为经济纠纷处理中心／办公室依法有效履行职责提供便利。同时，鼓励个人和私人组织参加经济纠纷处理工作的开发建设，允许成立私人、专业的经济纠纷处理机构。②

（三）调解程序及结果

自愿是调解的基本前提。在满足前提条件的基础上，当事方应向认为方便、各方认可的经济纠纷处理中心／办公室提交申请书等所需材料。提交的材料包括：调解申请书、有关合同、双方同意将争端提交给经济纠纷处理中心／办公室处理的书面决定（如有）、相关证明材料。申请书的内容应包括：（1）当事双方或其代表的姓名、年龄、职业、国籍、现住址和业务场所；（2）产生争端的问题；（3）争端涉及的价值；（4）当事人的提议。

经济纠纷处理中心／办公室应在接到调解申请7日内阅看相关材料，然后通知有关当事人前来协商处理。如果另外一方当事方无故不前来，调解申请将被视为无效，相关材料则退还申请人。

当事双方应在做出调解决定之日起15日内选定调解员（数量须为奇数）。如果双方无法选定，则由经济纠纷处理中心／办公室在10天内选定。如果调解员为3名，双方应在15日内各选出1名（若某一方无法选定则由经济纠纷处理中心／办公室在10日内选定），然后由选出的2名调解员在15日内选出第3名调解员（如果两名调解员无法选定第3名调解员，则由经济纠纷处理中心／办公室在10日内选定）。调解员超过3名的，参照此方法选定。当事双方选定调解员后，由经济纠纷处理中心／办公室在7日之内进行任命。调解员如果与当事一方存在亲属、利益关系或自认为无能力完成任务时应主动退出。发现调解员与当事一方存在亲属或利益关系的，另一当事人有权进行抗议。调解员退出或遭到抗议时须按上述程序重新选定和任命解调员。③

调解员在获得任命后，应在15日内进行调解。调解期间，当事人有权提出

①《经济纠纷处理法》（老文）（第46条），万象：老挝国会，2010年12月17日，第13-14页。

②《经济纠纷处理法》（老文）（第4条），万象：老挝国会，2010年12月17日，第2页。

③《经济纠纷处理法》（老文）（第23条），万象：老挝国会，2010年12月17日，第6页。

疑问、提交资料证据和向调解员提出解决方案。发生以下情形时调解结束：（1）当事各方达成调解决定；（2）当事一方或双方无充分理由而不参加调解；（3）当事双方经调解无法达成一致；（4）当事一方死亡而无继承人。[①]如果调解失败，当事人可提请经济纠纷处理中心／办公室进行仲裁，但原来的调解员不得担任仲裁员。如果当事人不愿意仲裁，可向人民法院提起诉讼。

调解成功将签订《调解决定书》。当事人须在达成调解决定书后15日内执行调解结果。如果一方当事人不执行调解结果，另一当事人可请求人民法院强制执行。收到请求后，法院应在15日内研究决定是否采取强制执行措施。研究时法院应审查争端处理是否合法、符不符合老挝已签署的国际协议、是否危害国家安全稳定和破坏环境。如果认为处理得当，法院将出具裁决书以便强制执行，法院裁决书当即生效且不得抗诉；如果认为处理不当，法院将不予出具裁决书，当事人则有权请求经济纠纷处理中心／办公室仲裁或起诉至法院。

无论成功与否，每次调解均应形成调解备忘录。备忘录必须包含以下内容：调解地点和开始时间，纠纷事项及编号，调解员和记录员的姓名，当事双方或其代表的姓名、年龄、职业、国籍、现住址和业务场所，纠纷的主要内容，调解结果，调解结果执行方法，当事双方对手续费、服务费、调解费的分担，调解结束的时间，当事人或其代表、调解员、记录员的签字和所属经济纠纷处理中心／办公室主任的签字。调解记录员必须是经济纠纷处理中心／办公室的工作人员。

以上是经济纠纷完整的整个调解流程，其他方面的民商事争端参照此做法进行。另外，一些民商事争端特别是民事争端，在向法院起诉前，作为最基层行政长官的村长通常会对当事双方进行调解；法院也可根据某一当事方的请求进行调解，甚至在进入诉讼程序的调查取证阶段和案件审理期间法院仍可再次进行调解。经村长或法院调解达成和解的，村长或法院应开具《和解书》，和解书经当事双方签字后产生法律效力。经法院调解达成和解的，法院将在一周内下令履行《和解书》并不再受理该诉讼案件。

二、仲裁途径解决

仲裁同时兼具合约性和司法性的特点，使其成为解决民商事争端最重要的途

①《经济纠纷处理法》（老文）（第27条），万象：老挝国会，2010年12月17日，第8页。

径之一，运用相当广泛。仲裁也称公断，是指具有一定法律关系的双方当事人在争议发生前或发生后签订书面协议，自愿将争议提交双方所同意的第三方进行裁决的一种解决争端的方式。[①]第三方即仲裁委员会，其人员由具有行业知识的专家组成。比起相对缺少行业知识的法官审理，专家审理更具权威性和说服力；同时，仲裁以不公开审理为原则，既保护了当事人不愿对外公开的商业机密，又维护了他们的商业信誉，因此受到有关各方的普遍接受。

老挝实行革新开放路线后不久便成立了专门处理经济纠纷的部门，同时以法规的形式明确了两种解决经济纠纷的途径：（1）调解；（2）仲裁。经济纠纷处理的结果则包括调解决定、裁决前当事人达成协定和仲裁委员会裁决三种。[②]1989年12月28日，老挝总理签发关于成立经济仲裁署的第146号政令。该署隶属于当时的经济、计划与财政部，主要职责是通过调解和仲裁处理商事争端。组建初期，经济仲裁署对解决经济纠纷起到了重要作用，能够仲裁80%的个人、私营和国有企业（法人）的经济纠纷，并为20%的经济纠纷提供指导意见。[③]1993年，经济仲裁署被划归司法部。1994年7月15日，老挝总理签发关于经济纠纷处理的第106号政令，并于1995年4月21日把经济仲裁署更名为经济纠纷处理署。1997年成为东盟成员国后，客观上要求老挝加快推进市场经济条件下的法律体系建设。1998年4月28日，老挝批准加入《承认和执行外国仲裁裁决公约》。[④]2005年5月19日，老挝国会审议通过首部《经济纠纷处理法》。该法对仲裁的基本原则、适用范围、程序、结果等进行了规定。2010年12月17日，老挝国会通过新的《经济纠纷处理法》，对原有条款进行了修改、补充和完善。新法从原来的9个部分、57条增加到11个部分共72条，同时把中央级的经济纠纷处理署更名为“经济纠纷处理中心”，在省一级则称为“经济纠纷处理办公室”。

《经济纠纷处理法》第8条规定，调解和仲裁应坚持以下六项基本原则：（1）确保公平、合法；（2）当事双方自愿；（3）当事双方平等；（4）调解

①董新民：《国际商务法律》，北京：中国审计出版社，1996年，第284页。

②《经济纠纷处理法》（老文）（第44条），万象：老挝国会，2010年12月17日，第14页。

③《老挝经济报告》，1993年10月，第2页。转引自万飞：《WTO环境下对老挝仲裁法律制度的影响与完善》，载《学习月刊》，2014年第3期下半月（总第550期），第41页。

④万飞：《WTO环境下对老挝仲裁法律制度的影响与完善》，载《学习月刊》，2014年第3期下半月（总第550期），第41页。

员或仲裁委员独立、公正；（5）使用老挝语；（6）保密。[①]关于公平、合法原则，要求仲裁员在进行仲裁时要确保公平和符合法律法规。关于自愿原则，是指当事双方有权把商事争端提交经济纠纷处理中心/办公室进行解决而不受到任何个人或组织的强迫和威胁。关于平等原则，就是在处理争端时当事双方在法律面前享有平等权利而不受性别、种族、民族、国籍、经济和社会地位、语言、文化程度、年龄、信仰、住所及其他方面的歧视；除法律另有规定外，在老挝从事商业活动的外国人、外侨或无国籍人士，具有与老挝公民同样的平等权利。关于独立、公正原则，要求仲裁员或调解员在处理争端时要依法独立、公正、透明地履行职责，不受其他个人或组织的干涉。关于语言，除非合同或当事人另有规定，仲裁必须使用老挝语；参加纠纷处理的当事人或参与人如果不懂老挝语，可使用母语或其他语言通过翻译进行沟通交流。关于保密原则，要求仲裁或调解时所涉及的资料、文件、信息必须保密，非经双方当事人许可，仲裁员、调解员、当事人和其他参与人无权向外部人员公布秘密。

《经济纠纷处理法》还明确，经济纠纷处理中心或办公室受理的经济仲裁应当满足以下条件：（1）是经济或贸易方面的争端；（2）当事双方在合同中有规定；（3）当事双方自愿解决争端；（4）不是法院正在审理或已判决生效的争端；（5）不是违反国家安全法和环境保护法的争端。

仲裁离不开仲裁员。仲裁员是指由争议双方或经济纠纷处理中心/办公室从仲裁员名册中选出的作为某一经济争端的仲裁人员。老挝法律规定，仲裁员可以是老挝公民，也可以是外国人，老挝境内的经济争端允许由外国或国际仲裁员进行仲裁。《经济纠纷处理法》第3条规定："外国或国际仲裁员的仲裁是指外国或国际经济纠纷处理机构的仲裁员或仲裁委员会在外国或在老挝做出仲裁决定。"[②]第5条又规定："在老挝从事商业经营、国际贸易或外国投资的外国个人、法人或组织机构有权根据双方决定选择外国或国际的经济纠纷处理机构，包括选择仲裁员、仲裁委员会、仲裁法律和程序、仲裁地点和仲裁使用的语言。"[③]但无论在国内还是在外国仲裁，也无论仲裁员是本国公民还是外国公民，仲裁员都必须独立、公正、透明地依法履行仲裁任务，避免受到任何个人或

①《经济纠纷处理法》（老文）（第8条），万象：老挝国会，2010年12月17日，第3页。
②《经济纠纷处理法》（老文）（第3条），万象：老挝国会，2010年12月17日，第2页。
③《经济纠纷处理法》（老文）（第5条），万象：老挝国会，2010年12月17日，第3页。

组织的干涉。

就商事仲裁而言，仲裁员的选定与任命、仲裁时所需提交的材料、对保密的要求等，都与对调解的规定完全一样，包括仲裁员的权利义务也与调解员的权利义务完全相同，这里不再赘述。

有意通过仲裁途径解决争端的个人或机构，应向当事双方认为方便并一致认同的经济纠纷处理中心／办公室提交申请书和相应文件。如果对此意见不一，可提交给争端发生地的经济纠纷处理中心／办公室。受理仲裁申请后，经济纠纷处理中心／办公室根据相关规定任命仲裁员和组建仲裁委员会，仲裁委员会按照前述6项基本原则展开仲裁工作。

当事双方均有义务为仲裁委员会提供相关证据，仲裁委员会也可根据当事人提议或同意赴现场搜集证据，并有权请求专业机构验证证据的真实性。仲裁委员会在做出裁决前应当全面、客观、详细地研究分析有关证据材料，并有权要求当事人对证据材料予以解释。除非案例特别复杂或另有其他原因，否则仲裁应当在任命仲裁委员会之日起3个月内完成。[①]仲裁期间，当事人提请下令查封、扣押资产或采取某种措施来维护自己的权利的，仲裁委员会如果认为确有必要，将提请法院采取强制执行措施。法院根据仲裁委员会提供的证据材料，在7个工作日内做出是否强制执行的决定。在仲裁委员会做出裁决之前，当事双方仍有权达成纠纷处理规约。规约必须是书面的，并有当事人、仲裁委员会、经济纠纷处理中心／办公室主任的签名。规约具有与裁决相同的效力。

仲裁委员会仲裁的事项必须在当事人的申请范围之内。如果仲裁委员会意见不统一，将采取少数服从多数的原则进行裁决。仲裁结果形成裁决书，裁决书应当向当事人或其代表当面宣读，自做出裁决之日起生效；当事某方无故不参加裁决的，自获知裁决结果之日起生效。裁决书的要素包括：（1）（仲裁）年月日和具体时间，争端事项和编号，出具裁决书的地点；（2）仲裁员和记录员的姓名；（3）当事双方或其代表的姓名、年龄、职业、国籍、现住址和业务场所；（4）争端主要内容，裁定意见及其依据；（5）仲裁结果；（6）当事双方对手续费、劳务费、服务费的分担；（7）仲裁员、记录员的签字，相关经济纠纷处理中心／办公室主任的签字。[②]

①《经济纠纷处理法》（老文）（第33条），万象：老挝国会，2010年12月17日，第9页。

②《经济纠纷处理法》（老文）（第37条），万象：老挝国会，2010年12月17日，第10页。

当事人须在《裁决书》下达或发出有关通知后15日内执行仲裁结果。如果一方当事人不执行仲裁结果，另一当事人可申请法院强制执行。法院应在收到申请后15日内研究决定是否出具强制执行书，强制执行书当即生效且不得抗诉。如果法院不予出具强制执行书，当事人有权请求经济纠纷处理中心／办公室重新进行仲裁或通过诉讼途径加以解决。

当出现以下情形之一时，当事人可在获知仲裁结果后45日内向法院提出反对：（1）当事人之间没有达成关于通过仲裁委员会进行仲裁决的决定或该决定无效；（2）仲裁委员会的构成不符合当事人之间的决定和法律规定；（3）仲裁行为违反法律中关于按照合同规定处理纠纷的规定；（4）仲裁委员会作为裁决依据的材料、证据虚假或仲裁员收受财物、贿赂或其他好处，影响了裁决的公正性；（5）争端不属于《经济纠纷处理法》规定的处理范围；（6）裁决的事项超出申请范围或不按当事人的申请进行。[①]提出反对期间当事人可请求暂停执行仲裁结果，但当反对被裁定无效后必须继续执行。如反对有效，仲裁结果将不再具有约束力，同时应视不同原因采取不同方法重新处理争端。

总的来看，老挝有关仲裁的法律制度规定尚不完善，还缺少临时仲裁制度和商业化仲裁机构，难以满足不同当事人和不同案件对仲裁的需求，无法激发当事人通过仲裁解决民商事争端的强烈意愿。此外，《经济纠纷处理法》和其他法规中对仲裁的规定还存在不够全面、明晰、具体的问题，甚至在不同法律法规中出现相互矛盾的现象，对老挝按照国际惯例处理涉外民商事争端带来了极大困扰。而目前老挝仲裁机构行政化特点鲜明，也不利于仲裁机构按行业规范进行自我管理、运作和约束。

三、诉讼途径解决

诉讼作为一种解决社会系统中利益冲突的机制，具有解决纠纷、调整利益冲突和保护社会主体之合法利益的直接功能。在国际商事活动中，当事人订立商业合同时可选择订立司法管辖协议来确定争端解决方式。在争端发生后，当事任何一方均可向具有管辖权的法院起诉对方，通过诉讼程序来解决彼此之间的争端。通过诉讼途径解决涉外民商事争端在老挝已日渐常见，这既是涉外民商事案例增

①《经济纠纷处理法》（老文）（第38条），万象：老挝国会，2010年12月17日，第11页。

多的表现，也是老挝法律取消经济纠纷必须先经调解、仲裁程序才能进入诉讼程序的限制性条款的结果。

（一）民商事诉讼案件审理

由于国际上并没有专门受理国际商事争端的国际法院，也没有全球适用的民事诉讼法，因而走诉讼程序的国际商事争端最终都由各国法院进行审理，法院所依据的都是本国的民事诉讼法。①处理涉外民事争端的法律程序同样以东道国的民事诉讼法为依据。老挝《民事诉讼法》规定，个人、组织机构或企业因自身合法权益受到侵害或与他人发生财产权益争议，有权依法向人民法院提起诉讼以维护自己被他人侵害的权益或进行辩驳。

走司法程序、以诉讼途径解决商事争端，要求各国法院系统设有经济审判庭。2000年8月中国最高人民法院以机构改革的方式撤销经济审判庭时，就受到一些法学家的质疑。老挝最新的《民事诉讼法》对经济审判庭的存在给予法律上的确认。在该法中，经济审判庭直译为“商务法庭”，有权裁决以下6种诉讼类案件和6种请求类案件：

1. 诉讼类

（1）关于股份的合同；

（2）关于商业、贸易合同或债券、现金兑换券、支票等商务文件方面的案件；

（3）商务借贷合同方面的案件；

（4）企业破产和清算方面的案件；

（5）商品进出口、保险方面的案件；

（6）知识产权方面的纠纷和诉讼，如版权、商标、专利证书侵权和知识产权法中规定的其他不正当行为。

2. 请求类

（1）请求对经济纠纷处理委员会的决定、裁决予以确认或强制执行；

（2）请求对法院、外国仲裁委员会的决定、裁决，或经济纠纷处理法中规定的私人或专业的经济纠纷处理机构的裁决予以确认或强制执行；

①参见李玉泉主编：《国际民事诉讼与国际商事仲裁》，武汉：武汉大学出版社，1996年，第156—157页。

（3）请求依法让经济纠纷处理中心／办公室、私人或专业的经济纠纷处理机构出具财产扣押、冻结令或采取其他措施；

（4）请求对已解释、破产的法人采取措施；

（5）请求保护知识产权；

（6）其他有关商业案件的请求。[①]

经济审判庭对商事案件的受理有诉讼时效要求。以合同纠纷案件为例，建筑合同的诉讼时限为10年，其他合同的诉讼时限为3年。诉讼时限自合同终止之日起或自损失产生之日起开始计算。发生不可抗力或突发事件妨碍提起诉讼的，将延期计算诉讼期，延期过后按已过的期限继续累计。当诉讼一方或合同一方具有解决纠纷的切实行为，例如承认自己的债务时，此前的诉讼时限将被终止而重新计算。[②]当事人应当在规定的时限内向法院提交起诉状。起诉状应记明以下事项：（1）呈交起诉状的法院名称。（2）原告和被告姓名和住址。如果原告或被告为法人，应注明法人的办公地址及其（法人）代表的姓名、地址。（3）涉案价值。（4）原告的诉讼请求。（5）与案件有关的文件材料。起诉状还须有原告或其法定代表的签名或按手印并贴上邮票，提交起诉状时还需交纳诉讼费用。

在老挝，只有省级人民法院具有商事案件的一审权。省级人民法院收到起诉状后应尽快进行审理。2004年《民事诉讼法》对民商事案件审理时限作了规定：商事案件和儿童案件15日，劳动纠纷、家庭纠纷案件和行政管理案件30日，其他民事案件60日。[③]但2012年新法取消了这一规定。经济审判庭受理案件后，可委派某一审判员进行调查、核实、取证等工作，然后才进入一审程序。经济审判庭必须正确、快速、公正地审理案件，审理时要保守参与案件的个人、组织机构和企业的秘密。虽然诉讼程序是按照民事诉讼法规定进行的，但做出案件判决的法律依据却是老挝的商业法和其他法律，以及有关的国内、国际贸易协定。需要强调的是，商事案件在起诉前债权人应要求债务人偿还债务，或就债务进行协商、达成一致；协商不成的，债权人应提请法院责令债务人把其资产账簿送交法院，同时请求法院没收或封存其资产以便用于抵债。

①《民事诉讼法》（老文）（第37、38条），万象：老挝国会，2012年7月4日，第14、15页。

②《合同暨非合同关系法》（老文）（第102条），万象：老挝国会，2008年12月8日，第34页。

③《民事诉讼法》（老文）（第70条），万象：老挝国会，2004年5月17日，第24页。

调解决定书或经济纠纷处理机关的仲裁裁决书得不到落实的，同样可以起诉至法院。但法院只对争端的解决是否按争端处理机制正确进行、是否违反国家治安法和环境保护法作出评判。如果认定调解、仲裁得当，法院将出具确认书，确认书将使调解决定书、仲裁裁决书产生强制执行效力。除非是法院对经济纠纷处理机关的错误仲裁予以确认或法院的决定与当事人的调解决定、仲裁委员会的裁决结果不一致，否则当事人不得上诉。如果认为调解决定、仲裁结果违反了经济纠纷处理法或治安法、环境保护法，法院将不予出具确认书。

法院对民商事案件进行审理并做出裁决后，如果争端各方均没有提起上诉，裁决书将被送达相关法院的执行部门以便执行。对法院裁决结果不满意的一方当事人可依法提起上诉、申诉或请求※。受理上诉的机关是原审法院或其上一级人民法院，受理申诉的机关包括法院、检察院和侦查—审讯机关，普通民商事请求由政府行政机关负责受理，涉及法律公正问题的请求由老挝国会或省人民议会受理。进行上诉后将进入二审程序，二审程序和一审程序基本相同，根据《民事诉讼法》的规定执行；申诉和请求根据《申诉法》进行，例如申诉书的内容应包括申诉人和被申诉人的姓名、年龄、职业、住址，申诉人想要解决的问题及证据、依据，申诉的地点、日期和申诉人或其合法代理人的签名和手印等。

（二）民商事诉讼案件国际合作

近年来，老挝有意识地参与民商事争端处理的国际合作，但表现得仍较为保守。老挝《民事诉讼法》规定，民事案件的国际合作必须遵守尊重独立、主权和领土完整、互不干涉内政、平等互利的原则，遵守老挝已签署或加入的国际协定。老挝未签署相关协定的，可以遵照上述合作原则对涉外民商事案件进行审理或予以认可，但不得违反老挝宪法和法律。如果是老挝境内的个人、组织机构或企业起诉境外的个人、组织机构或企业，或境外的个人、组织机构或企业起诉老挝境内的个人、组织机构或企业，按照有关双边或国际司法合作协定执行；没有相关协定的，原告应当向老挝外交部提交起诉状以便转交给被告所在国有关部门

※在老挝《申诉法》中，请求被当作一种独立的司法程序来对待，处理请求的程序是：（1）受理和研究讨论；（2）开具请求处理决定书；（3）向请求人和被请求人通报处理结果；（4）组织实施具有法律效力的请求处理决定书。

进行审理。[1]如果争端的双方或各方均为外国人（法人），提请老挝法院审理民商事案件的，根据老挝《民事诉讼法》执行。另外，在处理涉外民商事争端案件时老挝也坚持国民待遇原则、司法豁免原则、尊重国际条约原则等特殊原则。

老挝承认和执行经老挝人民民主共和国人民法院认可的外国法院、外国仲裁委员会的民商事案件判决结果，前提是必须满足以下条件：（1）是老挝加入或签署的国际协议的成员国的案件判决；（2）案件判决不违背民主、不违反老挝人民民主共和国法律；（3）判决符合案件审理程序、符合社会治安方面的法律法规。[2]外国法院、仲裁委员会的判决结果要想在老挝获得认可和执行，还需经过繁琐的审批步骤。提请人首先要向老挝外交部提交关于申请外国判决在老挝确认和执行的请求状，外交部收到请求状后转交司法部审查，司法部审查同意后再送交最高人民法院，再由最高人民法院转交给具有审核权限的法院进行审批。

请求状应包含以下主要要素：（1）提请人的姓名和住址；（2）外国法院判决中败诉者／被提请人的姓名和在老挝的住址；（3）提请执行的债务、资产的数量；（4）提请人的签名。[3]请求状被要求翻译成老挝文并经公证机关证明准确无误。提交请求状时还要同时附上外国法院的判决书、当事外国法院开具的上述判决书具有终审效力的证明、老挝已加入的相关国际协定等文件，这些文件同样必须翻译成老挝文并经过公证机关的公证。接到请求状后，老挝具有审核权限的法院将有关材料制成卷宗、进行立案，然后交给审判员研究决定。法院将在立案后30日内进行审理和裁决。审理案件时法院将传唤居住在老挝的、外国法院判决书中的败诉者前来说明解释，并应当邀请同级人民检察院的检察长出席审理活动。

法院作出是否认可外国法院／仲裁委员会判决结果的裁定后，应向案件双方当事人和同级人民检察院检察长下发裁决书以便告知。如果当事人不在老挝，法院也应通过司法部将上述裁定书送达其本人以便执行。当事人或检察院检察长在收到法院裁定书后20日内有权对法院作出的裁定提起上诉或提出反对。上诉或提出反对的，当事法院应将卷宗提交上诉法院以便其审议判决。上诉法院的判决视为终审判决而不得请求撤销。[4]

①《民事诉讼法》（老文）（第361条），万象：老挝国会，2012年7月4日，第113页。
②《民事诉讼法》（老文）（第362条），万象：老挝国会，2012年7月4日，第113页。
③《民事诉讼法》（老文）（第363条），万象：老挝国会，2012年7月4日，第114页。
④《民事诉讼法》（老文）（第368条），万象：老挝国会，2012年7月4日，第116页。

老挝对外国法院判决结果的认定不仅有着复杂的审批程序，还提出了相对苛刻的限制性条件。《民事诉讼法》第366条规定：外国法院判决书出现以下情形之一，老挝法院将不予认可：（1）上述判决书还处于案件审理阶段，尚不是已生效执行的判决书；（2）判决书中的败诉者没有参加案件审理，判决是背着当事人秘密作出的；（3）外国法院审理的该案件处于老挝法院的审理权限范围之内；（4）上述判决违反老挝宪法和法律；（5）涉及外国法院判决的其他问题。①尤其是最后一条，作为法律条款显得十分含混不清，反映了老挝一方面想要融入司法国际化潮流另一方面又担心本国司法独立受到外部干扰的谨慎心态。

总的来看，在处理涉外民商事争端问题上老挝出台了一些保护外国投资者的政策，提供了协商、调解、仲裁、诉讼等可供选择的争端处理方式，但其争端处理机制也存在一些明显不足。一是仲裁地位低。《促进投资法》虽然规定了投资争端双方有权选择通过经济纠纷处理机构以仲裁方式解决，但同时规定：一旦当事人任何一方认为在经济纠纷处理中未受到公平待遇，或由于在某一经营的投资中受损，有权向人民法院提起诉讼以便按法律规定进行审理。2012年《民事诉讼法》又规定，当事人有权要求人民法院审查尚未被执行的仲裁结果，法院将就仲裁是否按争端处理机制正确进行、是否违反国家治安法和环境保护法作出评判。这条规定对法院审查仲裁结果的标准过于笼统，容易造成法院对仲裁结果的任意干涉。二是争端解决效率低。《促进投资法》第80条规定，当纠纷不能协商解决时，双方当事人有权请求计划与投资部门或工商部门或其他有关部门以行政手段审理解决。但在实际操作中要经过复杂程序、处理时间长，有时还要聘请当地律师，这增加了外国投资者在时间、人力、财力上的负担。而如果通过老挝国内诉讼程序解决争端，往往需要承担很高的诉讼成本（约占争议总额的1/3），且诉讼程序同样相当复杂，诉讼周期要一年以上。据统计，老挝国内相关诉讼程序多达42项，所耗费时间长达443天。②三是争端处理有欠公平。这主要是指涉外投资争端。外国投资者与老挝计投部门发生纠纷时，只能向老挝计划与投资部投诉而没有独立的机构来处理外国投资者与计投部门之间的纠纷。如果外国投资者认为在争端处理过程中受到了计划与投资部的不公平待遇，也缺乏其他独立于计投系统之外的解决途径。

①《民事诉讼法》（老文）（第366条），万象：老挝国会，2012年7月4日，第115页。
②沙达拉：《老挝外资保护制度》，载《法制与社会》，2016年1月（上），第83页。

第三节　涉外民商事冲突规范

冲突规范也称法律适用规范、法律选择规范、国际私法规范，是指“在调整国际民商事关系时，指明某一国际民商事关系应适用何国法律来确定当事人之间权利义务关系的法律规范”[①]。冲突规范可以是国内法也可以是国际条约的规定，它具有非常特殊的法律规范结构，由范围与系属两大部分构成。范围是指冲突规范所调整的法律关系的范畴，包括合同关系、行为关系、侵权关系、所有权关系、婚姻家庭关系、继承关系等民商事法律关系；系属是指明冲突规范所涉及法律关系应适用的法律。在实际应用中，冲突规范通常更强调系属，即处理冲突时所主张适用的法律。

涉外民商事冲突规范既包括各国国内法中的相关规定，也包括国际上有关涉外民商事诉讼程序的双边或多边国际条约。像老挝这样经济落实、法律制度有待健全的欠发达国家，涉外民商事冲突规范所指的实体法大都是本国根据国内政治、经济条件和法律传统制定的，并不是专门适用于涉外民商事争端，在立法形式上主要是在国内法律法规中作出规定，具体就是在《促进投资法》、《经济纠纷处理法》、《民事诉讼法》等国内法中设置关于涉外民商事冲突规范的条款内容。在处理涉外民商事争端时，老挝尽管也倡导采取协商、调解、仲裁、诉讼等国际流行的解决途径，但外部形式的相同并不能掩盖实质内容、程序规则、具体制度的差异。例如在仲裁的法律适用上，老挝坚持属地管辖和属人管辖原则优先，主张只要符合属地管辖或属人管辖原则案件就应置于本国法院的司法管辖之下、适用本国法律而不是国际法加以解决，而国际通行的做法是优先采用国际法和国际惯例、通过国际仲裁加以解决。又如，老挝法律虽然规定涉外民商事争端的当事人有选择外国仲裁机构、外国仲裁员进行仲裁的自由，同时却要求仲裁时首先要选择适用老挝法律，即对涉外民商事案件管辖权确定原则[※]中的意思自治原则加以限制，而程序公正原则由于国内法的不完善也没有得到充分落实。在对

①孙智慧：《国际私法原理与实务》，北京：中国政法大学出版社，2008年，第52页。

※确定涉外民商事案件管辖权的一般原则包括国家主权原则、对等互惠原则、便利诉讼原则、意思自治原则、程序公正原则等，具体可参阅艾治华：《涉外民商事件案件管辖权研究》，武汉大学硕士学位论文，2004年，第9-11页。

外国仲裁机构和法院判决结果的认定上，老挝也设立了一定的门槛限制。

总之，老挝涉外民商事冲突规范虽然体现了及时妥善处理国际经贸争端的出发点，但维护本国司法独立仍是立法的主要意图，其所指向的国内法对有关规定往往语焉不详，因而这些法律条款缺乏针对性、具体性和可操作性。当然这并不是说老挝置被认为是国际私法中最基本、最重要的规范于不顾，在处理涉外民商事争端时老挝还是十分重视发挥国际条约、国际协定的作用的。目前老挝已与至少 52个国家签订了双边投资协定。双边投资协定具有保护投资的功能，它为海外投资者的财产所有权和资本转移权提供了国际法保障，为处理涉外投资争端提供了解决机制，例如《中老两国政府关于鼓励和相互保护投资协定》第7、8条就对争端解决机制做了详细规定。[①]外国投资者与老挝政府之间的投资纠纷还可以通过多边争端解决方式加以处理。老挝于1992年4月18日签署、1994年3月20日正式批准加入《关于解决投资争端公约》（简称《华盛顿公约》），当该公约缔约国的投资者与老挝政府因投资而产生法律争端时，只要双方同意即可将争端提交国际投资争端解决中心（ICSID）处理。[②]

涉外民商事争端解决途径与冲突规范是两个相对独立、不同性质的法律问题，冲突规范从法律适用上为争端的解决提供法律依据，争端解决途径是对冲突规范和法律适用的具体践行。目前国际社会普遍倾向于采用国际仲裁方式解决涉外民商事争端，但在法律适用方面各国立场不一，既有对国内法和国际法两种不同法律渊源的选择分歧，又有在国内法渊源上适用东道国法与适用非东道国法的不同主张。[③]近年来特别是加入WTO以来，老挝对通过国际法解决涉外民商事争端持越来越开放的姿态，但其国内立法进程显得相对滞后，在实际处理过程中仍以严谨性和规范性有待提高的国内法作为法律适用的主要依据。

①参见《中华人民共和国政府和老挝人民民主共和国政府关于鼓励和相互保护投资协定》，http://www.mofcom.gov.cn/aarticle/zhongyts/ci/200207/20020700032199.html，登录时间：2016年3月20日。

②沙达拉：《老挝外资保护制度》，载《法制与社会》，2016年1月（上），第83页。

③肖冰：《论国际投资争端的解决方式与法律适用问题》，载《国际贸易问题》，1997年第4期，第41页。

主要参考文献

一、著作论文类

［1］马树洪，方芸．老挝志．北京：社会科学文献出版社，2005．
［2］石长胜．老挝经济法规选编．昆明：云南人民出版社，2005．
［3］米良主编．老挝人民民主共和国经济贸易法律指南．北京：中国法制出版社，2006．
［4］邱房贵，植应富．老挝外商投资企业法律制度的特点——与我国外商投资法相比较．法制与经济，2009（4）．
［5］余劲松．国际投资法．北京：法律出版社，1997．
［6］漆思剑，蒋红彬．老挝外国投资法研究．河北法学，2009，29（10）．
［7］杨立新．人身权法论．北京：人民法院出版社，2002．
［8］何雪亮．老挝政府新修订税法的主要变化．新智慧·财经，2014．
［9］郭勇，等．老挝金融改革与发展研究．区域金融研究，2011（5）．
［10］李玉泉主编．国际民事诉讼与国际商事仲裁．武汉：武汉大学出版社，1996．
［11］许家康，古小松．中国—东盟年鉴．北京：中国线装书局，2010．
［12］曹建明，陈治东．国际经济法专论（第四卷）．北京：法律出版社，2000．
［13］乔庆．2000—2012年老挝货币政策效应研究．内蒙古大学硕士学位论文，2015．

二、法律法规类

［1］促进投资法（老文），万象：老挝国会，2009．
［2］《促进投资法》实施细则（第119号总理政令）（老文），万象：中央政府办公厅，2011．
［3］《促进投资法（修正）》草案．老挝计划投资部，2016．
［4］《矿业法》（老文），万象：老挝国会，2008．

[5]《土地法》（老文），万象：老挝国会，2003.

[6] 一站式投资服务手册（老文），万象：计划与投资部投资促进司，2015.

[7] 关于老挝经济特区和经济专区的政令（老文），万象：中央政府办公厅，2010.

[8] 老挝人民民主共和国宪法（老文），万象：老挝国会，2015.

[9] 老挝企业法（修正）（老文），万象：老挝国会，2013.

[10] 在老挝经营业务成本（2015年），万象：老挝计划与投资部投资促进司，2015.

[11] 老挝人民民主共和国宪法（2015年修正）（老文），万象：老挝国会，2015.

[12] 税法（老文），万象：老挝国会，2012.

[13] 关税法（老文），万象：老挝国会，2011.

[14] 增值税法（老文），万象：老挝国会，2014.

[15] 关于土地税的国家主席令（老文），万象：国家主席府，2007.

[16] Souksakhone Vaenkeo. Investment promotion law undergoes amendments to boost growth , http://www.vientianetimes.org.la/FreeContent/FreeConten_Investment200.htm, 2016-08-29.

[17] 关于外汇交易远期合约的决定（老文），万象：老挝央行.

[18] 外汇管理法（老文），万象：老挝国会，2014.

[19] Lao Statistics Bureau of Minister of Planning and Investment. Result of Population and Housing Census 2015. Vientiane，2016.

[20] 老挝人民民主共和国银行法（老文），万象：老挝国会，1995.

[21] 老挝央行. 2015年经济报告.

[22] 证券法（老文）（第5条），万象：老挝国会，2012.

[23] 2016—2025老挝资本市场发展战略（老文），万象：老挝证监会，2014.

[24]《外汇和贵重物品管理条例》实施细则（第5条），万象：老挝央行，2010.

[25] 关于货币兑换业务经营的决定，万象：老挝央行，2016.

[26] 环境保护法（修订案）（老文/英文），老挝国会，2012.

[27] 关于投资项目和投资活动对环境和社会影响评估的部长令（第3080号）（英文），老挝自然资源与环境部，2013.

[28] 关于投资项目和投资活动对环境和社会影响评估的部长令（第3029号）（英文），老挝自然资源与环境部，2013.
[29] 劳动法（老文），万象：老挝国会，2013.
[30] 经济纠纷处理法（老文），万象：老挝国会，2010.
[31] 民事诉讼法（老文），万象：老挝国会，2012.
[32] 合同暨非合同关系法（老文），万象：老挝国会，2008.
[33] 中华人民共和国政府和老挝人民民主共和国政府关于鼓励和相互保护投资协定，http://www.mofcom.gov.cn/aarticle/zhongyts/ci/200207/20020700032199.html，登录时间：2017-1-13.

后记 postscript

老挝和中国是山水相连的“好邻居、好朋友、好同志和好伙伴”。1961年建交以来，中老政治上高度互信，各领域务实合作成果丰硕。2017年11月，习近平总书记访问老挝，中老双方一致同意，加快中国“一带一路倡议”同老挝“变陆锁国为陆联国”战略对接，共建中老经济走廊，深化各领域交流合作，打造两国牢不可破的命运共同体。中老两国在投资领域的投资将进一步扩大和深化。

本书两位作者从事老挝国情、中老关系、大湄公河次区域合作等研究多年，长期关注老挝革新开放政策及其实施，在研究老挝鼓励和吸引外商投资政策方面有一定的积累。此书便是两位作者在既有研究基础上，结合老挝外资政策的调整，更新相关资料，编写而成，希望对赴老挝投资的中国投资者有所助益。

在本书编写过程中，我们得到了云南大学周边外交研究中心学术委员会各位老师的指导和帮助，还得到了前中国驻老挝大使馆经济商务参赞张瑞昆先生、云南省社会科学院马树洪研究员、云南省翻译家协会陈定辉副译审等领导和专家的大力支持，世界图书出版公司的编辑为本书的出版付出了辛勤劳动，在此，我们向他们致以诚挚的谢意！

由于资料收集的客观条件所限，编写时间紧迫，作者水平有限，本书有关老挝外商投资的政策、法律和法规难免遗漏，不足之处，欢迎批评指正。